The Rooster House

公雞之家

My Ukrainian Family Story,
A Memoir

從被消失的家族成員
追溯一個烏克蘭家族的百年離合，
在尋找自我的碎片中
回望邊境之國的記憶與哀愁

Victoria Belim
維多利亞・貝林姆——著
鄭煥昇——譯

臉譜書房 FS0161

公雞之家

從被消失的家族成員追溯一個烏克蘭家族的百年離合，在尋找自我的碎片中回望邊境之國的記憶與哀愁

The Rooster House: My Ukrainian Family Story, A Memoir

原著作者 維多利亞・貝林姆（Victoria Belim）
譯　　者 鄭煥昇
責任編輯 陳雨柔
設計統籌 萬亞雰
地圖繪製 陳瑞秋
行銷企畫 陳彩玉、林詩玟

發 行 人 涂玉雲
總 經 理 陳逸瑛
編輯總監 劉麗真
出　　版 臉譜出版
城邦文化事業股份有限公司
臺北市民生東路二段141號5樓
電話：886-2-25007696 傳真：886-2-25001952
發　　行 英屬蓋曼群島商家庭傳媒股份有限公司城邦分公司
臺北市中山區民生東路二段141號11樓
讀者服務專線：02-25007718；25007719
24小時傳真專線：02-25001990；25001991
服務時間：週一至週五09:30-12:00；13:30-17:00
劃撥帳號：19863813　戶名：書虫股份有限公司
讀者服務信箱：service@readingclub.com.tw
城邦網址：http://www.cite.com.tw
香港發行所 城邦（香港）出版集團有限公司
香港灣仔駱克道193號東超商業中心1樓
電話：852-25086231或25086217　傳真：852-25789337
馬新發行所 城邦（馬新）出版集團
Cite（M）Sdn. Bhd.（458372U）
41-3, Jalan Radin Anum, Bandar Baru Sri Petaling,
57000 Kuala Lumpur, Malaysia.
電話：+6(03)-90563833　傳真：+6(03)-90576622
讀者服務信箱：services@cite.my

一版一刷　2023年4月

城邦讀書花園
www.cite.com.tw

ISBN 9786263152717（紙本書）

定價：NT$ 460（紙本書）

國家圖書館出版品預行編目資料

公雞之家：從被消失的家族成員追溯一個烏克蘭家族的百年離合，在尋找自我的碎片中回望邊境之國的記憶與哀愁／維多利亞・貝林姆（Victoria Belim）作；鄭煥昇譯. -- 一版. -- 臺北市：臉譜出版，城邦文化事業股份有限公司出版：英屬蓋曼群島商家庭傳媒股份有限公司城邦分公司發行，2023.04
面；　公分. --（臉譜書房；FS0161）
譯自：The rooster house : my Ukrainian family story, a memoir
ISBN 978-626-315-271-7（平裝）

1.CST：貝林姆(Victoria, Belim) 2.CST：傳記
3.CST：家族史 4.CST: 烏克蘭

784.82　　112001823

「吾輩何人？生於何父。」

——烏克蘭民族詩人塔拉斯・謝甫琴科（Taras Shevchenko）

「這不是明擺著嗎，你瞧，如果想開始活在當下，

我們首先就必須將救贖帶給我們的過往，然後將之永遠放下。」

——安東・契訶夫（Anton Chekhov）《櫻桃園》（*The Cherry Orchard*）

謹以此書

緬懷我的外婆瓦倫提娜（1934-2021）

目次

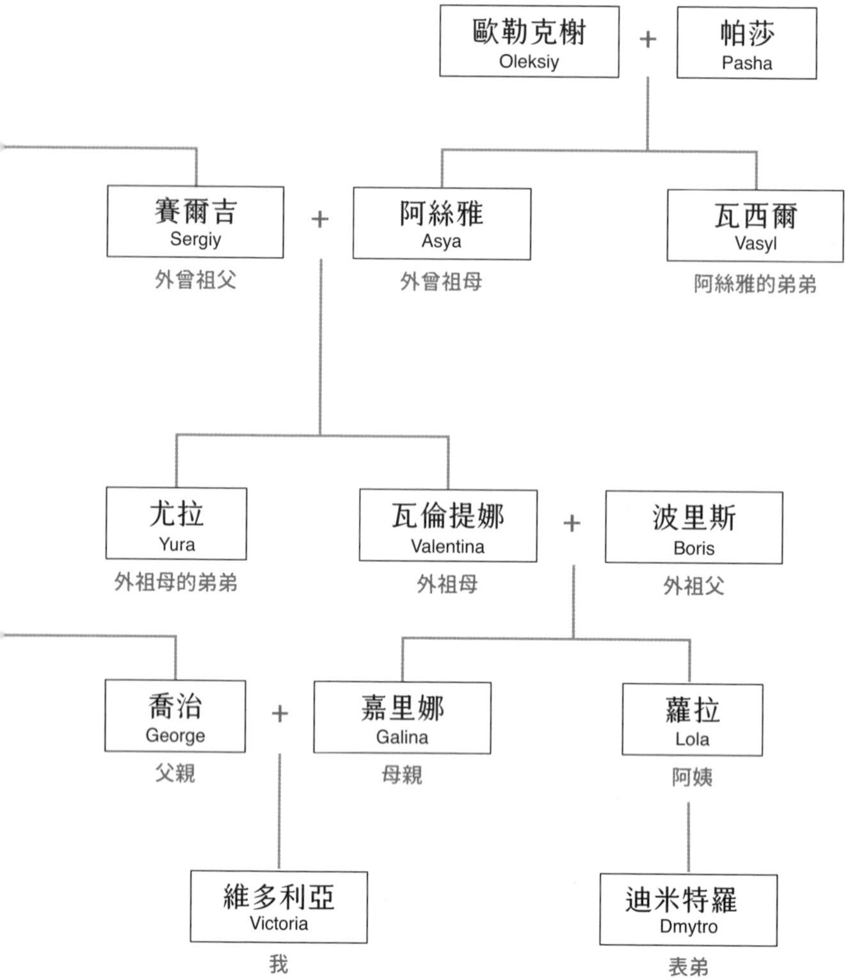

歐勒克樹
Oleksiy
帕莎
Pasha
賽爾吉
Sergiy
外曾祖父
阿絲雅
Asya
外曾祖母
瓦西爾
Vasyl
阿絲雅的弟弟
尤拉
Yura
外祖母的弟弟
瓦倫提娜
Valentina
外祖母
波里斯
Boris
外祖父
喬治
George
父親
嘉里娜
Galina
母親
蘿拉
Lola
阿姨
維多利亞
Victoria
我
迪米特羅
Dmytro
表弟

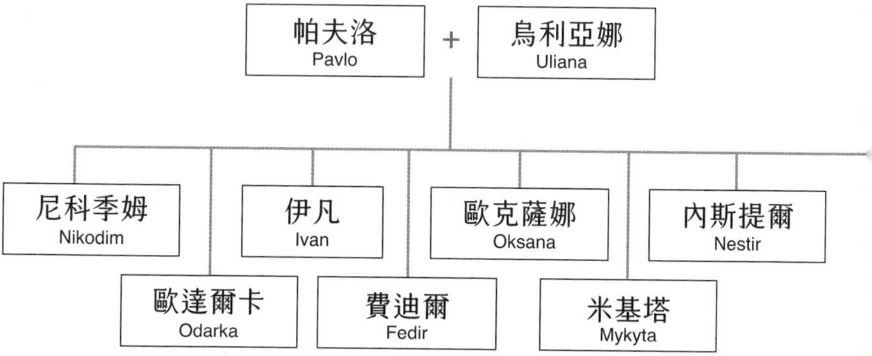
帕夫洛
Pavlo
+
烏利亞娜
Uliana
尼科季姆
Nikodim
歐達爾卡
Odarka
伊凡
Ivan
費迪爾
Fedir
歐克薩娜
Oksana
米基塔
Mykyta
內斯提爾
Nestir

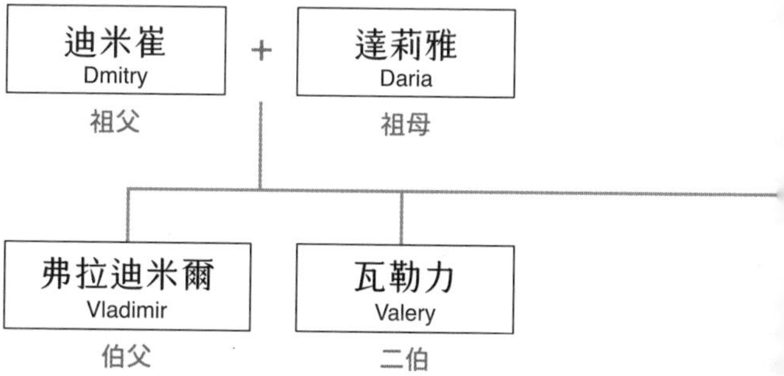
迪米崔
Dmitry
祖父
+
達莉雅
Daria
祖母
弗拉迪米爾
Vladimir
伯父
瓦勒力
Valery
二伯

哈佳奇
Hadiatch
哈爾科夫
Kharkiv
波爾塔瓦
Poltava
克魯提貝里格
Krutyy Bereh
列舍季列夫卡
Reshetylivka
米海利夫卡
Mykhailivka
馬亞齊卡
Maiachka
佩特里基夫卡
Petrykivka
頓涅茨克
Donetsk
馬立波
Mariupol
克里米亞
Crimea

本書中提到的烏克蘭地名

自序

我在二〇二二年七月最後一次修改《公雞之家》一書，然後開始重讀書稿，同一時間對應著近期烏克蘭的新聞背景，我意識到這樣的書現在的我肯定寫不出來。這本書捕捉的是一個特定的時空與某種天真，因為即便是二〇一四年的那個我，也絕對想像不到這些發生在二〇二二年的事件。我對於烏克蘭的描繪是非常個人的，也是經過折射的，而讓其產生折射的那道介質，就是我在如滔天巨浪打來的烏克蘭歷史中，重新發現自身故事的感受。

二〇一四於我的人生而言是巨變的一年，那年發生的事件讓我意識到我與我出生地之間有著多麼強大的連結，即便我不住在那裡已經有許多年。克里米亞遭到併吞讓世人看到了國際秩序如何一夕之間遭到扭轉，民族國家之間的協議又是何等不堪一擊。這件事還暴露了烏克蘭歷史在做為「邊境之地」的地理因素影響下，是何等的複雜。夾在俄羅斯與歐盟之間，烏克蘭的宿命不是被左拉，就是被右扯。有時候這種震盪意味著生意盎然的觀念交流，有時則會成為一發不可收拾的災難，如同二〇一四年發生的。

總之在那一年，我回到了我度過人生前十五個年頭的國家，一方面陪伴我的外婆瓦倫提娜，一方面想重新找回對烏克蘭的認識。於是就在二〇一四到二〇一九年間一趟趟的尋根之旅中，我萌生了撰寫《公雞之家》的念頭。

此時此刻讀《公雞之家》，我發現有一道共鳴迴響在舊日兵戎與眼前這場處於現在進行式的戰火之間，我希望眼前的戰事不論有多悲戚，傳達到每個想了解我口中這個故國的讀者耳裡，在他們的腦中迴盪起的是更強而有力的聲音。雖說未來還在未定之天，但烏克蘭的韌性仍讓我不免燃起了希冀，我盼望著烏克蘭終將以勝利者之姿，在這一戰中浴火重生。

我選擇在《公雞之家》的作者欄填上我外曾祖母阿絲雅的舊姓貝林姆，是為了致敬這位影響我人生至深的女性，是她啟發我寫下我們的故事。相對於家族成員出場用的都是真名，書中某些人物的姓氏經過了改動，畢竟我必須考量到他們的隱私，同時也不能無視於烏克蘭當前的局面。

第一部

在烏克蘭的河岸邊

To the Ukrainian Shore

第一章 伯侄之間

弗拉迪米爾伯父跟我鬧翻，是跟他同名那個人（普丁）併吞克里米亞的一個月後。特拉維夫（Tel Aviv）時間的凌晨三點，他寄給我的最後一封訊息是，我們家族應該要對蘇聯感恩戴德。早上八點，人在布魯塞爾（Brussels）的我一面讀著伯父的這封電郵，一面模糊糊糊地注意到他的Skype分身已經變成毫無生氣的灰色，而手機通訊軟體Viber上也已經看不到他盤著蓮花腿的大頭照。

我的注意力像鉚釘一樣，釘在弗拉迪米爾的訊息內容上。他在當中寫了許多很過分的東西：美國洗腦我；美國資本主義是我的殺父仇人；不過真正讓我理智斷線的是他說我們——意思是我們家族——欠蘇聯一份恩情。有人竟能如此難忘於一個等同於專制統治的政權，直叫我覺得震驚。我無法相信自己的親伯父，那個潛心修練瑜珈與熱中攝影的伯父，竟不知從何時開始護航蘇聯的累累暴行。縮寫USSR的蘇維埃社會主義共和國聯邦，曾經狠狠地往我的族譜樹上砍，讓我們在戰爭、飢荒、異己的清除中灰飛煙滅，導致我們為七十年的蘇聯社會主義統治付出了慘痛的代價。我愈是篩檢童年我在烏克蘭生活的蘇聯記憶，回憶起上個世紀八〇年代過的那種污穢的生活，我就愈是哽咽鎖喉，感覺太陽穴劇痛。我闔上筆電，來到窗邊，把前額抵在冷冷的玻璃表面上。

布魯塞爾的山形牆在剛停的雨後閃閃發光，厚重的雲層依舊懸掛在遠方深色林線[1]的上方，而那條林線也標註著城市的外緣。我緩緩地呼氣到玻璃上，看著紅色的屋頂變成淡淡的淺橘色。幾秒鐘後，我呼出的霧氣散開了，一切又恢復生氣，而且還比之前更顯鮮明。只是腦中的想法仍舊千頭萬緒。

弗拉迪米爾是我父親的兄長。三年前我父親去世後，弗拉迪米爾伯父就成了我與父親那邊的親戚僅有的聯繫。我們出生在同一個國家，烏克蘭。說著同一種語言，俄語。此時都住在沒人見過我們兒時模樣的地方，弗拉迪米爾很愛這麼形容。但我們一吵起來，就像來自兩顆不同星球的人。我在十五歲那年離開了烏克蘭，移民到芝加哥。弗拉迪米爾則在五十五歲去了特拉維夫，但人在以色列的他並沒有離開那個名為蘇維埃的星系。他心中的蘇聯跟我所認識的那個蘇聯，完全

1 林地的邊際線。

沒有相似之處。對我而言，蘇聯代表的是剝削與貨架上空蕩蕩的商店。他的蘇聯則代表著核子武力與一支強大的陸軍。我的蘇聯是八〇年代的經濟崩潰與發生核災的車諾比，他的則是五〇年代的經濟成長還有第一個進入太空的人類，尤里・加加林。[2]不管弗拉迪米爾要我對上述哪一種蘇聯感激涕零，都讓我感覺不可思議。

我們家族中出了好幾個有黨證的共產黨員，甚至我外曾祖父還會很自豪地自稱他是布爾什維克黨人。[3]但就是這同一批共產黨員，在一九九一年的烏克蘭獨立公投中把票投給了獨立的選項，跟那位自稱是布爾什維克黨的外曾祖父一樣。沒有人巴望著蘇聯。我一向覺得懷舊是種病，對蘇聯的懷舊更是病入膏肓，至於弗拉迪米爾則讓我毛骨悚然。正常人不應該懷念排食物的長長人龍、停電，還有一天到晚物資短缺。有理智的人不該渴望一個推翻了所有人道主義價值、讓千百萬民眾成為冤魂或階下囚的政權。弗拉迪米爾自己都被關過，原因不過是他拷貝了披頭四的錄音帶，所以如果說有誰被洗腦，那也不是我，是他。

我跟弗拉迪米爾的對話若不是現在，他說了什麼我恐怕根本不會放在心上。他已經七十幾快八十，而且很多我祖父母那輩的人都有著我無法理解的想法跟觀念。我厭惡他那些反美的謾罵，但那是因為俄羅斯的電視宣傳，讓他產生了由第五縱隊與狡詐陰謀論所交織出的世界觀。所以通常我會盡量避開政治的話題，跟他聊瑜珈，畢竟這是我跟他有交集的興趣。或者我會請他放他年輕時拍下來，如今慢慢被他拿去數位化的默片電影。在他最新修復的作品裡，已經存在但還沒出生的我也軋上一角。弗拉迪米爾拍下這部影片是在一趟家族的露營假期中：我懷孕的母親把手放在肚子上，腳趾點在河水裡，嬌羞地瞥了鏡頭一眼；我父親則從水中拉起一條耀眼的大魚。鏡頭隨著我父親用手將魚遞給了母親而移動到母親身上，她會把魚拿去洗乾淨。此時鏡頭拉近，畫面捕捉到母親被妹妹頭框住的白皙臉頰及她的鬼臉。這段影片還有弗拉迪米爾正在處理的第二部分，會追蹤我的童年到一九八六年，也就是車諾比核電廠爆炸而我爸媽離異的那一年。

然而，當弗拉迪米爾代言他那個版本的蘇聯情懷時，烏克蘭正被人以重建鐵幕之名撕裂著。還有一件事弗拉迪米爾與普丁所見略同，那就是他堅信蘇聯的覆滅是「（二十）世紀的最大災難」。

若非我的伯父如此堅信美國是萬惡之源，他大可把事情都怪到我的新故鄉布魯塞爾頭上，或者說我公寓外那條街走到底的歐盟總部上頭，畢竟一切的一切，都是歐盟總部搞出的一份文件開

---

2 Yuri Gagarin，加加林是蘇聯紅軍的上校飛行員，他在一九六一年四月十二日成為史上第一個進入太空的人類，為蘇聯在美蘇太空競賽中打了一場漂亮的勝仗，被蘇聯民眾視為民族英雄。

3 蘇共的前身是一八九八年創建於俄羅斯帝國時期的俄國社會民主工黨。一九〇三年，俄國社會民主工黨內部形成布爾什維克、孟什維克兩派。一九一七年，列寧領導布爾什維克派發動十月革命成功，建立了蘇俄。

的頭。他也大可把這場蘇聯垮台的悲劇，追溯至一份規定了歐盟與烏克蘭合作與貿易條件的協議，須知正是那份協議詳述了歐烏兩造在經濟與政治上的交往細則，其中歐盟承諾提供金援、進入市場的優惠條件，最終是在法制標準和國防政策上趨於一致。烏克蘭豐富的農業資源與其在歐盟東境的戰略地位，使其成為一位充滿吸引力的合作夥伴。然而對俄羅斯而言，其鄰國朝西方的轉向看起來既是威脅也是挑釁，因為這意味著俄羅斯將喪失對烏克蘭的影響力與控制力。而烏克蘭可是自沙皇代代相傳的時代以來，就是俄羅斯政治中很重要的一塊疆域。其實即便歐烏之間的交往協議簽訂下去，事情恐怕也不會有多大的變動，至少對烏克蘭而言是如此。須知只有最最樂觀的一派，才會盼著這份文件能像把鑰匙為一個失能的前蘇聯共和國，打開通往歐盟會員國資格的大門。

然而這份協議並沒有簽成。烏克蘭總統維克多·亞努科維奇（Viktor Yanukovych）在與歐盟官員會面時只知道傻笑，抓著自由民主講了些不痛不癢的廢話，然後在最後一刻巴住了俄羅斯給的紓困貸款，至於歐盟拿給他簽的合約則交了白卷。消息一出，眾多烏克蘭民眾怒不可遏。這宗協議本身的實質意義固然不大，但其代表了烏克蘭朝向西方國家的轉向，也代表了烏克蘭擺脫氾濫貪腐與俄羅斯長年壓力的夢想。「這下子什麼事都不會改變了，」我母親從芝加哥來電說，聲音中聽得出哽咽與啜泣。我們看著電視新聞報導，螢幕上的大批學生聚集在基輔中央的獨立廣場

（Maidan Nezalezhnosti）抗議亞努科維奇立場不變。「改變永遠不會降臨在烏克蘭了，」我母親每次跟我交談都會忍不住這麼說，絕望讓她的聲音在泫然欲泣中顫動。聖誕節到了，學生持續忍受著烏克蘭冬天最冷的時節在獨立廣場上守夜。「這一切會通往哪裡？」我母親這麼問我，但我也同樣毫無頭緒。

獨立廣場人們發起的抗議，讓我想起二〇〇四年的橘色革命（Orange Revolution），當時眾人挑戰的是亞努科維奇犯下的選舉舞弊。最終那場革命在每一任烏克蘭總統宿命般的貪腐指控中無疾而終。我受不了再一次投入一場恐怕也不會有什麼具體結果的革命，而弗拉迪米爾跟我都同意想弄清楚烏克蘭的政治注定徒勞無功。我姑且研究過政治學，甚至還寫過一篇論文探討後共產世界不同的貪腐模式，但烏克蘭依舊讓我一頭霧水。我的出生地，於我始終是一片遙遠而充滿謎團的土地。

不論我搞不搞得懂烏克蘭，獨立廣場上的事件終究讓我看得聚精會神。當政府軍攻擊了抗議群眾，廣場上的群眾不減反增，吸引了各種階級與背景的民眾。政府的回應日趨心狠手辣，最終甚至讓狙擊手朝抗議者開槍。

看著新聞畫面的我陷入震驚。那些超現實的血腥影像，不論是匯聚在人行道上的一灘灘血，彈孔，抑或是燒起來的車胎，都沒辦法讓我連結到腦海中的獨立廣場。我記得的獨立廣場，不是這樣的地方。

「我們在獨立廣場見吧。」雖然我的同學亞莉歐娜（Alyona）跟我住得很近，走路就到得了彼此的家，但我們總會穿越整座城市，前往足足有一英里長的赫雷夏蒂克街（Khreshchatyk），因為那裡是市中心，也是獨立廣場所在的地方。我們會坐在溫暖的廣場石階上，看著學生、一家人、觀光客組成五顏六色的群眾，匆匆忙忙從我們面前經過，一邊想像自己也是散發出那股能量與歡愉魔力的一員。我出發前往美國的前一天——那年是烏克蘭獨立的三年後，也就是一九九四年——亞莉歐娜跟我也去了獨立廣場。我們跟街攤買了巧克力冰淇淋，邊吃邊在廣場上繞圈。亞莉歐娜穿著一件有著天鵝絨領子的鈷藍色洋裝，讓她看起來就像是她希望的那種蛇蠍美人。我的蔓越莓色唇膏暈出嘴角，讓我看起來就像自己一直希望不是的那個彆腳青少年。一棵棵栗子樹盛開為深深的粉紅色，那是它們在赫雷夏蒂克街才有的開法；春天，彷彿永遠不會告終。

二〇一四年的春天，卻彷彿從來不曾來過。螢幕上的身影晃動並撞在一起。攝影機的鏡頭緊追其後劃開了黑煙，接著捕捉到了不只一名槍手的黑影。槍枝駁火的聲響四處反彈，迴響在我布魯塞爾的房間裡頭。我的心跳聲震耳欲聾。當一樣屬於我們的東西，一樣我們理所當然認為屬於自己的東西，眼睜睜在面前被毀掉的時候，我們似乎也跟著一起被毀掉了。目睹獨立廣場上的槍擊，我緊抓住我對烏克蘭的回憶，為的是修復那曾經屬於我，曾經是我一部分的東西。

亞莉歐娜在廣場上抗議嗎？我這麼想著。在我離開烏克蘭之後，我們有幾年曾保持聯繫，但慢慢的彼此之間的信件寫得愈來愈簡略，進而中斷了聯絡。我還記得亞莉歐娜在基輔的住處，但我不知道她後來有什麼遭遇。

隨著烏克蘭與俄羅斯的關係日益緊繃，我卻仍認定衝突絕對不會影響到我的家人。即便是在獨立廣場傳出槍聲後，我還是不覺得俄羅斯會挑起戰端。就算不太可能的戰爭真的爆發好了，我也確信俄烏衝突不至於撕裂我家族那緊密交織的根。我家族中的烏克蘭分支有著羅馬甚至猶太的血統，而俄羅斯的分支則將共產黨「民族友好」的口號放在心裡，因為經過一次又一次的通婚，大半的前蘇聯共和國都出現在我家族中的人類馬賽克[4]裡。

我們在家說俄語，只有我的外曾祖父母阿絲雅跟賽爾吉例外，他們說烏克蘭語。我並不當這是族裔造成的區別，因為阿絲雅與賽爾吉住在村子裡，我們其他人則住基輔。而在蘇聯境內，城市說俄語，鄉村中則講各共和國的地方語言。我的父親為俄裔，他與他的哥哥弗拉迪米爾都通烏克蘭語，也比起我那烏克蘭裔的母親，對於烏克蘭民族詩人塔拉斯．謝甫琴科的詩句更琅琅上口。我們有些親戚說亞塞拜然語、亞美尼亞語、意第緒語、波蘭語，還有白羅斯語。每一次的嫁

4 比喻他們家族裡有各式各樣的國籍與血統，就像拼貼的彩繪玻璃。

娶與友誼都會帶來更多色彩與文化到我們原已駁雜的家庭組成裡，讓家中的習俗與傳統一次次更新。小時候在學校遇到必填的表格，我都會不知道該如何填國籍那欄，只好索性留白，搞得老師也不知道怎麼辦。我所受的教育並沒有教我要用族裔、語言或種族去看人，而從小家裡也不曾要我去認同特定族群。我過了好多年才曉得原來沒有特定認同並不「正常」，但也從來沒有喪失這應該要很「正常」的信念。

舉家遷到芝加哥的我是個尷尬的青少年，自我認同還是一如往常的模糊。我想念我在烏克蘭的朋友與外曾祖父母。我想念那個蘇維埃的生猛與中世紀金色圓頂的璀璨並陳在同一時空的基輔。陷入憂鬱的我寫起了詩，也在詩裡寫起了死亡與生命的枉然。我的雙親有他們的新生活要忙著適應，於是我只能全憑自己的判斷度過這段過渡期，包括靠一己之力從烏克蘭過渡到美國，也從童年過渡到成年。所幸沒過太久，我就在我的新國家找到了許多值得去愛的東西。在九〇年代的芝加哥郊區長大，我吸收了種族熔爐與多重身分的美國精神。我感覺不到我需要定義自己。被問起我來自哪裡，我會說，「俄羅斯。」多數我遇到的美國人都可以拼湊出一個蘇俄故事的大要，但說起烏克蘭就是一片空白了。既然我有個烏克蘭母親跟俄羅斯父親，而蘇俄族裔又是由父親那邊往下傳，那我索性就當個俄羅斯人吧。

這些事情在我們家裡從來都不是問題，一點也不是。一路以來不論是蘇聯的崩解還是成員們的向外移民，都不曾影響到我們家族面對多元性那開放、包容的態度，我也不覺得再一次新的政治危機會有何不同。

但就在俄羅斯軍隊出現在克里米亞後，弗拉迪米爾與我之間的緊張關係便瞬間升高。我讀到的新聞報導愈多——我可是每個小時都要看一次新聞的人——就愈不覺得這副身體屬於自己。我無法阻止自己觀看那些血腥殘忍的畫面，千方百計想從當中找到的是一絲希望，希望當中有什麼可以別讓這個事件繼續一發不可收拾，任何一樣都好。但終究坦克開了進來，身穿綠色制服但看不出單位的武裝人員設下據點，慌張失措的我心亂如麻。

「別看得那麼嚴重，那個（克里米亞）半島本來就是赫魯雪夫（Nikita Khrushchev）送給烏克蘭的禮物，」弗拉迪米爾說。他這麼說是想要安慰我。當弗拉迪米爾跟我用Skype連線時，我們滿心想的都是克里米亞。而他提起一九五四年時任共黨總書記的赫魯雪夫，是如何把克里米亞劃入烏克蘭蘇維埃社會主義共和國（Ukrainian Soviet Republic）。「克里米亞人也是俄羅斯人，就跟我們一樣。」

我想要補充說我是半個烏克蘭人，但我沒有，因為雖然有各種力量想把族裔扯進來，但這場仗打的畢竟不是關於族裔。而我也還在抗拒這些標籤。

「你忘了那裡的原住民，韃靼人，」我說。

「那裡原本住的是希臘人，」弗拉迪米爾答道。

「這個嘛，史達林在二次大戰後就把希臘人跟韃靼人都遣送出去了，」我又不耐煩地說。

「而當烏克蘭脫離蘇聯獨立時，把克里米亞也一併帶走了，事前也沒問過那裡的人要不要。你有想過這一點嗎？」弗拉迪米爾接著說，此時他已經拉高聲線，不再擔心要怎麼安慰我。我再次不同意我伯父對歷史的解讀，因為在一九九一年，烏克蘭舉辦過獨立公投，而當時烏克蘭的各個區域，包含克里米亞，都把票投給了離開蘇聯的選項。持平來說，獨派在克里米亞贏得算是最少的，但我並沒有提起這一點，因為反正他也沒有在聽。

「你是怪克里米亞人不該支持普丁嗎？」他繼續說著。

「你為什麼要支持普丁？」我問。「連在特拉維夫都這樣，特拉維夫耶！」

「我是俄羅斯人。」

「你好像離開了烏克蘭才愈來愈覺得自己是俄羅斯人。但你是在哪裡出生的？你人生大半在哪裡度過？是烏克蘭！」

弗拉迪米爾看著他螢幕的左下角。他看起來有稜有角，頂著顆禿頭，雙頰凹陷。瘦得像在禁慾的他就像個頗有型的僧侶，但當我說了什麼讓他聽不下去，比方說現在，他就會在歪斜的笑容中扭動嘴巴，看起來像個愛鬧彆扭的精靈。

「聽那些美國跟歐洲政客發言，簡直不敢相信他們對烏克蘭的歷史有多無知，」弗拉迪米爾最後說。「他們講的那些話，簡直就是小孩子在胡說八道。」

「可就算是烏克蘭人也只知道自身歷史的皮毛，我們又能期待外人了解多少呢？」我說。弗拉迪米爾點了點頭，似乎頗欣慰伯侄之間還有一點東西所見略同，然後我們就改聊起電影，以及鏡頭如何能看得比肉眼要多。

戰爭可以變成一場個人的悲劇到什麼程度，我那天算是見識到了。烏克蘭的衝突是關乎掌控，而非關乎族裔或語言。然而像是親俄、親烏、說俄語的、說烏克蘭語的，或親歐洲的各種標籤卻仍成為政治立場的縮寫。我人生頭一回必須要選邊站，並用標籤來定義自己，但這並不代表我能把烏克蘭或俄羅斯的線頭從我羅織的身分認同抽掉。同時我也不太確定自己的政治立場，我唯一篤定的是我不想回歸蘇聯。

但我當時也不確定自己想要回歸烏克蘭。從我們搬到美國後，我母親每年都會回烏克蘭一趟，陪她的母親也就是我的外婆瓦倫提娜一起度過夏天，但我們不是每次都負擔得起讓母女倆一起飛越大西洋。很偶爾我陪她一起回去的時候，基輔的陌生是我在芝加哥從來沒有感受過的。我在蘇聯度過的人生前十五年已經消失無蹤，取而代之的烏克蘭我一點也不熟。在美國生活了二十年後，我偕丈夫遷居到比利時，踏著離開時一點也不留戀的腳步回到歐洲這片舊大陸。我以為我會因此多回去烏克蘭幾趟。但我沒有。「離別難，歸去也不簡單。」瓦倫提娜說過。我不明白她的意思，我只知近鄉已使人心有千結，讓人事已非的故國湧上心頭更令人情怯。

但最終這事仍由不得我，因為我不回烏克蘭，烏克蘭卻找上了我。像是時間重設，倒回我在比利時與美利堅度過的那些年之前，彷彿一切都不曾發生。我不曾與之相認的烏克蘭，一把將我抓住，用回憶填滿了我的思緒與空虛。兒時熟悉的地標——我們在基輔的舊公寓，赫雷夏蒂克街上的栗子，還有我外曾祖父母在貝里格那棟桃紅色的房屋——其輪廓比起我在布魯塞爾家窗外看到的那些建築還要清晰。這些明亮的記憶以烏克蘭的血腥新聞為背景閃動，我宛若置身酷刑，但仍欲罷不能地索求，不斷把小到不能再小的細節喚出腦際，就像有人會按壓刺痛的瘀傷，只是想知道自己能忍下多少痛苦。獨立廣場上的槍響，驅散了烏克蘭很遙遠的幻象。接著就是普丁出兵烏克蘭的決定，在二〇一四年三月一日獲得俄羅斯議會授權，粉碎了我對戰爭的錯誤認知。戰爭，已經迫在眉睫。

如同大部分在蘇聯時代出生的小孩，我也成長在祖輩對於二戰的記憶中。「要是沒有戰爭」是他們宛若口頭禪一般的真言。他們會說任何一種天災人禍都可以克服，只有戰爭的歲月比死還痛苦。

蘇聯與阿富汗的戰爭[5]，讓我第一次對長輩想傳達的意思有了些概念。那些戰鬥固然遙遠，但從阿富汗山區回來的老兵把戰爭也一併帶了回來。他們偶爾會出現在我們眼前，怒目橫眉、缺了胳膊或少一條腿，在街邊拿著手風琴表演，或是在公車上大聲講些讓我心生恐懼的胡言亂語。不過最令人恐懼的，還是像我父親的朋友達尼爾（Danil）那種人。他在一九八四年被徵召，一年後退伍。高䠷、黑髮、相當英俊的他偕妻子瑪莎（Masha）一起坐在我們的餐桌邊說笑，笑點一個接著一個。達尼爾笑得如此用力，甚至沒注意到我們的靜默。突然間他停在了句子中間，手緊握住桌子的側邊，緊到指節都失去血色而泛白。瑪莎的雙手與眼睛都不知道該往哪擺。母親瞥了一眼父親，而父親則用懇求的眼神緊盯著達尼爾。在宛若永恆的幾秒間，達尼爾換了一副表情，還笑得露出了牙齒，但他的妻子依舊前言不對後語，母親叫我去外面玩。我們不說憂鬱症、焦慮，或是創傷後壓力症候群。我們只有一個形容詞，戰爭，凡事推給戰爭就對了。

一日，達尼爾與瑪莎邀我們去他們家吃晚飯。但到了他們家，我們卻被一大群人跟閃著燈光的救護車擋下。「那麼英俊，真可惜，」旁邊有人這麼說。

「當過兵的人都有手槍。」

「很多人回來腦子都壞了。」

5 指爆發於一九七九年底，為期將近十年，由蘇聯入侵阿富汗引發的戰事。

「不，他用的是打獵的長槍。」

「他是在浴缸裡開的槍。」

「戰爭啊……」

我父親推開了人群，衝進屋裡。母親摀住我的耳朵，把我的小臉壓進她的裙子裡。她的手抖到小小的珍珠戒指激烈晃動，我的頭髮都被扯痛了。我從她緊緊的擁抱中掙脫。兩名醫師正把一具蓋著白布的擔架抬出來。一隻像布娃娃一樣癱軟的手臂隨著醫師的步伐晃動。瑪莎原本僵直地站在房門口，但一看到我父親就癱軟在地上放聲哭嚎。母親抓著我的手，拽著我跑出庭院。瑪莎淒厲如野獸的哭喊一路緊追著我們母女回家。

達尼爾自殺身亡時我應該只有七歲，但在二〇一四年讀到烏克蘭戰爭的報導，當時的記憶仍讓我不住顫抖。瑪莎的哭吼一直在我的心中，而戰爭愈是逼近現實，我就愈能感覺到那哭聲卡在我的喉嚨。戰爭早在槍響之前就已然展開，但很快的槍聲響起，開始有人死去。在俄羅斯併吞克里米亞之後，幾座烏東城市陸續宣布脫離烏克蘭獨立，並尋求俄羅斯的支持。新共和國一夕之間出現，新的戰場也是。放眼報紙頭版盡是民眾直闖官署且暴力相向的城鎮名字——哈爾科夫、頓涅茨克、敖德薩、馬立波。

看著我個人地理上的座標陷入騷動，我失去了時間感。我母親出生在哈爾科夫，而那做為烏克蘭至東的都會區也是我外婆瓦倫提娜研究地理的地方。我父親曾有一次到西伯利亞短暫而失敗的挖掘金礦之行，他回來後在頓涅茨克工作過一陣子，並從那裡帶回一塊生煤。他說那是小行星，我母親說那只是普通的石頭，但那粗糙閃耀的外形無論如何都讓我著了迷。在敖德薩，我在跑下著名的波坦金階梯[6]時弄丟了我最愛的泰迪熊，怎麼都哄不了的我，直到父親帶我到海灘上看寄居蟹如何換殼才趨於平靜。在馬立波這個以水果著稱的城鎮，我母親跟我買下了一株纖細的櫻桃幼株要給我的外曾祖母阿絲雅，讓她種在她的園地裡。烏克蘭當前的事件，蓋掉了我心中除了恐懼與慌亂以外的所有情緒。那個我出生、長大的地方，我外婆生活、受苦，我也吃過苦頭的地方。每當新一輪的暴力讓烏克蘭陷入震盪，都在我內心造成極大的迴響，讓洪水般的畫面與回憶在我腦中潰堤。

弗拉迪米爾也為了他自身的焦慮在掙扎。心情好的時候，他會在發來的電郵裡附上他年輕時的照片搭配各種故事，有的說的是他坐在朋友機車後座雲遊烏克蘭，有的是說他跟他的兄弟們聯

6 波坦金階梯是烏克蘭敖德薩的一個巨大階梯，被認為是由海上正式進入敖德薩城的正式入口，為敖德薩最負盛名的地景。該階梯建於一八三七到四一年，原本叫作大道階梯、巨型階梯或黎塞留階梯，後來才因為一九二五年的黑白默片電影《波坦金戰艦》得名波坦金階梯。該階梯頂部寬十二．五公尺，底部寬二十一．七公尺，共一九二級，全長一百四十二公尺。

手打造可以錄音的機器。但更多時候，他會用俄羅斯網站的連結轟炸我，而那些網站都把發生在烏克蘭的事件描述成納粹與新民族主義分子的所作所為。當分離主義者在頓涅茨克與盧甘斯克（Lugansk）建立起分裂共和國時，俄羅斯的官宣就會大肆運轉，餵食狂熱觀者一個接著一個的陰謀論、誇張的強國姿態還有各種妄想。有回弗拉迪米爾聽信了一個理論，指烏克蘭發生的事件是美國中情局與烏克蘭民族主義分子的合謀，自此我們的對話就開始壟罩在中情局的魅影之下。

的確，他氣憤的另外一個目標就是美國。「美國為什麼要管這個閒事？他們為什麼什麼都要插手？」弗拉迪米爾用他骨感的手指著鏡頭說。

我或許離開了美國，但美國畢竟是滋養我成長的地方，我對其有深厚的感情。再者，在我眼中，美國的支持是俄羅斯沒有染指烏克蘭一個關鍵的緣由。至此我已經愈來愈沒有耐性，每一次與弗拉迪米爾的對話都變成一種攻防。

「你父親決定搬去美國的時候，我跟他說了我的想法，」弗拉迪米爾接著說道，「我跟他說這是一個天大錯誤。要是他肯聽我的就好了……」

我的下巴抽動了一下。「別把我爸扯進來，可以嗎？」我一邊這麼說，一邊假裝門口有著不存在的郵差，想藉此中斷這場對話。

隨著時間過去，烏克蘭與政治充斥著我們的談話。雖然我們的交流日臻尖銳，但弗拉迪米爾是我與父親僅存的聯繫。我覺得他需要我的陪伴，因為他已經年屆七旬，跟他同住的女兒又忙於兩份工作。他孱弱的健康意味著他大部分的社交都必須在線上進行，而對我而言，我在一個完全沒有親人的地方渴望著家族的聯繫。只不過，隨著弗拉迪米爾的觀點變得極端，我既預測不了，也已經控制不住自己對他的反應。

「歐洲應該感激史達林，」弗拉迪米爾說。「要不是有史達林，希特勒早就把我們趕盡殺絕。」我已經聽過弗拉迪米爾讚揚普丁並詆毀民主是一種斂財的藉口，但他如此推崇史達林倒是我從沒想過的。

「史達林就跟希特勒一樣啊，」我一邊說，聲線邊不自覺地飆高。

「但他打贏了戰爭，」弗拉迪米爾兵來將擋。凡事推給戰爭就對了，戰爭就是這麼萬用。

「但你想過那代價嗎！蘇聯害死了九百萬條性命，就是因為他們不把人命當回事。達莉雅祖母十二個兄弟姊妹，都是你的叔伯阿姨啊，只有兩個活過戰爭！更別說有多少人是史達林政權親手殺的？兩千萬，這數字已經客氣了！」冷冽的春風吹進打開的窗戶，讓我書桌上的紙張飄動，但我身邊的空氣卻熱得像有電流通過。

「我就活了下來啊，」弗拉迪米爾陰沉地說。我沒有接話，兩人就這樣在螢幕前不知所措，調整起鏡頭的角度。

「但就跟我說的一樣，史達林有戰爭要打，他該狠的時候不得不狠一點。凡事總得付出代價。」弗拉迪米爾恢復了冷靜與沉著。

「那他在一九三〇年代餓死烏克蘭幾百萬小農的時候，打的又是哪一場戰爭？」

「你說的是所謂的Holodomor[7]吧？」弗拉迪米爾特意在這個烏克蘭人用來指涉「烏克蘭大飢荒」的用字上，加上了充滿嘲諷的轉折。「莊稼歉收，哪裡不會餓死人，又不是只有烏克蘭這樣。」

「但那是因為史達林強行實施了災難性的農業集體化，而共產黨又扣住救濟不發給陷入飢荒的地區。白紙黑字的紀錄可證明這場飢荒是蘇聯刻意為之，目的是擊潰正在抗拒蘇聯各種政策的烏克蘭小農階層。」

「他們在美國的學校是這樣教你的嗎？」

我在腦中攤開證據與事實，但此時此刻論據在怒火攻心中散成一片。

「從小身邊都有還記得的人。阿絲雅跟賽爾吉都經歷過那段歲月，他們跟我講過當時的故事，」我的聲音開始四分五裂。

「故事大家都會說，但那些故事不見得句句都是你以為的意思。」

後來弗拉迪米爾在一封電郵裡附上某俄羅斯民族主義網站的一篇文章，標題是「烏克蘭大飢荒的真實歷史」。我打開那個網站真是一個錯誤，但又忍不住想對自己施加更多痛苦。那篇文章宣稱一九三〇年代的飢荒是加拿大烏克蘭民族主義者捏造出的謊話，還說烏克蘭人緊抓著這個故事不放是想賣慘。我一滴眼淚也沒掉掃描過整篇文章，感覺到體內沒有一束肌肉不繃緊著。

那場大飢荒影響了蘇聯的各個地區，但仍以烏克蘭受創最深。四百萬名烏克蘭人在一九三二年與一九三三年間餓死，史稱Holodomor，烏克蘭大飢荒。這件事在我外曾祖父母心中留下了深刻的傷疤，因為他們親身活過了那場禍事。我外曾祖母阿絲雅——曾跟弗拉迪米爾在我雙親的婚禮上見過——她當年在波爾塔瓦附近一個小村子裡當學校教員，眼睜睜看著她的學生一個個倒下。她每次上課前，都要先幫已經沒人處理後事的孩子掘墳。作物不是完全沒有，但都被充公送到蘇聯其他地方，或是拿去外銷，同時各個村子的四界都遭到封鎖，人員全都無法離開。當年才十八歲的阿絲雅，就此被飢餓的恐懼糾纏了一輩子。曾經我扔了一盅發霉的果醬，被外曾祖母發現後，她氣炸了。大喊我是個被寵壞的屁孩，沒有被餓過。她蹲在垃圾桶旁把果醬一點一點刮到罐頭裡，吃得一乾二淨。

我關上電腦。耳朵還嗡嗡作響，雙頰也還在發燙。弗拉迪米爾不承認家人的親身經驗，就像

7 烏克蘭語中的「餓死」之意。

甩了我一巴掌。

他的下一通來電我沒有接，但我發了則訊息跟他說，對於害死了這麼多家族成員的蘇聯政府，我不理解他怎麼還能說出讚揚的話。

弗拉迪米爾回覆了，長篇大論主張說是蘇聯在法西斯主義的面前捍衛了全世界。蘇聯首次將人類送上外太空。蘇聯是個偉大的強國。當然，蘇聯有她的問題，任何系統都有缺陷，像美國資本主義就比蘇聯要糟糕得多。

「腐臭的民主意識形態正充斥著烏克蘭，」他在下一通電話如是說。「普丁挺身對抗美國是對的，早該有人這麼做了。」

「這麼喜歡普丁，你住以色列幹嘛？」我嗆他。

「那你呢，烏克蘭愛國者，你在布魯塞爾幹嘛？你怎麼不回『你的國家』去跟『你的同胞』一起？」

我這時才提起弗拉迪米爾為披頭四那點小事被抓去坐牢的事情。他才是那個因為賣盜版唱片被定罪，並遭到蘇聯鐵拳壓迫的傢伙。那些法官不就是無法接受那句「我回到蘇聯了，你們不知道自己有多幸運」[8]，才把弗拉迪米爾送去關了三年嗎？

弗拉迪米爾掛掉電話。我感到有點內疚與自責，但我還是很氣他對大飢荒的那些說法。接下來的幾天我看見他Skype圖示偶爾亮起，但他既沒有來電，也沒有寄電郵給我。他在那星期快結束時才回應我一條不算長的訊息。

他寫道他確實在蘇聯坐過牢，但他不後悔。「我們必須感激蘇聯給了我們那麼多機會，」他在訊息尾聲補充說。「我再跟妳說什麼妳也聽不進去，因為美國肯定把妳洗腦了，就跟美國的資本主義殺了妳父親一樣無庸置疑。」

呼嘯聲穿透了我的耳膜，就像我從極高處往下墜落。我吸了口氣，試著抗拒繃緊的喉嚨讓肺部充滿氣。等怒火開始消退，我花了整整兩天思索該如何回應。我寫在蘇聯的經驗無法讓我感激涕零。如果我們的家族成就了什麼，那是還好沒有被體系扯後腿，而不是因為系統拉了我們一把。我重讀訊息的行文，然後刪掉它。在重寫的訊息中提醒弗拉迪米爾，不論我離開那裡多久，烏克蘭終歸是我出生且成長的地方。我把這第二封訊息也刪了。接著請他不要再用毫無根據的陰謀論，臆測美國資本主義在父親死亡裡所扮演的角色。我想了想，還是把這封訊息移進了垃圾桶。

最終我寄給弗拉迪米爾的電郵，只有短短一行文字：「你忘了我們三年前立下的約定嗎？」

---

8 披頭四一九六八年第九張專輯《白色專輯》中的同名主打歌歌詞。

我一邊寫，一邊清楚看見父親的臉——他毛茸茸的八字鬍上戴著一副灰金框眼鏡，再來就是一頭栗子色的捲髮。我最後一次見到他，是在舊金山。他跟我繼母卡琳娜（Karina）已經在灣區（Bay Area）居住超過十年，我是去加州出差後給他一個驚喜。我父親去火車站接我，替我把小行李箱抬到他的後車廂，然後用我沒有想到的溫柔眼神看著我。我們的關係往往相當緊張，所以我一時不知道該如何反應。我給了他一個擁抱，嗅到了一縷熟悉的菸味與古龍水，使我的內心感到寬慰。

「妳是個大人了，」他說。我本想跟他說我都三十二了，還能是小孩嗎，但父親聲音中的一絲哀傷讓我心生動搖。他是不是後悔了，是不是覺得自己不該一口氣缺席我那麼多年的人生？他是不是想要彌補什麼？

我的突襲拜訪可以說賓主盡歡，我們一起看了歌唱比賽，還跟繼母一起煮了螃蟹吃。似乎精神不錯的父親跟我聊起了他新投資的生意，甚至還把他想買的幾棟房子秀給我看。我們討論了我身為自由作者的工作，還有我如何形容香味，[9]跟香味會勾起的記憶。那只不過是一個長週末而已，但我卻對父親那件黃襯衫的印尼蠟染圖案或水煮螃蟹的甜美滋味記憶猶新。

父親去世後，弗拉迪米爾跟我約定了一件事情。這是弗拉迪米爾主動提的：等我做好心理準備，他可以跟我聊聊父親，也跟我聊聊父親身上發生了什麼事情。身為我父親的大哥，他是我生命中關係最近，而且對父親知之甚詳的人。後來我們確實聊起了父親，弗拉迪米爾也分享他與父親一起長大的許多回憶，但我還沒準備好面對他辭世背後的原因。那傷口碰不得，一碰就痛。就在我們圍繞著蘇聯的針鋒相對中，弗拉迪米爾違背了他的承諾。否認烏克蘭的歷史讓我滿腔怒火；提起我父親的魂魄則讓我難以忍受。就算是弗拉迪米爾真覺得資本主義是殺死我父親的兇手，原因我也聽不下去。

這是一封弗拉迪米爾永遠收不到的訊息。我的信一發出去，就很乾脆地碰了個壁：用戶查無此人。被剝奪了回覆的機會讓我一把火，一氣之下封鎖了弗拉迪米爾已經一動也不動的Skype頭像，並把他的電郵信箱標成垃圾郵件。

9 香精與香水是作者平日寫作的一個重要主題。

第二章

尼科季姆怎麼了

哀悼一個地方比哀悼一個人還難。失去深愛的人是悲劇，卻也是人生在世必經的過程，但戰爭則否。看見我們熟悉的地標陷入暴力殺伐，我們會哀慟於那個曾經的自己，也會質疑起自己變成了什麼。哀慟對我的擠壓，到了我再也無法把一個想法完整說出來的程度。有時候在跟三五好友共享一杯紅酒，我會猛然想起要是俄軍侵略到克里米亞以外的地方，那該如何是好？兒時那些二戰電影中的灰色畫面，在我的腦海中快速掠過：坦克開過我外曾祖父母的村落、身著迷彩服的男人將我們的櫻桃樹砍倒，炸彈落於我們在基輔的舊公寓上。朋友會問我還好嗎，而我會啜飲一口酒，然後點點頭。我不知道怎麼跟這些關心我，但戰爭於他們只存在於遠方跟報紙的朋友，解釋這場克里米亞不曾宣戰的戰爭每多打一天，我的內心就會多碎掉一點。在這種狀況開口尋求同情，就是在逼人做出道德判斷跟選邊站，連我自己都還沒能搞懂那些事件。

我的家人也各自用他們的方式在哀悼與陷入驚慌。我母親想像最糟糕的狀況，並舉了巴爾幹半島的例子解釋烏克蘭的狀況。我阿姨會跟看法與弗拉迪米爾類似的人解釋她的立場。她會抱怨她以前的同學對俄國總統的沉迷。「他還跑去買了一件跟普丁差不多的西裝外套。你知道，就是全黑然後有小硬領的那種，」她說。「每年他都會到俄羅斯一遊，以便能『呼吸自由的空氣』，至少他在臉書上是這麼寫的。他住加拿大耶。」在這些對話之後，我既有點想哭，又有點想捶牆。

我最常聊天的對象，是我的外婆瓦倫提娜，因為她不想聊戰爭。她說每天電視一打開跟每天一遇到人，都是戰爭戰爭戰爭，她累了。她主要聊的是果園跟春耕。我問她有沒有旅行護照，因為說不準我們會需要把她從烏克蘭疏散出來，她說她不需要。我堅持了一陣，她一字一字地重複說她就算是天塌下來，也哪裡都不去。還有就是跟瓦倫提娜說話，我不用擔心講錯話讓彼此不爽。

跟外婆聊櫻桃樹的修剪與番茄的種植，可以讓我忘記很多事情，但只要電話一掛上，就又會回到焦慮跟沮喪的狀態。我同時很放不下跟弗拉迪米爾的衝突。在腦中沙盤推演了很多種論述，希望能讓他相信蘇聯解體不是最大的災難，不解體才是。我想像跟他說烏克蘭以其位於俄羅斯與西歐間的關鍵位置，將永遠會是俄羅斯帝國野望的戰場，而俄羅斯將千方百計將這片土地控制在它的手裡，但烏克蘭人有權選擇由誰來統治他們，也有權選擇自己的生活方式。但這時我又會想起他那不公平的指控，憤怒不但回歸而且加倍。

即便如此，我還是找到了一件自己能做的事情。那就是買張機票前往烏克蘭。弗拉迪米爾曾拿這件事數落我，而我決定接受他的挑戰，讓他沒話說。就這樣在某天早上，我立誓要重返貝里格。

貝里格，或認真一點講叫作克魯提貝里格是我們給烏克蘭中部波爾塔瓦附近的村子取的名字。曾經，克魯提貝里格決定了一七〇九年波爾塔瓦之戰[1]的戰略，為歐洲歷史畫出了分水嶺，並靠養蠶織布興盛了起來，但那些光輝的事件早已成為過往。克魯提貝里格的意思是「陡峭的河岸」，顧名思義位於沃爾斯克拉（Vorskla）河畔，但如果把形容詞拿掉，貝里格一詞對我媽媽這邊的家族而言，代表著「我們的河岸」。

我母親的家族並沒有人生於此處，就連身為一家之長的外曾祖父母，阿絲雅與賽爾吉也不是。他們確實扎根在波爾塔瓦一帶，但貝里格只是他們對故土最接近的推測。他們沒有傳家的珠寶承襲自顯赫的祖先，也沒有成冊的家譜詳實記載一切。他們只知道自家的遠祖確實存在，但沒有留下太多的痕跡。住在一個有著「血腥之地」、「邊境之地」、「邊疆」等名號的兵家必爭之地，想累積恆產跟維繫一脈相傳的歷史談何容易。阿絲雅與賽爾吉歷經了二十世紀許多回的動

邊，他們的生活方式也一次次被如海嘯一般的大事件給沖刷掉。到了最後，但凡在紛亂中能留下來的東西都會被當寶貝。我母親跟阿姨爭著阿絲雅一九三〇年代的缺角杯組，那種熱情會讓你覺得是兩個希臘人討論要如何把額爾金大理石[2]從英國手中要回來。即便只是一只透光的瓷器，它也站在memento mori，也就是「死亡紀念品」的對立面，它不像死亡紀念物那樣提醒著我們凡人必有一死。它成了一種vivere memento，也就是「生命紀念品」，扮演的是對生命與韌性的寶貴證詞。做為母親家族在戰爭的紛亂後倖存之地，貝里格成了我們家最重要的生命紀念品。

我生在基輔，但我生命的前十五個夏天都在這個沃爾斯克拉河邊的小村展開。貝里格是我第二個家，阿絲雅與賽爾吉是我的第二組爸媽。我在布魯塞爾的書架上放著他們的結婚照——一臉正經的兩個年輕人。他們看起來比較像準備好要去打仗，而不是準備好走入家庭，但他們的確是家族中的模範夫妻，也給了我們所有人有家可歸的感覺。八歲的時候我的爸媽離婚，貝里格成了我的避風港。

1 波爾塔瓦之戰發生在一七〇九年六月二十七日，交戰的雙方分別是俄國彼得大帝與瑞典卡爾十二世的軍隊，此役做為大北方戰爭中最大規模的決定性戰役，俄方的勝利終結了瑞典做為歐洲列強之一的年代。

2 額爾金大理石像是由古希臘雕刻名家菲狄亞斯及其助手所創作的一組大理石雕，原藏於帕德嫩神廟和雅典衛城等各建築中。一八〇一年，額爾金伯爵獲得當時統治希臘的鄂圖曼帝國處取得許可，將這些石雕陸續送至英國，現存於大英博物館。詩人拜倫曾稱這種行為與搶劫無異。

賽爾吉是貝里格一間中學的校長，也是一名二戰老兵，事實上他還在一九四三年那場慘烈的庫爾斯克之戰（Battle of Kursk）裡失去了一條腿。退休後的他照顧花草，也照顧他的一票曾孫。離婚後的父親自我身邊缺席之後，賽爾吉挑起了為人父的責任。講話輕聲細語，態度不慍不火的他鮮少大聲說話或失去耐性，但這並不妨礙他的力量與堅毅。記憶中他唯一一次對我發脾氣，是因為我在他的圖書館裡囫圇吞棗讀了大部頭的列寧手筆，判定想侮辱我六歲的小表親，最髒的髒話就是布爾喬亞（資產階級）。「我們家沒有誰是布爾喬亞！這個字不好聽！」賽爾吉無意間聽到我這麼說的時候非常生氣。他從十來歲就忠誠地擁抱共產主義運動，一路上堅定不移。當然我想用「布爾喬亞」罵弟弟妹妹，要的就是這個字眼象徵的污辱性，但我沒有頂嘴，而他開始思考自己是不是不該放任一個十二歲的小孩自己列書單。聽說這件事的阿絲雅倒是笑得很開懷。

阿絲雅曾跟賽爾吉在同一所學校服務，但等我出生的時候她早已從教職退休，改把熱情投入她的果園，為此蒐集了各式各樣的花卉與果樹。一直有著實業家細胞的她把握住機會，政府一開放民間小規模經商後，她就在波爾塔瓦的中央市場做起鮮花跟水果的生意。在貝里格被稱為「市區」的波爾塔瓦是個安靜的鄉下地方，有著新古典主義造形的白色建築、薄荷綠的教堂，還有尼古萊．果戈里（Nikolai Gogol，十九世紀上半葉的文學家）這名波爾塔瓦子弟的紀念碑。從貝里格搭巴士到波爾塔瓦要十五分鐘，而阿絲雅天天都去，只有星期一例外，因為星期一波爾塔瓦的市場休市。阿絲雅把她的積蓄都投資在金子上，所以當蘇聯解體經濟一道崩潰時，她跟她的身家都毫髮無傷。她靠著櫻桃園讓我們有得吃，有得穿，也讓我撐過了一九九〇年代初期的混亂。阿絲雅不覺得被叫布爾喬亞有什麼問題。

不同於我拘謹古板的外曾祖父，阿絲雅生得一副伶牙俐齒，開玩笑的尺度也很大。期望誰用如珠妙語讓人跌破眼鏡或一頭霧水，靠她就對了。某天，年紀已經大到足以在學校喜歡上男同學的我突然納悶起一件事，那就是阿絲雅跟賽爾吉是怎麼結的緣。那天下午，陽光通過狹窄有著直櫺的窗戶，將琥珀色的光束披在厚重的橡木桌椅跟一組茶具上。在市場忙了一天的阿絲雅正在喘口氣，畢竟工作日她早上四點就醒了。

「阿嬤，妳為什麼會嫁給阿公啊？」我對阿絲雅說俄語，她回答則用烏克蘭語，這在我們這種通婚的蘇聯家庭中是很常見的溝通模式。

「為什麼啊？因為我是笨蛋啊，」她說，顯然沒有意識到她的回答我聽不懂。我預期的答案是吉他小夜曲之類的追求，畢竟我看的電影跟書本都是這類情節。

「我是個美人，」她補了一句，邊說邊用雙手比劃她年輕時身材多麼婀娜多姿。這我相信，因為七十幾快八十的阿絲雅還是個很耀眼的女性，高䠷、氣場十足，還有著魯本斯[3]筆下的女性曲線。

「妳外曾祖父愛上我了。」這句我也相信，因為都老夫老妻了賽爾吉依舊對她百依百順。他二戰時是坦克師，但在家還是阿絲雅發號施令，叫他打哪裡就打哪裡。故事說到這，我們祖孫安靜到可以聽到鴿子的翅膀在屋簷下拍動。

「他有一張配給卡，」她說。賽爾吉這時剛好提著一籃櫻桃走了進來。「阿絲雅，妳到底在亂說什麼！」他一邊說一邊臉紅得不輸櫻桃。阿絲雅用她頑皮的藍眼抬頭瞅了一眼，然後爆出了銀鈴般的笑聲，不用說也知道賽爾吉聽了還是會小鹿亂撞。他搖了搖頭，無奈走出房間。

當時我並不明白阿絲雅的故事代表什麼。要說她的婚姻是建立在冷冽、將本求利的計算，似乎不太可能。賽爾吉只要一看到她，深鎖的眉頭就會鬆開，氣色一亮。「願妳有天能找到愛妳像賽爾吉愛阿絲雅的人，」我母親會說，好像那是一件有點不可能的事情一樣。我兩位「阿祖」的婚姻維持了一甲子，我母親才撐了八年。但外曾祖父母是在村中當教員的時候相識，然後一九三二年飢荒爆發。在那段歲月中，配給卡是人能活下去的最大利器，賽爾吉身為資深教師就握著一張。他迷戀阿絲雅，當他求婚時，她也接受了。她並沒有假裝自己是為了愛而嫁給他。

阿絲雅的故事像阿拉伯的一千零一夜——精妙的情節內含著其他的寓言，只有覺醒的人才看得見。我太年輕，太篤信蘇聯的大內宣聽不出阿絲雅的言外之意。在八〇與九〇年代的學校裡，我們受的教育是農工是社會的基礎，是共產黨統治下主要的受益者，蘇聯政府「從邪惡地主的桎梏中解放出來」的人，他們不會讓這一批人活活餓死。史達林主義在六〇年代遭到赫魯雪夫的否定，但列寧仍舊是好人來著。學校制服上有一枚少年先鋒隊的星星，而那顆星星印有這名布爾什維克革命領袖的側影。穿著這制服，我滿心期待自己戴上紅領巾的一天早日來臨。列寧本人說過，「工人與農民的智力正在成長，他們奮鬥要推翻布爾喬亞的力道也愈來愈強。」我是在賽爾吉的一本書裡讀到這些東西。要到很久以後長大了，我才慢慢拼湊出這些拼圖。

阿絲雅是我們這個家的核心，每次阿姨一家來貝里格住，我都很開心，因為代表我得讓出房間去跟阿絲雅睡在一起。外曾祖父母是分床睡的——賽爾吉的床是一張窄窄的斯巴達式行軍床，阿絲雅的則是一張巨大的精美彈簧床，上面還鋪有刺繡的枕頭跟色彩繽紛的棉被。我蜷曲在她的身側，一邊是她柔軟的肚子，一邊是刮人的土庫曼掛毯。賽爾吉經常會半夜起來——他被截肢的腿讓他不舒服，隱隱作痛的痙攣會從那兒傳到全身。到了早上，他會有裝上義肢的一整套儀式。我看著他用一層層法蘭絨裹住淺粉色的殘肢，入迷的程度不輸我看著阿絲雅的假牙飄在裝水的玻璃杯中。第二次世界大戰用鐮刀切穿了這個家，留下了各種傷疤，但對我來講那都是某種日常。

「跟我說個妳以前的故事，」一旦我聽到賽爾吉的呼吸變得均勻緩和，我就會這樣跟阿絲雅說

3 Peter Paul Rubens，1577~1640，十七世紀著名的巴洛克風格畫家。

起悄悄話。她鮮少在他面前講她的故事。但這些謎樣的故事讓我目眩神迷，在我的記憶裡縈繞不去，於是我會催著阿絲雅跟我多說兩句。

「都是些老女人的廢話，我的故事就是這樣。別讓妳的腦袋瓜裝這些沒用的東西。過去的事就過去了。」阿絲雅會這麼堵我的嘴，然後一邊闔上她的書，一邊把刺鼻的藥膏抹在她被玫瑰刺刮到的手上。但也有些時候，她會順著我開始說。

在我十五歲跟母親、繼父與弟弟移居到芝加哥之後沒幾年，阿絲雅與賽爾吉就過世了。在美國的那二十年，我只回過貝里格兩次，而且這兩次都讓我非常沮喪，因為他們不在了，看什麼都讓我觸景傷情。我看著雜草叢生的花圃跟結在阿絲雅農具上的蛛網，賽爾吉的義肢立在屋裡空虛的行軍床邊，在招灰塵的家具間顯得分外光亮。由於外婆瓦倫提娜當時還住在基輔，只有夏天才會回去貝里格，所以貝里格的屋子跟果園都有點荒廢。母親跟阿姨會固定每年回去，因為他們實在割捨不下貝里格這個「生命紀念品」。但對我而言，缺了阿絲雅與賽爾吉的貝里格已經沒有意義。我將之封印在記憶的琥珀中，從此不再提起。阿絲雅教過我過去的就過去了，我想聽她的話。我變成了遺忘的專家，任何不舒服或會讓我痛苦的事情，都會被我掃到名為「過往」的檔案夾裡。

如今，我必須要回到那裡，因為外婆瓦倫提娜已經賣掉了她在基輔的公寓，在貝里格住了下來。

貝里格讓我害怕，但同時也迫不及待想再見到瓦倫提娜。我跟瓦倫提娜從來沒有像我跟阿絲雅一樣親密，但我依舊很崇拜她，也會模仿她。我還是個小女孩的時候，瓦倫提娜是個十分忙碌的職業婦女，是一名地理科的老師，後來變成某人資部門的主任。有回在我十一歲時，她來到貝里格度週末，當時她踏出外公波里斯那輛白色伏爾加轎車的優雅模樣，讓她看起來風情萬種到有點逼人。我目瞪口呆地看著她那用髮膠固定住，左右翹起來的鮑伯頭，開心果綠的洋裝，還有白色的跟鞋，才注意到自己連身褲上沾了青草的髒污，骨感的膝蓋上有土。即便瓦倫提娜換上居家的服飾跟拖鞋，她還是散發出一股不凡的質感。她看了我一眼，隨即展開行動，包括從上到下刷起房子，把我趕去換衣服，最後動手煮起有好幾道菜的大餐。她跟我說了著名藝術家與畫家的故事，給我留下各種清單，上面有可以去讀的書、可以去看的電影，還有可以去參觀的博物館。在我搬到美國之後，我們每周用電話聊天，包括討論托爾斯泰對救贖的信心，或是畢卡索對女人的待遇。

「很好，妳可以來櫻桃園給我幫把手，」這是瓦倫提娜聽我說想回烏克蘭過東正教復活節的反應。「妳知道我今年打算把果園擴大嗎？」她沒有說她很高興能見到許久未見的我，也沒有說她一直在等我回去。她只是聊起了果園，但由於園藝占據了我們近期對話的所有內容，她的反應沒有讓我覺得怪。我們比較機票的價格、討論搭機的日期，還列出要給貝里格的鄰居們的伴手禮。我在布魯塞爾還有幾個案子要忙，但由於我大部分的工作是自由寫作，所以長時間不在家的彈性不是沒有。最終我決定在烏克蘭待三個禮拜。我先生對我的烏克蘭之行不無擔心，但他認同此行的重要性並支持我走這一趟的決定。行前準備讓我忙得昏天暗地，以至於我對弗拉迪米爾那些傷人語言的反芻變少了，甚至沒再去確認他有沒有再登入Skype。

還是個小孩子的時候，我就會模仿回憶錄或自傳的形式寫日記，因為瓦倫提娜外婆喜歡看這類作品。我請母親把當年那些日記寄到布魯塞爾給我，因為這些日記大部分都是在貝里格寫的，而我很好奇那麼多年前，我究竟在紙上都捕捉下什麼。我母親藉著我的請求清空了閣樓，寄了兩大箱我兒時的書、繪畫跟日記給我。我翻閱散發著霉味的一冊冊普希金詩集、來自世界各地的童話故事、日本俳句的俄文譯本，還有學校的報告。就這樣一路挖到箱底，發現了一本小小的藍色筆記本。「我們在波爾塔瓦省土生土長的馬亞齊卡村是個哥薩克聚落，那就是我們支持布爾什維克革命的原因，」第一頁這麼寫，我認出了那是外曾祖父賽爾吉的手筆。

這本日記乍看沒什麼我沒聽賽爾吉說過的事情。一如外曾祖父一絲不苟的風格，這筆記是按主題分類的：「我們的馬亞齊卡村、我的雙親、我們的農場、我們的生活日常、二次大戰、我的兄弟姊妹。」這當中每一名兄弟姊妹都有他們個人的詞條。其中最短也是壓軸的一條吸引了我的注意。那一條筆記說的是，「尼科季姆兄弟，一九三〇年代為了一個自由的烏克蘭奮戰，最後消失無蹤。」下面還畫了底線。

我的外曾祖父賽爾吉是八個兄弟姊妹裡的老么。歐克薩娜在一九一八年內戰期間死於斑疹傷寒。米基塔進入沙皇的祕密警察工作，在布爾什維克革命中被殺。費迪爾在一九四二年的二戰東線戰場上陣亡。內斯提爾與歐達爾卡從兩次世界大戰中活了下來。伊凡生來長短腿，所以逃掉了徵兵，變成在集體農場上操勞。然後就是尼科季姆。在古希臘文中，這個名字的意思是「人民的勝利」。這樣的他，下場是不知所終。

尼科季姆在家族故事中的缺席非常徹底。我也不記得賽爾吉提到過他。坐在那翻著筆記，我突然意識到賽爾吉的聲音在我的記憶中是如此難尋。我試著把某段記憶緊緊抓牢，但總在我還沒能將之拼湊成一種說法之前，它就消融得無影無蹤。他就像阿絲雅跟我們說了很多故事，但除了他英勇奮戰的二次大戰以外，我都忘得差不多了。對我來說，戰爭定義了賽爾吉跟他的生命經驗。尼科季姆並不在其中。

我打了電話給母親，問了這本日記。

「妳記得賽爾吉去基輔動手術開腳的那個夏天嗎？」我母親說。「喔不，妳不知道。妳那時已經在芝加哥了。」

賽爾吉在基輔的公寓復健，同時記了一本日記，但他始終沒有把日記帶回貝里格，一年之後他就過世了。我問母親她有沒有聽說過尼科季姆。

「賽爾吉的一個哥哥住在貝里格附近的一個村子裡，但阿絲雅不喜歡那家人，」我母親說。

「為什麼？」

「她說那家人不對勁，」我母親邊說邊想著有沒有更好的字眼，「好像他們沒有調整好還是怎樣。」

「賽爾吉有提過尼科季姆嗎？」我又問了一遍。

「他常講到二戰……」

「媽，賽爾吉有沒有提到過尼科季姆？」我打斷她。

「他不怎麼提他的家人，」我母親說。我一邊翻著大腿上的筆記，一邊對母親閃爍其詞的回應感到狐疑。

「但這本日記裡，賽爾吉寫到了他的家人，」還不肯放棄的我說，「他寫道，『尼科季姆兄弟，一九三〇年代為了一個自由的烏克蘭而戰，最後消失無蹤。』」

「如果這個尼科季姆真的如妳所說，曾經為了烏克蘭的獨立而戰，那麼聊他可能就是一件玩命的事。」

「就算蘇聯垮台後也一樣嗎？」

「也許吧，我不知道。恐懼這東西是不會輕易消散的。話說，妳怎麼審問起我來了啊？」

誰是尼科季姆？他都做了什麼事情？他為什麼會人間蒸發？我問了我的蘿拉阿姨，也就是我母親的妹妹，但她證實了我母親跟我說的一切。賽爾吉確實不怎麼提他的家人，而阿絲雅也確實不喜歡去串親人的門子。同一時間，用深藍色墨水寫下的尼科季姆就在這筆記本裡。「一言既出，駟馬難追；一字既寫，永難抹滅。」是賽爾吉最喜歡的烏克蘭俗語。我用手指摩擦那條底線。寫下尼科季姆的那支筆被施予的力量之強，在隔頁都看得到紙張凹下。

在電話裡，我想要問瓦倫提娜尼科季姆的事情，但最後懸崖勒馬。萬一這個話題真如我母親跟蘿拉阿姨說的一樣敏感，那最好還是見了面再親口問她。

但尼科季姆這名字還是在我腦中揮之不去。二〇一四年春，開始有人在烏克蘭死去，為了自由的烏克蘭死去，消失得無蹤無影。對於烏克蘭的哀慟還有與弗拉迪米爾的不歡而散，融合成一個黑色的身影，而我就坐在房間的地板上盯著賽爾吉的筆記本，想用念力讓字跡開口說話。尼科季姆消失在一九三〇年代。某晚——具體是何時？——他從家中被帶走——究竟是被誰？——然後從此一去不回。真相，到底是什麼？

尼科季姆的消失之謎跟後續我家族中的集體失憶，始終是我內心的一個疙瘩。我外曾祖父母的許多故事都有省略，如今弗拉迪米爾那些關於故事與記憶騙局的尖酸影射，都讓我不寒而慄。還有什麼我當作事實的事情是沙灘上的堡壘？我用來尋求安慰的故事在我手中土崩瓦解。

我母親說長年的恐懼不會輕易消散，而有一個地方用磚塊與砂漿，具體表現出這一點。阿絲雅大聲說話時，稱它為「公雞之家」，悄聲說話時，則稱之為「公雞陷阱」。

公雞之家看起來並不嚇人。事實上，它是整個波爾塔瓦最美不勝收的建築。這個家字並非合適的字眼，因為其實它是一棟建於十九、二十世紀之交，極其雅緻的別墅，原本要進駐的是銀行。兩只十分妖嬈的紅色警示燈，俗稱「公雞」，在其入口處扮演左右門神，精美的馬賽克則是火鳥從灰燼中重生的圖案，閃耀在公雞之家緋紅色的正面。火鳥也就是鳳凰，其做為神話生物會先燃盡而後再生的象徵意義，很諷刺地切合了公雞之家在蘇聯時代的組織性質。一開始，這組織被叫作契卡（Cheka），意思是「非常委員會」，後來改名為格別烏（GPU），國家政治保衛局，接著又變成NKVD，內務人民委員部，至於最終的版本則叫作國家安全委員會，簡稱KGB。不管名字怎麼變，都是祕密警察。

波爾塔瓦人曾有一個地獄哏的玩笑是說公雞之家是全市最高的建築，因為即便下到它的地下室，你都能一眼望見西伯利亞。公雞之家的低樓層是契卡時期的刑求室，而在一九三七到一九三八年間的「大清洗」（The Great Terror）高峰，附近的人家都能聽見悶悶的尖叫聲從地面下傳來。至少阿絲雅是這麼說的。我的外曾祖母喜歡繞一大圈路，也不願直接走過那條優雅卻有著紅色警示燈的大道。看著她右頰抽動跟聲音壓低的模樣，我就明白公雞之家是令人視為畏途的地方。還知道我不該拿相關的問題問她。

想讀烏克蘭的歷史，你得先吞一顆溴化物鎮靜劑，曾任一九一七年烏克蘭獨立首任首相的小說家弗拉基米爾．溫尼琴科（Volodymyr Vynnychenko）如此打趣說。阿絲雅與賽爾吉活過了布爾什維克革命、內戰、紅色恐怖、強制的農業集體化，還有一九三二到三三的烏克蘭大飢荒、一九三七到三九的大清洗、第二次世界大戰、一九四六年的飢荒，七〇年代的腐朽，乃至於八〇年代與九〇年代初的崩潰。「言談是銀，沉默是金」，阿絲雅曾言。雖然我兒時的蘇聯已不再是那個血腥暴力的史達林主義國度，但公雞之家仍能在我心中注入恐怖。如果烏克蘭上世紀留予後人的遺產，對一個未曾經歷最慘烈時期且人生大部分都在海外的我都能造成如此大的創傷，實難想像在歷史現場的人的內心陰影該有多大？這不就是前蘇聯多糟糕最好的寫照，我想像這麼跟弗拉迪米爾說。

關於尼科季姆，我還是壓抑不住內心那股想發掘真相的執念。我當這名為自由烏克蘭奮戰過且為此付出至高代價的外曾伯祖父，是我志同道合的戰友，所以我想為他平反，讓他回歸到家族故事中應有的位置。

隔天，隨著俄羅斯沿著烏克蘭的邊境部署軍隊，我買了一張布魯塞爾到基輔的機票。「妳確定妳要現在去嗎？」我憂慮的母親在電話中大聲說。「妳怎麼不緩一緩再去？」各大報紙都已經在推測俄軍會在幾小時內攻抵烏克蘭首都了。返烏心切的我不想再拖了。愈是下定決心投身未知的過往找到尼科季姆，我對當前的兵凶戰危就愈是忘卻了恐懼。

第三章

重返貝里格

我睜開雙眼，困惑地瞪著佩斯利花紋的壁紙，我的目光移動到一幅畫上，上頭有一片冬日之中的兩頭公鹿。我花了好一會兒才想起我人在基輔蘿拉阿姨的公寓裡。她雖然移民到加拿大，但還是留下這棟公寓，為的是讓基輔的這兩間臥室，舒緩她在海的另一端由未知帶來的焦慮。蘿拉始終沒有返回烏克蘭居住，但我的表親迪米特羅倒是這麼做了。某年夏天，他來到烏克蘭便待了下來，原本的「出國念書一年」變成多待一年，然後又變成多待十年。當我在鮑里斯波爾（Boryspil）國際機場的入境大廳認出他，簡直沒辦法相信眼前這個抱著一大束玫瑰的男人，跟我曾經教過他游泳的小表弟，是同一個人。迪米特羅跟我按烏克蘭的方式在臉頰上親吻三次後，他接過行李，然後把花束與手機交給我。電話另一頭是瓦倫提娜。

「迪米特羅，到底是怎麼回事？為什麼飛機這麼晚？」她說得好像空中交通都歸我表弟管似的。

「巴布許卡（babushka，俄文的祖母、阿嬤之意），」我說，然後聽到她鬆了一口氣。瓦倫提娜在兒孫出門在外時總是擔憂，即便我已經是三十後半的人了也絲毫改變不了她。雖然我平時住在遠方且久久才回來一遍，她的愛孫心切也完全沒有動搖。

我們小聊了一下，基本上都是外婆在講，而我則在恍惚中站在航站入口處的一側，握著我的玫瑰，聽著瓦倫提娜的聲音，笑得幸福無比。

迪米特羅的腳步聲在走廊迴響，接著慢慢接近門口。「妳已經醒了嗎？」他問，寬闊肩膀的剪影透著有圖案的玻璃門好像一格一格的像素。「抱歉太陽很大，我沒時間去買新的窗簾。我現在很少去基輔。」太陽以驚人的強度打在我身上，我的眼睛流了眼油，但公寓看上去感覺住戶好像從來沒有搬出去過似的。紙板箱子在角落堆得像座塔，旁邊是一個臥推的健身工具。栗紅色的組合式牆櫃在一九八九年前後非常流行，裡頭空空如也，唯一有的就是一些捷克的水晶杯、兩個喝空了的紀念利酒瓶，外加一個銅質的小佛像。我床邊有一個書架，上頭滿滿的蘇聯版經典，統一規格的灰色書封讓它們看上去很有學問。

「我醒了，」我說。我看著手機，上頭顯示現在是早上六點。迪米特羅去跑步，而我爬出被窩。我走過長長的走廊，油氈地板讓赤腳的我感覺有點黏。我找到迪米特羅留給我，放在走廊一張椅子上的兩條毛巾跟一塊肥皂，踏進了浴室。冰冷的水從生鏽的蓮蓬頭湧出，讓我一下子冷到心臟有點負荷不了——我太慢才注意到迪米特羅黏了一張便利貼在鏡子上：「抱歉，沒有熱水。歡迎來到烏克蘭！」

廚房的碗櫃很空，唯有一個箱子裡放著蕎麥粒、糖跟岩鹽。冰箱在被我打開時哀號了一聲，裡頭同樣什麼都沒有。我拿玻璃杯裝滿水龍頭的水，看出窗外。廚房的窗簾上有著可愛的蝴蝶結與皺褶，跟外頭嚴峻的地貌形成頗大的反差。四四方方的建築輪廓，光禿禿的楊樹樹枝，還有看起來像是極簡主義畫作的輸電塔，不該有的東西通通沒有，有些該有的東西也一樣都沒有。

入口的門一旋而開，迪米特羅出現在門檻處，手端著一個托盤，上面有兩個紙杯。「您的晨間咖啡外送，」把托盤放到了廚房桌上，遞過一杯咖啡。

我嚥下一口苦咖啡，滿意地吐了口氣。那是咖啡無誤，而且還是好喝的咖啡。「真是及時雨，」我說。「基輔跟布魯塞爾只有一小時時差，我卻感覺自己好像環遊了世界半周。是我太大驚小怪，還是這咖啡真的這麼好喝？」

「大家都著迷於這裡的咖啡。就算在貝里格，你也可以在山上的店裡買到上好的單份濃縮咖啡，」迪米特羅邊說邊品嘗了一小口他的美式。貝里格村裡只有一間雜貨店，也只有一座小山丘，但所有人都堅持把位置講得煞有介事。

「你想不想去胖子之家（Puzata Hata）吃個早餐？」迪米特羅問我。我不知道胖子之家是什麼東西，但我還是點了點頭，能離開屋子都好。

屋外的空氣清爽、明亮、輕飄飄的。我們穿過了庭院，跟身穿補釘灰西裝並拿著一本灰色皮裝書籍在閱讀的老先生問了聲早。「提醒我要買吃的給彼得．伊凡諾維奇（Petr Ivanovich）先生，」迪米特羅說。「他把退休金都拿去餵村裡的貓咪了，自己只能餓肚子。」我指了指老先生身邊的一瓶啤酒。迪米特羅對我笑了笑。「我說餓，沒有說渴！」

「這一切開始之前，起碼生活都還滿穩定的，」他帶我過了街來到由停業軍工廠部分改裝的賣場。「誰曉得接下來會怎樣。」這是我們最接近在討論政治的談話。在跟弗拉迪米爾鬧得那麼僵之後，我變得小心翼翼，不輕易與人，尤其是家人聊到他們的政治立場。迪米特羅憤世嫉俗的一句「這一切」，讓我內心的警鈴大作。

胖子之家其實就是「大肚子的小木屋」（Potbellied Hut），是一間連鎖餐廳，店裡供應烏克蘭各式人氣料理，像是烏克蘭甜菜湯、餃子、鑲肉高麗菜卷，還有可麗餅。我點了一盤半月形包馬鈴薯餡的烏克蘭餃子，然後多要了一點酸奶油。迪米特羅選了高麗菜與小黃瓜沙拉、黑麵包，還有用番茄醬調味的俄式肉丸。他堅持請客，並把托盤端到一個大凸窗旁的桌上。吃著吃著，我瞅著身邊一張張面孔，好像我可以在自助餐廳裡找到烏克蘭革命的意義似的。胖子之家裡滿滿喝咖啡配烏克蘭餃子的學生，邊吃邊用手機檢查訊息。

「你今天想幹嘛？」迪米特羅說著把餐盤推到一邊。「我有公關活動的工作要先弄，但之後可以一起去哪裡走走。」他在貝里格經營一間小金屬加工廠，產品以運動器材為主，每天都會花不少時間上網找客戶。

比我小六歲的迪米特羅跟我是一起長大的，與其說是表姊弟，我們更像真正的姊弟，畢竟我們在貝里格有相同的記憶。他移民時才四歲，比我離開的時候要年輕許多。但他也是重返烏克蘭的其中一員。我問過迪米特羅他為什麼捨加拿大選烏克蘭，但他只是聳聳肩，擠不出個像樣的答案。如今親身的體驗告訴我，潛藏的渴望有時不是邏輯可以解釋的。

我從包包裡撈出手機，此時已經過了九點。晨光從我身邊拚了命地逃離，我想要跑起來，追上它。「你不用管我，」我說，「我會搭地鐵到市中心，然後四處晃晃。我覺得我需要跟基輔重新自我介紹一遍。你好了嗎？」

「我得在基輔待上幾天，有一些工作上的人要見。」迪米特羅在我們走到街上時說。「住過貝里格後，我覺得基輔讓人疲憊。非必要我不想待在基輔。你何時要去貝里格？」

我感覺指尖麻木。又或許那是烏克蘭的春寒料峭。「明天，」我一邊說，一邊瞇著眼看著冰凍的太陽。「或者後天。總之我得走了……」聲音愈來愈小。我想要讓自己準備好回到一個內涵那麼多回憶，以至於已不再是一個具有真實地理意義的地方。

「我送你到地鐵站，」眼看我不回公寓的迪米特羅這樣說。搬出那種我發現宛若是烏克蘭男人標配，一本正經的紳士風度，對此我的評價是既可愛貼心又惹人生氣，兩者各半。

基輔的地鐵走的是莫斯科的風格，有著富麗堂皇如宮殿的地下站體，還有貼著馬賽克的磁磚。蘿拉的公寓附近有一個相對新的地鐵站，那裡就沒有像赫雷夏蒂克街或獨立廣場等市中心地段那麼宏偉壯觀。隨著我下到長得要命的電扶梯，抵達涼爽的城市肚子，我細細品味起每個細節。即便是地鐵系統那金屬塵埃的獨特氣味與黯淡玻璃燈的泛黃光芒，都讓我驚豔不已。我將這些稍縱即逝的印象對照過往回憶——才發現自己回來了，真的回到了基輔。

我在距離獨立廣場還有幾條街的地方出了地鐵站，發現自己人在赫雷夏蒂克街上。基輔做為一個富有獨特鄰里與「飛地」[1]的城市，只有一個公認的市中心——一條一英里長的街道連接基輔的上城與比薩拉比亞市場（Besarabsky Market）周遭的繁忙巷弄。曾經赫雷夏蒂克是一處十字架形狀的澗谷，但這一點如今只剩下一點蛛絲馬跡，那就是其地名Khreshchatyk中的斯拉夫語字根Khrest-。當這個城市於十九世紀末因著糖與麥子的收益崛起擴大時，十字架形的澗谷就被填平然後搖身一變，成了基輔版的香榭麗舍大道。一九四一年九月，赫雷夏蒂克被紅軍整條剷平，等到一九五〇年代獲得重建，原本新古典主義的別墅讓位給了史達林式的洛可可建築。進入二十一世紀，按新菁英階層口味建起的新結構用上了玻璃與鍍鉻材質，模糊掉了熟悉的景觀，也向我證實赫雷夏蒂克仍占據著基輔的中心位置。

我確實在這個烏克蘭的首都成長，但兒時歲月裡的基輔其實只限於父親家的一棟三層公寓，外加一處充斥赫魯雪夫時代灰壓壓水泥箱子的鄰里。這些灰色箱子，所謂的赫雷夏蒂克公寓，住滿了跟我們一樣的家庭，大家都生活在擁擠且設計不良的陋室中。這群人排著一樣的隊伍，擠著一樣白紅相間的電車，送他們的小孩上以同一批蘇聯英烈命名的學校。在臥室的窗外，我可以看到中庭裡最顯眼的就是一台垃圾子車，外加一整排一個模子印出來的灰色公寓樓房。要是我無視做著下犬式的弗拉迪米爾，還有他一盅盅發酵的醃紅蘿蔔，走進伯父的房間，我將能欣賞到一顆顆如士兵排排站接受校閱的楊樹矗立，忽左忽右的電車路線，還有對街如出一轍的公寓樓房上有如黃色眼睛的窗口。雖然被我講成這樣，但我還是喜歡基輔。因為這樣的基輔才親切，這樣的基輔才是我的基輔。

有著古老修道院與義式巴洛克宮殿的舊城區彷彿是另外一顆星球，但那同樣是我的基輔，因為我是跟父親一起發現那裡的。在我雙親還同住的時期，他會帶著我去散很長的步，邊走邊繞聶伯河畔（Dnieper）的基輔洞窟修道院（Kyivo-Pechersk Lavra），一座中世紀的東正教聖所。我們

1 飛地平時指被外國疆域包圍的領土，此處是指基輔市區內有許多自成一格的社區。

漫步在修道院院區的外圍，欣賞著那些陰暗洞窟教堂內的華美浮雕。我想要直奔修道院，但我得先看一眼獨立廣場。我尋找基輔城僅僅幾週前才受過難的跡象，但我只看到兒時記憶裡基輔的春天。教堂的金色圓頂閃耀在冷冽的春日裡。地鐵入口附近，祖母級的小販賣著用潮濕報紙包住的紫洋蔥與綠洋蔥。令人目眩的高跟鞋女孩從舊城區的蜿蜒街道上翩然而降。赫雷夏蒂克街著名的栗樹堅決地將枝幹朝天空延伸。我轉身朝著獨立廣場而去。

迎面而來的風也帶來了聶伯河清爽的濕氣，還有橡膠悶燒的辛辣氣味。步行的我像是抵著強勁的氣流前進，但我既沒有放慢速度，也沒有屏住呼吸。我讓氣味填滿了我的胸肺，直到快窒息。等終於看到獨立廣場的圓形地面與勝利紀念柱，我的喉嚨深處已經乾到發痛。

我看到燻黑的建築、被搗毀的鋪石路面、疊得像高塔的汽車輪胎，還有就地取材的營地遺跡。但讓我心生恐懼的不是這些暴力的紀念品，而是那種詭異的安靜。成排的照片、蠟燭、獻花鋪滿了人行道。有人跪地祈禱。一名身穿白夾克的年輕女子清理其中一張肖像，重新排好在黑色相框外圍硬質的紅色康乃馨花圈。對著她微笑的臉屬於一雙大眼分得有點開，笑起來看得到齒縫的年輕男子。這裡不再是都會的廣場，儼然變成一處墳場。

我倚在最近一棟建築的牆上，用一隻手穩住自己。我的手指溜下光滑的牆面，感覺到一處鋸齒狀星形凹痕的圓形彈孔。「你們為什麼要為了一個無聊的歐盟協議，就以血肉之軀去面對子彈呢？」我在布魯塞爾時被問個不停，很多人要的是一個簡單的答案來解釋這複雜到令人髮指的發展。我有時候自己也會納悶。只是人一來到獨立廣場，這個問題當場顯得荒誕無比，一點也不重要了。推著人去面對自身恐懼的那份信念，早已超越了任何單一的事實、單一的事件、單一筆沒有簽成的協議——也早已超越了某人的外曾祖父在日記裡寫下的一行文字。我捫心自問，如果抗議當時人在烏克蘭，我會不會來到獨立廣場上抗議，對此我的答案是，嗯，我不知道。但多半，我想我是不會來的。從小我在蘇聯的逼迫下參加了一個又一個遊行與示威，所以我恨那種場合，那種讓人高喊口號而失去自我的場合，即便那口號確實是我的信念。我現在只知道一件事情，那就是事已至此，我義無反顧必須來這一趟。

我繼續在基輔四處遊蕩，度過了這天剩下的時光。在獨立廣場以外的地方，生活一如往常，不迎合任何人的期待，與我自身的想像。我等待這座城市向我顯露出黑暗或驚駭的一面，但基輔朝氣蓬勃。我以為我會看到一臉愁容的基輔民眾，但他們在與我四目相交時露出了笑容。「迪夫琴卡（Divchynka，烏克蘭語小女孩之意），不要憂傷，一切都會沒事的，」我聽到有人叫出聲來。一名在公車站賣著藍鈴花的女子朝我揮手。她明亮的頭巾是土耳其藍，與緊緊含住的花苞相互呼應。我一開始沒意會到她是在跟我講話，因為我早就過了會有人叫我小女孩的年紀。原來是我忘記了關於烏克蘭的另外一件事情，就是在這裡，素昧平生的陌生人也會沒有距離而溫暖地相互致意，而且用的都是像「媽媽」、「奶奶」或「小女孩」這種詞彙。我對那位女士報以微笑。

「如果小小的花朵都可以撐過漫長而酷寒的冬季，那我們也一定沒有問題，」那女子說道。顯然我也忘了烏克蘭人講話愛用比喻。我沒有討價還價，因為那是瓦倫提娜口中的大罪。只買下三束藍花，然後把臉埋進了它們涼爽的花瓣之中。

手機在我的袋子裡不耐煩地振動。「妳在哪裡？」瓦倫提娜問道。「妳什麼時候過來？」

「明天，」我說。

「好。那我得開始煮飯了，」她答道。我們小聊了一下我今天都做了什麼，她在果園裡種了什麼，然後說了掰掰。

等我回到家，迪米特羅正一邊用筆電看俄文字幕的《六人行》，一邊做著捲腹（類似仰臥起坐）。「胖子之家？」他問而我點了頭。明天我會去貝里格。我會見到瓦倫提娜。一切都會沒事的。

我們的鄰居彼得．伊凡諾維奇先生，仍帶著他的書坐在中庭唯一有亮的路燈下面。幾隻貓咪圍著他晃來晃去，用頭蹭著他的雙腿。「最近我感覺自己像安德烈公爵似的，」彼得從他的書裡抬起頭來，瞪著我們頭頂烏青而多雲的天際。他正在看托爾斯泰的《戰爭與和平》。我自己則感覺比較像皮耶．別祖霍夫[2]，書裡那個回歸故里的異鄉人。

搭夜車從基輔前往波爾塔瓦，我一向很愛從火車的窗口瞥見河水轉彎處的第一眼。火車隆隆前進，突然間河流的身影一躍進入視野，看得到生意豐饒的河灣上茂密的柳樹，偶爾穿插幾點淹沒於櫻桃與杏桃果園中的火柴盒房子。我總會做好準備，迎接這個瞬間。我知道過了籠罩在霧裡的蜿蜒曲折，將矗立著我們有著灰色百葉窗的桃紅色房舍。

然而這次在基輔的中央車站，我發現兒時搭的夜車已經不再，取而代之的是嶄新的通勤路線，重點是車程只要兩個小時。「一定要搭臥鋪，夜車也不是沒有，但會坐非常非常久。」售票員邊跟我解釋，邊為我的堅持莞爾。「妳真的想要搭超過十二個小時的車嗎？」最終務實且不耐煩的我勝出，訂了一個現代公司出品當晚的高速列車座位。我的時間只剩跟迪米特羅再去一次胖子之家，然後重新打包我的行李箱。

事實證明這趟旅程短到我還搞不清楚狀況，就已經被韓國製的車廂給吐到波爾塔瓦車站旅客湧動的月台上。列車調度器那尖銳的汽笛聲氣力放盡，群眾開始散去，但月台上的我仍杵在原地抓著行李。夜霧從天而降，模糊了車站裡成排的白磚庫房、生鏽的貨車車廂，還有給交管小姐用

2 在《戰爭與和平》以西元一八一二年俄法戰爭為背景的故事裡，皮耶與安德烈公爵是互為摯友的兩個主人翁。

的綠色哨亭——平交道的交通指揮在烏克蘭是女性的天下。一灘灘春雨在地上反射著車站大廳冷冽的藍色燈光，還有大廳屋頂下跑馬燈公布欄閃爍的紅色字母，「歡迎來到波爾塔瓦」。

我走向一群計程車司機，他們穿的黑色充氣羽絨外套與下身的運動褲可以說千篇一律。「去克魯提貝里格多少？」我用烏克蘭語問。其中一人上下打量了我一番，然後報了個價。我想他應該是在敲我竹槓，所以我皺起眉頭、抿起嘴唇，記起阿絲雅在市場討價還價那副嘴臉。那司機呵呵笑了，重開了一個低一點的價格。我點了點頭，很驕傲自己這麼快就能融入波爾塔瓦。我把行李跟自己都放進了司機那輛米色拉達，相當於蘇聯版的飛雅特之中。

我們一路穿越天色愈來愈暗的波爾塔瓦，飆過有著壯觀陡峭沿岸的河流。司機試著閒聊，但因為我太專心在看熟悉的輪廓在落日餘暉中忽隱忽現，車裡的對話始終不成氣候。他打開了廣播，開始跟著嗓音沙啞的歌手哼哼唱唱，也跟著歌手抱怨犯罪人生的道路有多艱辛。「請收聽香頌電台，」主持人在每首歌結束時都要這樣刺耳地敦促聽眾一遍。我不太確定法國香頌怎麼會變成一首介紹黑道生活的俄羅斯民歌，但這種調調的歌曲一直在烏克蘭的公車與汽車司機間相當流行。很烏克蘭的這一點也沒有改變。

我們越過了正式來講是貝里格邊界的鐵軌。村子給我的第一印象是錯落的燈光與樹枝的輪廓映照在黯淡的灰色天幕上。我先認出了足球體育館，然後是「山丘上」的商店。店鋪新添了個會一閃一閃的招牌，打著他們販賣歐洲品質產品的廣告。以前街尾的鄰居在這裡當店員的時候，會用珠寶商的精準秤出的那種粉狀焦糖，不知道還有沒有賣？

雖然在烏漆墨黑中我只能辨識出輪廓，但我知道佇立在商店旁邊的山丘上，就是Dom Kultury，也就是文化會館，那是一個村裡的俱樂部，有著仿希臘的門廊跟鐵皮屋頂。隨著距離愈來愈近，我請司機在第二個路口轉彎。他小心翼翼把車駛進住宅區。道路沒有了柏油鋪面，陷在軟泥中的我們開得愈是慢，我的心臟就跳得愈快。

「請在這裡停車，」我向司機指明了前方一個特定地點。坐在座位的邊緣，我的手已經握在門把上。在黑夜中我什麼都看不到，但我知道——我感覺得到——房子就在那兒。車終於完全靜止下來，而我跳出去。司機打開了後車廂，遞過我的行李。「國外回來探親？」他問。我有點不解他怎麼會曉得。把一疊鈔票放到他手中後，抓起行李朝屋子衝去。我的手指在肌肉記憶的引導下，打開了厚重木門上的門閂。門板在強而有力的摩擦尖聲中一旋而開。我踏進有苦杏仁跟米粉氣味的黑暗——杏仁樹在開花了。

可以看見屋裡的燈光在跳舞。我愈是朝屋子接近，電視發出的聲音就愈發響亮。我推向了房門，房門內的燈光與聲音也推向我。瓦倫提娜在一張椅子上坐著，一手擱在餐桌的塑膠桌布上，另一手則握著電視遙控器。她朝我轉過身，驚呼一聲，然後往前撲了過來。她穿著一件白色法藍絨睡袍，上頭還有一件有皮毛內襯的外套。她剛洗過澡還溼溼的紅木色短髮在額頭上分成一圈圈小捲。她的兩頰緋紅，嘴巴則在想笑跟想哭之間有點扭曲。

「巴布許卡，我回來了。」我叫了一聲。瓦倫提娜想要關掉電視，但手忙腳亂反而把音量調大了。我朝她靠過去。門檻上的織毯卡到我左靴的釦子。「妳來了，」瓦倫提娜說。她依舊以一種尷尬的姿勢坐在椅子的邊緣，然後朝著我敞開胸膛。拖著那條毯子進了客廳的我，一個踉蹌倒在她的懷裡。她用全力給了我一個擁抱，緊抱著我就像是想看我是不是真人。我外婆其實比我高又比我壯，但在懷裡的她顯得脆弱，宛若一隻雛鳥，我感覺到她心臟的搏動傳到我身上。

「妳為什麼不跟迪米特羅一起回來？」我外婆提問，這時我正忙著關電視、脫鞋子，在她面前找地方坐下。「他擔心妳這麼晚到會不安全。」我說迪米特羅還有些公務在基輔要處理，過幾天就會來找我們。

「坐計程車花了多少錢？」瓦倫提娜問。她光滑的臉蛋有著軟乎的臉頰跟圓潤的下巴，讓人幾乎看不出她的年齡，不過真正讓她看起來分外年輕的，還得算是她臻果色的大眼睛。可以在那雙眼睛裡讀取她所有的情緒——她的興奮、不耐煩，還是鬆了口氣。

聽到我說的價格，她瞇起了眼睛，一巴掌往桌面拍去。「他去搶比較快！這價錢起碼是行情的兩倍。所以我才說妳應該跟迪米特羅一起過來。」她罵計程車司機太賊，罵我太笨，罵她自己竟然沒先想到。可以一進門就接受烏克蘭祖母風格斥責的洗禮讓我喜出望外，忍不住笑了出來。

「錢在這兒是不能開玩笑的，」瓦倫提娜說。「妳用歐元算可能覺得沒什麼，用荷林夫納（hryvnias，烏克蘭通用貨幣）會嚇死人。」

「我還跟他殺了價，以為初來乍到就抓到了跟當地人打交道的訣竅，在那裡得意的很。」

「他一看就能看出妳是國外回來的。」語畢外婆放下了雙臂，哈哈大笑起來。她的笑既陽光又不羈。

「妳到了，人沒事就好，」她說。「我來幫妳弄點吃的。」

我並不餓，但瓦倫提娜還是替我熱了一晚烏克蘭甜菜湯。她聊起果園與鄰居，唯一一次提到戰爭是抱怨物價上漲。「我復活節本來想做烤豬肉，可是肉現在比以前貴一倍，」她說。「妳不介意我們改吃雞肉吧？」我說完全沒問題，然後暗暗在心裡決定要買上好的烤豬肉來當祖孫倆的復活節大餐。

過了午夜，瓦倫提娜跟我上床睡覺。「我幫妳把阿絲雅的房間布置好了。那房間後來都沒人用，但我替妳打掃過，也弄暖和了，」她說著給了我一組毛巾跟一件白色的法藍絨睡袍，跟她身上那件是一套的。她開始朝自己的臥室走去，但半途又轉頭看了我一眼。「妳回來了，」她輕聲說道，並隔空在我身上比了一個十字架。「感謝上天。」

「裏在聞起來有菩提花露跟濕氣的床單裡，我把臉頰抵住牆上的土庫曼掛毯，那熟悉的粗糙感讓人心安。「我回來了，」我說出聲來坐實這個念想，然後進入夢鄉。

隔天早上我在人聲中醒來。外婆在跟某人講水價的事情。操著波爾塔瓦口音且講話抑揚頓挫聲音悅耳的女子在抱怨給果園澆水愈來愈難了，因為她水井的幫浦壞了。雖然她隨時可以使用政府的供水，但她解釋說她害怕警察。「他們有專門的飛機在貝里格上空檢查誰在非法使用政府供水。專門的飛機耶！」女子不住重複著相同的怨言。狗狗興高采烈的吠叫聲跟水壺沸騰的嘶嘶聲像催眠曲，哄著我又沉沉地睡去。

等我終於真正下床，瓦倫提娜已經布置了一桌早餐。她一身深藍色的運動服，還用阿絲雅的粉色披肩當配件。「我沒看過妳穿褲子耶，而且還是運動褲，」我指著她運動衣上的Nike標誌，發出驚呼。我八十歲的外婆不僅撐得起訂做的套裝或雞尾酒會禮服，時髦的運動服她也完全沒問題。

「妳媽寄給我的，我這輩子沒穿過這麼舒服的東西。穿這個實在太完美了。我可以彎各種角度，還不用擔心會傷到鄰居的眼睛。」瓦倫提娜說。「而且我原本的衣服都穿不下了，妳沒看到我胖成什麼樣子？」她拍了拍她厚實的大腿，露出笑意，顯然對多出來的那幾磅肉並不擔心。

不靈活的外婆咚咚咚進了廚房，出來時手裡多了一大盤金黃色的錫爾尼基（syrnyky），那是用新鮮白起司做成的傳統小鬆餅，然後人又不見了。我聽到啵的一聲，感覺像有個罐子被打了開來。

「我希望薩莎（Sasha）跟我沒把妳吵醒，」瓦倫提娜說著又端著茶盤出現了。「她跑來跟我討論一個有特別的飛機會飛來的傳言，檢查誰在偷用公家的供水。」

瓦倫提娜重重坐在椅子上，把奶油抹上一片麵包，然後撒上粗鹽。「烏克蘭空軍如果有這種本領，今天就沒這場仗了，但我並沒有跟薩莎吵這個，」我外婆說著便咬下了她手中的塔亭（tartine，奶油羅宋麵包），一點也不擔心掉在她衣服上的麵包屑。「剛到貝里格的時候，我覺得大家都瘋了才會相信那些謠言，但現在給果園澆水的時候，我也會抬起頭查看頭頂有沒有飛機飛過。」她笑著拍掉了落在飽滿胸前的麵包屑。「但我從來都不用政府的水來澆花啊！」

「妳不跟我一起吃早餐嗎？」我問，主要是我發現桌上只有一個盤子。

「我剛吃了，」瓦倫提娜說著吞掉了剩下的塔亭。「我要去找鄰居要多的種子馬鈴薯來種。」

外婆離開了桌邊，在衣架附近徘徊。「妳這次能來我真的太高興了，」她邊說邊翻找冬衣。

「我的帽子呢？」

「妳這個時候來，正好可以幫我一起下田，」她一邊說，一邊把一頂羊毛帽的亮紅色絨球綁在下巴下面。「要忙的真的太多了。等一下我讓妳看看新的花園設計。」

瓦倫提娜拉起厚夾克的拉鍊，拍了拍口袋。「錢、眼鏡、清單、筆……晚點見，我去去就回，但你要是餓了就把甜菜湯熱一熱，」她說。

「妳可能不知道，但我們現在有瓦斯管了，還有個很像樣的爐子！」她從走廊上喊著。明明一旁的波爾塔瓦平原就有瓦斯田，但貝里格卻有很多年都沒有瓦斯供應，居民只能將就靠瓦斯桶度日。我追著瓦倫提娜來到走廊，想跟她說我沒有離開那麼久，貝里格有瓦斯管我知道啦，但她已經出了屋子，輕快地穿越庭院。

我回到客廳，往桌子上一攤。整個房間用陰森的靜默籠罩著我，讓我感覺沉重而壓迫。我在盤子上疊起錫爾尼基，然後澆上可以淹沒它們的杏桃果醬跟酸奶油。我咬了一口。果醬讓我滿嘴都是杏桃核的苦味。我在想為什麼種子馬鈴薯重要到外婆不留在家裡陪我吃早餐，這可是我久違返家的第一天。我用力吞著食物，用力到喉嚨都緊了起來。突然間我感到孤單且失落。阿絲雅臥房裡的時鐘發出生鏽的滴答聲，吝嗇地數算分分鐘的時間。

我拿著我那杯茶，踏到院子。太陽從雲層後探出頭，灑了幾把金塵到我臉上。陽光之耀眼讓我只能勉強辨識出寬廣的院子有棚子、地上長滿了彎彎的草，左右簇擁著各一處櫻桃果園。掛衣繩上的衣物拚了命想掙脫，在風中激動拍打。顯然我遺忘了一個真正知道什麼是冬天的地方，春天是多麼讓人興高采烈，又多麼令人歇斯底里。我想起自己要找出尼科季姆的打算，對於嶄新冒險的期待讓我即便有所猶疑也不免興奮莫名。一切都會好好的，我這麼跟自己說。有什麼可以不好的呢？

第二部

櫻桃園

The Cherry Orchard

第四章 復活節

接下來幾天的開展都大同小異。瓦倫提娜往往在我還沒醒來前就出門照顧她的果園，要不就是去串鄰居門子討論她們的農藝大計。等晚上回來了，又得思考春耕的規畫事宜，她根本無暇聊她剛過完的一天，更別說我想問的那些事距今將近百年。只有老爺鐘滴答聲跟晨光陪伴的早餐，慢慢成了我的習慣。

這棟屋子跟我所記得的並無二致，就連屋裡的一扇扇門，都還在用我記憶中的尖銳音域發著咿咿呀呀的怪聲。下陷的地板沒變，牆上的時鐘也還是老樣子，響是會響，但整點都會晚十五分鐘報時。家具維持著老面孔——碗櫃跟一台五〇年代的老冰箱，外加一張堅固到彷彿是從地基中長出來的橡木桌。這屋子是紅軍在一九四五年蓋的。一個負責鋪設新鐵路網的工兵單位選了火車站與河川之間的一塊草地，建了這個低矮的宿舍，還在窗戶上的磚頭設計了摺邊的裝飾，跟嚴峻的建物正面形成了一種反差萌。等工兵撤了，陸軍司令部就把這房子跟其周邊的土地配給我剛解除動員的外曾祖父。急就章的興建過程成了我們在幾十年後的夢魘——唯一的臥房既小且窄，廚房冬寒夏熱，地板也不平。我看過上世紀五〇年代的照片，上面的房子跟現在並無太大差異。我們最終適應了這房子，畢竟房子不可能反過來配合我們。

一張帕莎的照片，也就是阿絲雅的母親，我的外高祖母的照片，高掛在餐桌的上方。照片裡那條在她的額頭拉低的白色頭巾，一件黑色的長袍，讓她看起來就像個修女。按瓦倫提娜的講法，在德國占領期間，帕莎會在她的村子裡四處出沒，伺機而動釋放那些被強拉的牲口，或是從被選中的房子上把粉筆記號抹除，因為那代表房子已經被德軍選中徵用。等德軍在一九四三年撤退後，她繼續留在後方「保衛家園」，但她的其他家人都逃了。等家人回來時她不僅毫髮無傷，還多了一雙真材實料的德軍軍靴在她腳上。帕莎出了名的暴躁、陰沉，而且不時對人暴力相向。「難怪德軍不碰她，」瓦倫提娜說。每次我們聚在一起吃晚飯，帕莎的肖像就會居高臨下瞪著我們，彷彿我們很讓她看不慣。

我睡的房間曾經是阿絲雅與賽爾吉的臥室兼藏書室。我外祖父母現長眠在貝里格墓園的一處高大松樹下，但我們還有他們手雕的修長書櫃，上頭塞滿了深達三排的各種皮裝書籍，包括果戈里、杜斯妥也夫斯基，還有萊蒙托夫（Lermontov，1814-1841，俄國作家兼詩人）的作品。還不識字的時候，我就會掰開頑固的書架玻璃門，坐在地板上深吸一口舊書的霉味。書櫃下方那排曾經有賽爾吉蒐藏的列寧文集，還有一版封面鍍金的蘇聯憲法。那些大部頭的磚頭書，特別適合將阿絲雅從花園採收來的戰利品壓成乾燥花。如今列寧已然遭到放逐，取而代之的是瓦倫提娜的務農參考書。

我從一個房間晃過一個房間，開啟了一只只書櫃與一本本相簿，像是在找尋線索。我又從屋內查到屋外，沿著花園小徑窺探了沿路一間間被用作儲藏室的棚子。在貝里格，這些棚屋被稱為薩萊伊（sarai），在土耳其原文裡是「宮殿」的意思。我被朽木跟黴菌的霉味嗆到，撥開掉在我臉上的蜘蛛網。舞動的塵埃在空中被蒼白的陽光光束射穿。土耳其文的宮殿怎麼會變成烏克蘭語的花園棚屋，我想不透，但我知道我們家的這些棚子是記憶的宮殿。瓦倫提娜從來不丟東西。在成堆雜物的最上頭，我看見我上學時期的舊外套，還有家族中其他孩子的破牛仔褲。然後我又發現了母親的洋裝跟她在七〇年代看的雜誌。在雜物的底部，我認出了外婆穿去軍官俱樂部參加舞會的禮服荷葉邊。瓦倫提娜跟我外公波里斯在那些個晚上可是一對羨煞旁人的神仙眷侶——她一身蕾絲長裙搭配大紅唇膏，而他則一身軍裝，每條折線都利得跟刀一樣，每顆星星也都閃閃發光。他是工程師兼一間飛機工廠的廠長，獎章拿了不少但卻得不到該有的醫療。做為一個冰泳泳者與馬拉松跑者，他某日突然抱怨起胃痛，幾個月後就與世長辭。「感染性闌尾炎，」醫生說。後來瓦倫提娜才得知他是癌逝。波里斯的工程教科書與一疊疊報紙從棚屋的眾多箱子中溢出。我翻找著既乾且脆的過期《真理報》（*Pravda*）。「墮落的西方處於崩潰邊緣，」一九八八年的一則頭條如是說。

我在貝里格一直很喜歡的地點，是位在櫻桃園邊緣的一個小屋。我們稱它「夏日廚房」，不過從來沒有人在那裡開過伙。那是一間用蘆葦與黏土蓋起來，粉刷之後再覆蓋上陶瓦屋頂的傳統建築，在烏克蘭持續萎縮的鄉間倒一間少一間的那種。我們的這間有著方正的房間，房間開著迷你的窗戶，而窗戶上則披著蕾絲跟蛛網。另外就是有一只燒柴的爐子跟覆蓋著稻草蓆的土質地板。漆成亮粉色調的房間裡有幾樣擺設：牆上的掛毯、一張彈簧床、一張大圓桌，還有一方古董衣櫃。我在一面坑坑巴巴的鏡子裡，映照出看起來深褐色調的鏡影，像一張老照片似的。早春時節，沒有暖氣的夏日廚房依舊冷到不行，但流連忘返的我還是坐在床上，吸著潮濕黏土跟胡桃殼的氣息。

這個被遺忘的房間，填滿了讓我感覺鋪天蓋地的憂鬱氣息。「這個房子的每個角落都布滿線索，每一條線索都在提醒有多少生命被怠忽職守的國家給殘酷地糟蹋，」我在腦中草擬一封要寄給弗拉迪米爾的電郵，然後才想起這封信我無從發出。我在手工編織的床罩上攤開了身體，閉上雙眼，回憶自己十歲坐在床上寫成的一首詩：「我是誰？我在哪兒？這個廣袤宇宙中的一顆沙粒。地獄在哪裡？天堂又在哪裡？誰能告訴我？」

「妳在這裡幹嘛？」

瓦倫提娜的聲音讓我像被電到一樣彈起。

「那條毯子從去年秋天就沒有洗過了。很髒。妳不餓嗎？」抱著一捆青蔥的瓦倫提娜站在門口。她對存在主義的焦慮掙扎沒有興趣。我的蘿拉阿姨曾在滿五十歲時主動求教於瓦倫提娜，想知道有什麼事情會讓母親後悔年輕時候沒學會。瓦倫提娜想都沒想就告訴女兒，「種大番茄。」

迪米特羅在復活節週末前的星期三從基輔回來了，雖然他在波爾塔瓦循規蹈矩跟友人合租了一間小公寓同住，這次還是直奔貝里格。瓦倫提娜打了好幾通電話給他，為的是確認他到的確切時間，然後煮了一大鍋雞湯餃子。她如蝴蝶一般在房間與房間之間翩飛，一會兒打開日式布團，一會兒拿熨斗燙毛巾。在孤單地吃了幾天早餐，在貝里格漫無目標四處亂逛之後，我也很高興能再見到迪米特羅。集合了興奮、拆禮物與吃什麼跟不吃什麼的吵吵鬧鬧，讓我想起了兒時放假的時候。

「你確定你不餓嗎？」瓦倫提娜問。「維卡，麻煩妳幫迪米特羅熱一下湯。」我開火，把沉甸甸的鍋子抬到爐火上。

「巴布許卡，我跟妳說過我不餓了，」迪米特羅拿著一杯茶坐了下來。

「要不，來點馬鈴薯？」

「我真的不餓。」

「還是你想吃別的？」

「我現在不餓。我等一下再吃宵夜。我不是沒住過這裡，我知道冰箱在哪。」

「但是你現在不住這，」瓦倫提娜啜泣道，然後逕自進了廚房，砰一聲甩上身後的門。我手拿湯杓站在客廳的中央，既不確定他們說了什麼，也不曉得是誰在怪罪誰。

「巴布許卡不希望我搬出去，雖然我去波爾塔瓦租房子已經是兩年前的事了，但她還是一有機會就翻舊帳，」迪米特羅說著瞥了門一眼，目光中流露出自責。他解釋自己之所以搬出去，還有為什麼這樣對他跟瓦倫提娜都好。

要是瓦倫提娜覺得搬到鄰鎮的迪米特羅拋棄她，那對於搬到大海另一端的兩個女兒，她又怎麼想？她對我又怎麼想？我知道母親與蘿拉阿姨希望瓦倫提娜能跟她們一起移民，為此她們每年都懇求瓦倫提娜把房子賣了，看是要搬到美國還是加拿大，但她都拒絕了。她不想放棄她的房子、她的果園，還有她的自由。兩個女兒要走是她們的選擇，她要留下來。只是不論怎麼說，我們的缺席肯定是她內心的痛。

迪米特羅在房裡走來走去，然後進廚房去找瓦倫提娜。透過薄薄的牆，我聽見了兩人激動的交談，更多的啜泣聲，然後是輕柔的低語。一段時間後，迪米特羅回到客廳，宣布他整個復活節假期都會在貝里格陪我們。瓦倫提娜站在他身後，雙手緊握並散發著幸福的氛圍。

隔天早上，也就是又稱濯足節的神聖星期四，我們三個為星期天的復活節大掃除。迪米特羅刷客廳的地板，而我則把一張張地毯掛在院子裡的洗衣繩上，用掃把撣灰塵。它們飄散出了十分療癒的塵埃雲。

「哈囉！」

我原地轉身，看到隔壁鄰居薩莎在打開隔開兩家的門鎖，走進我們的庭院。她是個年約五十但頗具姿色的女性，生著酒紅的頭髮跟棕紅的雙頰。印花棉質洋裝、羊毛背心還有居家拖鞋，算是一整套貝里格風格的休閒打扮。「我想過來找你聊聊天已經好久了，但最近生意太忙走不開，」她說。跟我外婆一樣，薩莎與其他貝里格街坊也都跟我講俄語，但他們彼此之間會講烏克蘭語。我的烏克蘭語挾帶著英文口音，鄰居們聽著可愛但有點奇怪。我在想這對我的烏克蘭身分會有什麼影響，擔心會在自己的出生地被當成外人，只不過烏克蘭語在我心中實在太好聽了，我還是忍不住說個不停。我一說烏克蘭語，瓦倫提娜會一臉驕傲，溫柔糾正我的時候也把我當成模範生在炫耀。我一有機會就會切換到烏克蘭語，每個新學到的單字或片語都會讓她心花朵朵開。

「早安，薩莎，」我用俄語回答。我從小就只跟她說俄語，所以很自然想延續下去。

薩莎的生意是在波爾塔瓦中央市場裡擺攤賣菜苗與切花，我從瓦倫提娜那知道她會把一模一樣的番茄苗當成不同品種賣。「又不會怎麼樣？」她每次被瓦倫提娜責罵不該欺騙客戶，就會搬出這句台詞。「它們都能種出番茄。要是我把茄子苗當成番茄苗賣，那才叫過分。」

「小薩沙原本想找海外的工作機會，但我很欣慰他最終決定留在家鄉，」她說。小薩沙是薩莎十九歲的兒子——她的家族化解取名難題的辦法，就是管所有的子嗣，不分男女，通通叫Sasha。

薩莎的笑容十分燦爛，但她銳利的綠色眼睛卻從頭到腳細細打量著我。烏克蘭春天的太陽會給人一種溫暖的假象，其實我已經把所有的毛衣都堆在身上，最後還把賽爾吉的羊皮夾克拿來補強。這麼穿讓我看起來像個牧羊人，但那夾克既舒適又暖和。

瓦倫提娜警告過我薩莎是個大嘴巴，我跟她說的所有事都會淪為村裡的八卦，但我在想不論我說不說，她都能無中生有，所以我展露一抹希望看起來自然的笑容，並說沒有地方好得過自己的家。我這違心之論假到我自己都瑟縮了一下，但薩莎並沒有注意到，因為她正看著我腳上那雙瓦倫提娜的橡膠靴子皺眉。

「你跟你老公在那裡好賺嗎？」薩莎問。

我踩著笨重的橡膠靴子在那裡換腳。「夠我們兩個人過活啦。」

不買單的薩莎又看了一眼我的夾克跟橡膠靴。「你們在國外到底做哪一行？」

此時瓦倫提娜從屋裡走了出來，我趁機溜到她的背後，躲回走廊上，讓外婆去跟對方聊她想種的新種番茄。薩莎另外有一間獨立的溫室種的是牛心番茄與義大利李子番茄的真正種苗，那是她自家跟我們家要吃的。

復活節星期六，我在砲火聲中醒來。心臟怦怦跳的我起身，豎直耳朵想聽清砲聲的來向。接著我跳了起來，鞋也沒穿就衝到院子裡。我赤腳踩著的草皮冷到足以讓我的皮膚灼燒，但每一聲砲響都把我的腳釘在地上。

「那只是部隊在訓練新兵。他們的基地營就在河邊，」瓦倫提娜說著從棚屋裡走了出來，手裡捧著個大花盆。她注意到我沒穿鞋，兩手拍拍臉，花盆就這樣掉在一旁。「我的天，你是要我心臟病發作是吧？快給我進屋裡！」

我在地毯上抹了抹腳，兩頰冷得緋紅。整理床鋪的同時，可以聽到薩莎進了屋子在跟瓦倫提娜寒暄。

「他們是在鬧個什麼勁，」她說。

「全身是連一根拜上帝的骨頭都沒剩下喔，這種事也好在復活節週末做，」瓦倫提娜說，憤怒的聲音直接高了八度。

「我跟他們說過不要一大早就開始，但伊果說他們得在這個週末前把籬笆蓋好。」
來自另一邊隔壁鄰居院子的電鑽噪音，淹沒了砲聲跟我外婆的回答。陸軍砲兵的射擊演習對我外婆或薩莎都還好，她們更介意的是伊果的籬笆。

我們就這樣在砲火跟電鑽的聲音伴奏下煮起復活節大餐。因為烤箱在烤，所以我們把露臺廚房跟客廳間的門都開著，結果就是屋外的聲音更直接傳進屋裡，想當作沒聽到都不行。我削著馬鈴薯皮，試著不要砲聲一震就瑟縮一下。不過幾個小時，擾人的砲聲便融入貝里格日常的噪音中——公雞、狗兒、小孩、鄰居大嗓門的彼此問候聲。這麼容易就接受了這不正常的狀況使我動搖，但我實在也想不出有什麼辦法可以度過這樣的災難。

「準備過節要比節日本身更多繁文縟節，」迪米特羅說，他剛從山丘上的店帶回兩條麵包。「我們花兩天做飯，等做好大家都沒力氣吃了。我確信巴布許卡天還沒亮就會把我們叫起來，去領在教堂被賜福過的蛋跟麵包。」

「那還用說。你說的好像沒過過復活節一樣，」瓦倫提娜說。「你為什麼要買全麥雜糧麵包？」她戳了戳我們叫作柯比齊克（kirpichik）的麵包，意思是「小磚頭」，主要取其長方形的形狀。

「味道太酸了！」

「它看起來跟磚頭白麵包一模一樣，」迪米特羅說。他撕了一塊往嘴裡扔。「吃起來不酸啊。」

「嘿，不要把皮都吃光了，」我揮舞著馬鈴薯削皮刀說。我跟他都喜歡脆脆的、焦糖化的麵包邊。這東西我們從小搶，長大了也沒什麼不一樣。

「我們還有好多事沒做，」瓦倫提娜說著把一把洋蔥皮壓進一個大罐子裡。「維卡，你還得多削點馬鈴薯。」

「我已經削了起碼有一打了吧。是有多少人要來吃晚飯？」我邊抗議邊伸手拿了一顆馬鈴薯塊莖。不同於布魯塞爾賣的馬鈴薯容易壓且形狀渾圓，這裡的馬鈴薯硬梆梆且形狀像微型超現實主義的雕塑一樣。不過別擔心，它們放進嘴裡可是又甜又奶到讓人無法自拔。

「就我們三個，」瓦倫提娜一邊確認，一邊又多放了六個馬鈴薯到我碗裡給我削。「迪米特羅跟我都喜歡馬鈴薯。」

「瓦倫提娜跟美軍有一樣的座右銘——盡其在我，」迪米特羅這話是說給瓦倫提娜聽的。「經驗告訴我，瓦倫提娜將軍怎麼說，妳最好就怎麼做，聽令行事準沒錯。」

「我討厭被比喻成軍中的將軍，」瓦倫提娜嘴上這麼說，但看起來完全沒有不高興。

她從我這端走了整碗馬鈴薯，然後給了我一張做帕斯卡（paska）麵包的材料清單，那是一種復活節吃的布里歐麵包（brioche；法式奶油麵包），要用有高度的圓柱形模具去烤。「妳確定我們需要兩公斤的麵粉嗎？」我問瓦倫提娜，計算出兩公斤夠做全村要吃的帕斯卡。她在走廊上對又有採買任務的迪米特羅耳提面命，所以沒聽到我說話。我量了麵粉、牛奶跟酵母倒進瓦倫提娜留在餐桌上的大木盆，兩手插進塊狀的麵團。麥子的奶油香氣將我團團包圍。即便在外曾祖父反對一切宗教儀典沒有慶祝復活節的年代，我們每年春天還是會做帕斯卡，享受飄著奶油香，裡頭滿滿泡過蘭姆酒的葡萄乾跟糖漬橙皮，那布里歐麵包墮落的美味。麵團在我手中愈來愈有彈性，而我愈是推拿，照瓦倫提娜教的層層折拉，麵團反彈的抗力愈大。我把揉好的麵團蓋上一個碗，人坐下，用手把前臂的麵粉拍掉。

瓦倫提娜回到廚房就位，開始做起復活節蛋要用的天然染劑。她把洋蔥皮泡水、煮開。甜甜的味道飄到客廳，讓我聯想到過熟的芒果。因為工作從事與香水相關的書寫，我培養出對身邊氣味的敏感性，會將它們連結到勾起記憶的其他芳香。僅僅幾個月前，我跟先生去了趟印度造訪他在孟買的親戚。雖然並不是芒果的季節，但熱帶水果的香味有著獨特的濃烈氣味，在充斥著香料、食用油與營火味的空氣中閃閃發光。我們走訪了印度果阿邦（Goa）的一處香料農園，那兒的農家讓我們參觀他們收成黑胡椒、小荳蔻與香草豆莢的手法。我寄了村落、綠藤與茉莉花圈的照片給弗拉迪米爾看，他回覆說香料農的小屋讓他想起祖父母在俄羅斯的村子。浮動的記憶像一段只記得一半的旋律忽隱忽現。

穿過小窗射進的一方陽光溜過桌面，來到我身後的地板，正午時分已過。瓦倫提娜過濾用洋蔥皮煮出的油水，將雞蛋滑進鍋裡。在小火燉煮的過程中，蒼白的外殼慢慢變深為紅木的色調。

瓦倫提娜跟我輪流細心照顧那團帕斯卡麵團，一點點把蛋、糖、奶油還有更多的麵粉往裡頭加。麵團發著光並慢慢膨脹，肉荳蔻與鮮奶油的存在讓家裡滿室生香。瓦倫提娜使勁揉著麵團，抵著桌面用上全身的力量，桌子因此跳起了踢踏舞並左右搖擺。她傾斜著身體推著麵團往前，然後動作做到一半突然僵住，倒抽了一口氣。雖然滿手都是奶油跟麵粉，但她還是一把抓住了自己的後腰。

「巴布許卡，妳怎麼了？」我朝她跑過去。

「沒什麼，真的，」她說著用力吸了一口氣。她的臉在劇痛中扭曲成鬼臉。我抓住椅子，扶她坐下。

「妳大概閃到腰了。麵團放下，我來。」

瓦倫提娜一臉不耐地看著我。「竟然在這個時候背出問題，」她說著用我遞給她的毛巾擦了手，但還是繼續坐著。

迪米特羅剛好從市場回來，瓦倫提娜勉強起身來到了走廊。

「我們家裡有止痛藥嗎？」我問迪米特羅。「巴布許卡腰閃到了。」

瓦倫提娜轉身瞪我。「我跟妳說過了，我很好，」她突然發起飆，關上身後的門。我母親警告過我瓦倫提娜對身體健康的事情很敏感，而且很怕看醫生，即便自己說有哪裡不舒服也不肯接受治療。

「我不喜歡這個牌子的火腿，」我聽到她跟迪米特羅說。

「我們一直買的就是這個牌子啊。」

「切片起司多少錢？這麼貴！你還給我買這麼多？」

他們片段的聲音在摻了香料的廚房空氣中來回穿梭，像飛鏢一樣。我當麵團是沙包，捶了下去。

迪米特羅窺看廚房，發現站在桌前的我雙手插在麵粉裡深及手肘。

「什麼麵包這麼了不起，要做一整天？」他半開玩笑地問起，但我笑不出來，撇開了頭。

他湊近想跟我有眼神交流。「你需要我幫忙嗎？我可以洗碗。」他從桌上捧起了傾斜的碗盤塔，把它們搬進了廚房。

「碗不要你洗！我自己會洗，不然等維卡做完帕斯卡可以洗，」瓦倫提娜攔住他。「我來給你泡茶。你肚子餓了嗎？」

「為什麼迪米特羅不能洗碗？」我一邊問，一邊看著迪米特羅把海綿放進碗槽然後走了出去。我繼續揉麵團，並把最後一部分的奶油摻進去。又厚又滑的麵團抵抗著奶油跟我的雙手。

「那不是男人的工作，」瓦倫提娜說著把洗碗精擠到了破破爛爛的海綿上。

「在我家，負責洗碗的是我先生，」我負隅頑抗。

「西方的男人不一樣。」

「但迪米特羅是在加拿大長大的。」我的手臂因為與麵團奮戰而抽痛。疲勞與煩躁消耗我的理智，我口無遮攔起來，即便知道每一句話都只會更加頂撞瓦倫提娜。

「我丈夫在家從不洗碗。我不會讓他做這種女人家的雜務，」瓦倫提娜說著把刀叉放進肥皂水裡。她說「我的丈夫」而不是「妳的外公」。雖然碗盤在水槽裡發出碰撞聲，還有麵團拍打著桌面，冷若冰霜的沉默還是卡進了兩個女人之間。麵團短暫地脫離了我的掌控。

「這裡是貝里格，我們有我們的作法，而迪米特羅是我們的一分子，」瓦倫提娜說著用冷水沖洗碗盤。我又捶起麵團，但一拳打在桌上，一陣痛楚在我的手臂當中漫出。我心想外曾祖父賽爾吉會洗碗，會幫阿絲雅泡茶，還會煮早餐給我吃，但我沒有說出口，也沒有問她當不當我是「我們」的一分子，我怕她的回答會是個「不」字。

迪米特羅在黎明時分叫醒我。貝里格沒有自己的教堂，但鐵軌另一側的村子有，而神父會從波爾塔瓦開車過來主持賜福儀式。我在臥房裡翻箱倒櫃，尋找適合的衣服，我記得某些東正教教堂對女性有嚴格的服裝規定。我穿上藍色的百褶長裙，黑色的羊毛大衣，還有一條不斷從我頭髮上滑落的灰色圍巾。

「妳看起來像年輕的阿絲雅，」瓦倫提娜在我走出房間時說道。經過前一晚的爭吵，我們這天面對彼此都格外節制且非常有禮。我們倆都知道我一點也不像身材高䠷又金髮的阿絲雅，也都知道我的黑髮與嬌小全遺傳自我的父親，但我明白瓦倫提娜這麼說想傳達的意念，也有被安慰到的感覺。

在主客房裡，桌上擺滿了帕斯卡麵包。它們高聳的圓柱外形在一層白色蛋白霜與糖漬紫羅蘭花瓣下閃閃發光。我們選了最美的一塊放進籃子裡，另外還將好幾顆蛋跟鹽巴包在手帕裡。復活節晚餐的開始，就是拿顆蛋沾著經過賜福的鹽，再配上一片帕斯卡麵包。我前一天沒怎麼吃，飢餓感放大了食物的每道色彩、每種口感與每一股氣味。

瓦倫提娜在我們走出大門的時候，隔空個別給我們畫了一個十字架在身上。她在梳妝台上裝飾了聖像畫，並在日曆上標註了宗教節日來提醒自己當天不要去花園工作。但她鮮少上教堂。瓦倫提娜說她不太知道在教堂裡該有什麼樣的舉止，但她喜歡受賜福的麵包。

我們途經還在睡夢中的人家跟正在甦醒的果園。開著的杏花像白雲一樣遍布全村，散發出一種日式繪畫的雅緻。迪米特羅跟我轉向河邊，由移動式溫室劃分出的菜園飄進視野。從河岸邊的深處回望，貝里格就像一禎古代銀版攝影裡一棟棟刷白的小屋，屋子上有著木質的百葉窗，一旁還有垂柳與糾結的葡萄藤。河岸本身杳無人煙，只見眼前的激流帶著頭下腳上的樹木、屋頂變成地基的房屋，還有我們模糊的倒影，快速地前進。

「軍隊的訓練營在哪裡？」我問起迪米特羅。他指著森林的方向，那片森林既透明又光亮地矗立在一早的晴空中，但卻顯得黑暗而散發著不祥。

教堂是座白色的小建築，藍色金屬屋頂裝飾著金色的一只只十字架。我們加入了在院子裡的群眾，在那等待讓雞蛋跟帕斯卡麵包接受賜福。兩名身穿牛仔褲與皮外套的女人瞥了一眼我的長裙跟大衣，在竊笑中咬了一下耳朵。我注意到七十歲不到的女性中，穿裙子的只有我一個。教堂的門開了，一名下巴留著纖細黑色鬍鬚，看起來更加孩子氣的年輕神父，出現在庭院中，手裡拿著一支小掃帚跟一只跟瓦倫提娜同款，用來儲存馬鈴薯的錫水桶。他把掃帚浸進水桶，口中吟詠著 Khristos Voskres（基督復活了）的字句，然後朝著我們潑灑水。掃帚成了他手中神聖的澆水器，錫桶化身為聖潔的容器，睡眼惺忪的教眾則在回應的和諧合唱中看起來無比崇高，那歌聲唱的是 Voistinu Voskres（確實，祂真的復活了）。朝陽愈爬愈高，終於點亮了教堂屋頂上的十字架，使其明亮如火一般燦爛。神父繞著整圈人群四處走動，三次用聖水為我們賜福，然後才消失在教堂中。還在賜福魔力下的人群開始相互致意、擁抱與親吻。我們沒有遇見認識的人，但在那瞬間彷彿所有人都彼此熟稔，都能相親相愛，包括剛剛訕笑我的行頭老土的兩名女士。

「你們倆是阿絲雅．貝瑞茲科（Berezko）家的人嗎？」在教堂大門的近處，一名佝僂的女人手握一只巨大的籃子跟一支手杖向我們招手，要我們過去。迪米特羅回覆說我們確實是阿絲雅．貝瑞茲科家的人，但我只是困惑地瞪著她。我已經太久不曾生活在一個家族為人所知的地方，同時我也忘了在貝里格，定義家族的是長者，不論她是否還在人世間。那位女士默默研究了我們的面容。「是，我們是阿絲雅的曾外孫，」迪米特羅說。

「我們的年輕人都在設法離開，而你們卻一個個回來，」她說著把手中的籃子放到了地上。

那條覆蓋著籃子的刺繡毛巾底下，我注意到復活節的麵包、蛋，還有一束紅色的鬱金香，它們緋紅色的頭部被橡皮筋固定住。阿絲雅在市場賣花的時候，讓我負責把玩具氣球切成一條條細細的橡皮筋，然後套在涼爽的花苞上。紅色的橡皮筋配紅色鬱金香，白色橡皮筋配白色鬱金香。這一招可以防止鬱金香開花變得不夠新鮮。不等我回答，那名女性就用手臂擦了擦嘴唇說，「但你們回來又有什麼不對呢？家永遠是家啊。」

我們回到家後，我在沙發上睡了回籠覺，醒來的時候已經是黃昏時分。復活節禮拜的禱告聲仍在我周邊迴響。我的雙眼濕潤，呼吸沉重。感覺有人把手放在我的額頭上，然後看見了居高臨下俯看著我的瓦倫提娜。

「我們叫不醒妳。迪米特羅得送接受過賜福的復活節麵包去給薩莎還有我們其他的鄰居。妳看起來有點熱。要不要我去幫妳泡一杯茶配覆盆子果醬。」

「我沒事，真的，」我說著坐直，試著把迷糊甩開。「但我還是想要那杯茶配覆盆子果醬。」我們家最受歡迎的感冒偏方就是一杯紅茶搭配一湯匙的覆盆子果醬攪勻。

「都是我不好，」瓦倫提娜咕噥著走出臥室。「是我準備不夠周到。我讓妳太辛苦了。」

瓦倫提娜熱了烤豬肉跟馬鈴薯，還有接受過賜福的麵包切片。我們一起按習俗互敲了雞蛋來看來年誰的運氣最好。結果我的蛋裂了，所以贏的是瓦倫提娜。隔天我起了個大早，跟她一起去了櫻桃園。

第五章 魯許尼基

我焦急地等著復活節假期告一段落，因為這樣我才能早一點走訪基輔的國立檔案館。我長時間研究過社會主義集團的歷史與政治，知道如果有人在一九三〇年代失蹤於蘇聯，最有可能的犯人就是祕密警察。我必須想辦法進入公雞之家。

「妳什麼關於他的資料都沒有，我要怎麼替妳找到親戚的紀錄？」電話另一頭的聲音質問我。「妳是天兵嗎？」

無端的羞辱提醒我內心深處對蘇聯官僚的反感，而且出於某種原因，莫名地想起弗拉迪米爾，氣更是不打一處來。只是由於我有太多事情賭在這通電話上，所以我吞下自己的伶牙俐齒，拜託對方多幫忙。

「妳把聯絡方式留著，我們會再致電給妳，」對方表示，那聲音似乎獲得了安撫但還是顯得意興闌珊。

說好的電話完全沒有打來。

看到瓦倫提娜在我返回貝里格的頭一天就衝去花園工作，我就應該心裡有底，圍著茶炊（煮茶的大型銅壺）的茶聚與好整以暇的談話在我的想像中凋萎。她假裝沒聽到關於尼科季姆的問題，也沒興趣重溫那些已經是過去式的日子。人們以為比自己年長的人會活在過去，並很樂於翻閱記憶這疊相片，但瓦倫提娜不是弗拉迪米爾。她對舊蘇聯跟自己的青春歲月並不怎麼懷念。每次看到我拿起散落在屋內四周的照片，並開始欣賞相機前那個高䠷纖瘦的女人擺出的嬌羞姿態，她就會露出笑容，因為那個女人就是年輕時的她。「沒錯，美就是美，」她的口氣就像在讚美跟她不相干的陌生人。

接著，她會把照片推到一旁，然後抓起一本她最鍾愛的農民曆。「但那都是過去的事情了。現在我們必須思考的是未來，」她會一邊這麼說，一邊在曆書邊緣留白處做筆記，或是手繪複雜的菜圃布局。

我一開始有點不爽是真的，但也覺得瓦倫提娜追求完美花園的精神讓我感動，因為那讓我想起阿絲雅對目標的執著。這之後沒多久，我就不再期待外婆要為了我改變她的作息了，反之我改變了自己的作息——我加入了她，成為果園裡的一員。

「誰教妳把果園刷白成這樣！」瓦倫提娜說。我抬頭一看，外婆站在我旁邊手插腰，像個茶壺，而且還是個一張圓臉看起來氣急敗壞的茶壺。「妳的白漆刷得不夠厚，」她說。

我這輩子從來沒漆過果園。對我來說，這裡一直是在櫻桃樹伸展的枝葉下大啖儒勒·凡爾納（Jules Verne）小說的地方，有樹葉的和緩沙沙聲陪伴我前往地球中心。等我離開烏克蘭赴美後，我對果園的記憶變成在開花枝幹下喝下午茶的浪漫幻想。想像果園就像塔拉斯·謝甫琴科的名詩所寫的那樣：「櫻桃果園在家的一旁。櫻桃上有甲蟲在哼唱。」就算是像母親這種母語並不流利的烏克蘭人，都念得出謝甫琴科詩句的浪漫尾聲，「夜鶯在那為櫻桃守夜忙」。

隨著我開始書寫氣味，果園提供了我芳香的畫布。我也開始汲取自身對於盛開中的花卉與樹木的記憶，去豐富我對香氛的描述，使其更有層次。貝里格成了我用之不竭的香氣寶庫，當中有取之不盡的細微差別。幫果園刷白漆從來不在我的遐想範圍內，但瓦倫提娜對完美櫻桃園的設想，包括了樹幹被漆上白色條狀的石灰溶液。

「你說塗得不夠厚是什麼意思？」我問。「多厚才叫夠？」

「厚到整片看起來都是白色的，不可以灰灰一條一條，」瓦倫提娜說。我開始重新刷過，小心翼翼地上樹的下半部，每一處裂隙都用厚膏補好。兩個小時後，果園矗立在那兒白得閃光，而我手指上則有滲進手套的鹼性溶液的紅色破皮。穿著我外公的舊運動服與外曾祖母的圍裙，我看起來就像果戈里筆下城市噩夢的流浪漢——而不是托爾斯泰遐想中，鄉村莊園的女主人。

瓦倫提娜跑來檢查成果。「看起來不錯，」她繞著一棵棵樹說。然後她停下來皺起眉頭。「但妳看不出現在又凹凸不平了嗎？有些白條比較厚，有些比較薄。同時妳還漏了牆邊那棵樹。」我濺滿石灰的雙手刺痛著。

「我念的是政治學，不是農業，」我看著在示範正確技巧的瓦倫提娜抱怨連連。

「那你念了半天有什麼用嗎？」她嗆我。我第一次跟她說我研究所要選什麼領域的時候，她就宣告過那「不切實際」。

我把刷子往樹幹上壓，然後看著那牛奶般的汁液滲進樹身的溝槽。石灰的氣味讓我想起學校的黑板與舊蠟筆。「我還是不明白政治學哪裡不切實際了？」我放膽一問。

瓦倫提娜用手順過櫻桃樹的樹枝，並用手指輕撫上頭凸起的花苞。「念政治是世界上最沒用的事了。你要麼跳進去跟他們玩，要麼就別理政治，然後希望他們不要攪亂你的生活，」她終於說了。「只不過這年頭實在很難避免被這裡的政治搞到。畢竟現在有跟俄羅斯的狀況，所有的物價都在狂飆。就連你笨手笨腳塗不好的石灰都比幾個月前貴上一倍。」

我盯著那白色不透明的液體從刷毛尖上滴落。

「我之所以想念政治學，是因為我們在蘇聯崩潰時所歷經的一切。我想要搞懂這個地方，」我說，「而且我覺得我應該會喜歡教書。妳不喜歡當老師嗎？」

「我喜歡教書啊，」瓦倫提娜說。「但是，我選擇的領域是出於意外。阿絲雅堅持讓我成為一名肉品技師——比較有面子的屠夫，因為那代表我們的餐桌上永遠有肉。但我一踏進屠宰場，就被腐肉的臭氣跟內臟汩汩流到水泥地上的慘況弄暈了過去。這才決定成為地理學家。這門專業在當時被稱為經濟地理，因為它講的是怎麼讓自然環境配合國家的五年計畫（五年一輪的計畫經濟方案），」瓦倫提娜搖了頭。「我笨笨地以為去處理數字跟地圖，手就不用碰到血。」

這是我來貝里格後，跟瓦倫提娜最推心置腹的一場對話，我希望能將之延續下去。「妳是個很棒的老師，不論妳教了什麼，」我說。「小時候我很愛聽妳的課，雖然妳說的東西我一個字都不懂。我還喜歡在博物館裡有人會聚集在我們周圍，只為了附耳聽妳解釋藝術。我想要學妳成為一名教授。」

然而，瓦倫提娜的臉恢復一張中性表情，只見她拿起刷子往某棵櫻桃樹旁一蹲。我外婆滿心感興趣的是樹，不是我的生涯抉擇。所以我沒有跟她說她還以另外一種方式影響了我，那就是她給我信心去嘗試新的事物。當政治學不符合我的期許後，我當機立斷轉換了跑道。放下了理論模型，進了一間香水學院，學起有機化學。我寫起香氣與風味，還把抽象的東西翻譯成具體的字彙。我從來沒怕過的一件事，就是往未知中縱身一躍。

我想起我最後回去加州探視父親。當時他也已經準備好要展開新的嘗試，我還記得他言談間的興高采烈。其實我也想要跟瓦倫提娜聊聊這件事。她熟悉我的父親，只是鮮少主動提起。

「刷白這件事，為什麼要搞得像算數學一樣精準呢，不就是要保護樹皮不被昆蟲啃食而已嗎？」我主動換了話題。一種我說不出來的恐懼攔住我，讓我不敢對瓦倫提娜問起我的父親。

外婆把頭歪到一邊，對我伸出手。「把那支大刷子給我，」她說。

她修正了原本在一棵老櫻桃樹上的歪斜石灰水線。「刷白的部分可以保護樹皮冬天不被日燒病「傷害，還有就是防昆蟲，但白還是要白得好看。」她說。我外婆做事一向是高標準，這點從來沒變。

我們有一部分櫻桃園緊鄰薩莎的菜圃，每當瓦倫提娜的完美主義跟我的固執相撞，我就會看到鄰居隔著輕薄的鐵絲籬笆，從兩家地產的界線外窺探。風在兩家的花園間來回傳遞，乘載著各種對話內容，我相信薩莎對於我們祖孫間的小小劇場知之甚詳，就像我們對她跟她兒子在吵些什麼也有所耳聞。

「所以妳決定今天把樹刷白喔，」薩莎說著推開了鐵門，踏進了我們的花園。「瓦倫提娜．賽爾吉芙娜（Valentina Sergiyvna），石灰粉花了妳多少？」

瓦倫提娜跟薩莎開起了石灰的成本討論會，而我則在一旁繼續漆樹。

「小薩沙邀了一名小黃瓜溝通師，約在今天下午，我得去準備種子了，」薩莎準備回她自己的花園。

我停下刷樹的手，轉頭望向她。「小黃瓜溝通師？」

「沒錯，小黃瓜溝通師。她是真正的專家，跟那些在《波爾塔瓦黎明報》（*Dawn of Poltava*）上打廣告的庸醫可不一樣。」薩莎說，口氣中不知為何有點被冒犯的感覺。「報紙上的小黃瓜溝通師萬萬找不得。那些都是郎中，是騙子。」

「小黃瓜溝通師是做什麼的啊？」我問。我從來沒想過世上會有這種服務，更不用說會有業者在報紙上登廣告了。

「小黃瓜溝通師會下咒來確保豐收，」薩莎說著翻起白眼。正當我杵在那兒一頭霧水，心想瓦倫提娜該不會也找過這種師傅的時候，薩莎看了一眼我刷白的果樹，給了我一個擠出來的微笑，「沒想到城市的姑娘也能刷得這麼好。」

薩莎一向會當我的面恭維我，但她做得太過火也太甜膩，以至於聽在耳裡感覺假假的。我還知道她背著我，嘴可就沒那麼甜了。

「薩莎說妳穿的鞋子都好醜，」瓦倫提娜隔天跟我說，我們正要展開新一天在花園裡的工作。

1 又稱低溫日燒，基本上就是樹皮被太陽灼傷，與溫度劇變、凍融交替有關，因此好發於高緯度向陽面的樹木枝幹上，用石灰防護是常見的預防之道。

「她說妳的鞋子像是給kolkhoznitsa，也就是集體農場的工人穿的，一點也不像美國佬，何況還是個住在歐洲的美國佬，拜託！」瓦倫提娜笑到不行，還抹了抹眼睛。

我一點都笑不出來。

「那不然我該穿什麼？最近都在下雨，屋子前面的泥巴路根本沒法走！」我瞥了一眼立在入口附近的橡膠靴。耐用而粗獷，確實談不上時尚，但考量到薩莎自己也愛穿破破爛爛的居家拖鞋，我實在想不透自己的鞋子哪裡惹到她。」

「別放心上，」瓦倫提娜說著，在臉前揮了揮手，好像在趕蒼蠅似的。「薩莎就是個話癆而已。」

薩莎這種酸言酸語讓我嫌煩，後來多到讓我火大到壓不下來。「她到處散布謠言，」我說。「前兩天有人跑來問我是不是離婚了，不然我沒事幹嘛跑回烏克蘭？」

「那只是閒聊。薩莎就是喜歡講些有的沒的，但她沒有惡意。你們都不在的時候，她幫我很多，」我外婆老這麼說。我不懂瓦倫提娜怎麼能對我的婚姻狀況變成街坊八卦無動於衷。

「那妳幹嘛跟我說她講我鞋子醜？還有妳幹嘛老是幫她說話？」

「妳生什麼氣啊？橡膠靴醜是事實啊。妳想穿就穿，但被人說醜就有度量一點，不要那麼愛生氣。」瓦倫提娜說著挑起了眉頭。

「可是靴子是妳拿給我的耶，妳還跟我說穿這個比穿球鞋好，」我一邊說，一邊指著這雙顯然在貝里格引發喧然大波的假皮毛襯裡靴子。

瓦倫提娜猛吸了一口氣站起身來。「妳愛穿什麼就穿什麼。我要去花園了。」她穿上外套，看都不看我一眼。

「這裡的人會用不同的標準要求妳，畢竟妳在國外有個家。他們肯定妳願意回來。甚至可以說他們以願意回來的妳為榮，但這並不表示他們不會批評妳。」她說著往脖子繞了一條圍巾。「妳能想像迪米特羅從加拿大回來住的時候，他們是怎麼講的嗎？」她的表情軟化了一些，人踏到外面。

我用袖子撣了撣橡膠靴，決心只要薩莎在場，我這橡膠靴就穿定了。

後來我打電話給丈夫，提到跟瓦倫提娜的這段對話。他安慰我說小地方就是這樣，在誰面前都沒有祕密，討論是他們的一種需要。我們很想念彼此，但也講好了我只要覺得需要，就會繼續在烏克蘭待下去。在這方面，我認定一個月的烏克蘭生活有延長的必要。我必須為了玫瑰的收穫季跑一趟法國南方，此外寫作的案子並不需要我立刻回到布魯塞爾。

到最後，真正讓我往心裡去的不是薩莎說了什麼，那些話我可以一笑置之。但我無法視而不見外婆與我的緊張關係。我發現她這個人有點喜怒無常，就像本闔起來的書，讓人看不懂。就我目前的觀察，要親近她可不是買張機票回烏克蘭或幫她把櫻桃園刷白，就能做到的事情。

令人無法忽視的另外一件事情，是尋找尼科季姆的計畫毫無進展。在放棄了國立檔案館這條路之後，我探索波爾塔瓦的地區性資源。上了波爾塔瓦檔案局的網站搜尋了訪客須知，並滿意地確認了不需要預約後，褪下橡膠靴，換上都會風的鞋子，搭上了前往波爾塔瓦的巴士。

波爾塔瓦這個市鎮讓我一則以喜，一則以謎。在烏克蘭，一個地理往往決定命運的地方，波爾塔瓦硬是不讓人給它一個簡單的分類。它既不算烏東，也不算烏西。既為中心，也是邊陲。在主要的廣場上，氣宇非凡的新古典主義建築群就像一座座帕德嫩神廟的複製品，圍繞著一座大公園，當中有座彼得大帝於一七〇九年擊敗瑞典的紀念碑。上頭飄揚的烏克蘭國旗，就固定在碑柱頂端的俄羅斯帝國雙頭鷹上。在城市上方的山丘，聖十字修道院的金色圓頂暗暗閃著光。該修道院的建成是由哥薩克人（Cossack）出資，而且許多哥薩克人都在遠歸遠但記憶仍舊鮮明的十八世紀戰爭中，為瑞典一方而戰。列寧街的走向與老修道院街平行。恩格斯輕抵著高爾基，普希金先跨過了果戈里與羅莎·盧森堡[2]，然後才停在靜謐的菩提花弄，而這名俄國詩人也在那兒把銅眼投向在玩骨牌的爺爺們，還有在空長椅上午睡的貓咪們。這些街名都還在變動的過程中，但路標仍沿用著蘇聯時代的稱號，街坊也還是會約好在已經不在了的列寧紀念碑旁見面。我確信這麼一個內心層面仍深刻烙印過往的城鎮，一定能讓我找到尼科季姆命運的蛛絲馬跡。

但一進入波爾塔瓦的區域檔案局，我的這點信心就動搖了。這棟灰色建築有著所有蘇聯官僚機關的正字標記，投射出一種看不到臉的力量。它用灰塵跟一次次未完成的五年計畫氣味攻擊我，將我轉變為長長排隊人龍裡的又一個號碼。

雖說人「龍」的用法可能不太恰當，畢竟現場只是不耐煩的群眾朝接待櫃台一擁而上。「去二樓，」我聽到一名年輕櫃員對一個戴著助聽器跟經典呢帽的老太太說。

「七樓？怎麼個去法？這棟樓根本就沒有七樓啊，」老太太說著喬了一下她的助聽器，反而不小心落在地上。

「二樓，是二樓！」櫃員的聲音因為用力而沙啞起來。其他人找起地板上助聽器的碎片，並指引老太太去往正確的地方，為此他們也一樣大聲嚷嚷。排隊隊伍開始重新排列組合，我發現自己處在尾巴。兩名身穿花呢西裝外套的老先生掛著戰爭獎章在身上，揮舞著泛黃的紙張，他們想用那當證明，換取某種縮寫我認不出來的官方文件。眾人索取各種證書、執照與證明，然後遭

2 Rosa Luxemburg，1871-1919，德國馬克思主義政治家、社會主義哲學家和革命家，德國共產黨創始人。

拒；各種申請被提出，然後被宣告恕無此服務。檔案局至此依舊刀槍不入。

一名中年女子身穿紅色長大衣，她想要申請猶太血統的證明。

「妳出生在波爾塔瓦嗎？妳聯絡過猶太會所嗎？」一名櫃員問道。

「哪來的會所？原本的會所早就被改建成歌劇院。歌劇院已經燒燬，如今百葉窗緊閉著杵在那。」女人這麼回答。

「妳說的好像會所關門跟歌劇院燒掉都是我幹的一樣，」櫃員說著把一張紙推向女人。「這是波爾塔瓦全數猶太會所的清單。會所不是只有一間，妳要知道。」

「妳要辦什麼？」櫃員瞥了我一眼，視線又回到電腦螢幕。

我解釋我在追溯家譜，需要我外祖父母村子的檔案資訊。回想起在國家檔案庫的不良經驗，我決定暫且不提尼科季姆的名字。

「德烏許卡（Devushka；小美人兒），這需要與檔案主任約時間面談，但她今天沒空。下一個！」

被叫小美人莫名讓我不太爽。「你們沒有預約系統。我為了研究申請辦法看了你們的網站，」我邊說邊感覺到群眾往我背上推。

「我完全不知道真的有人會參考我們的網站，」櫃員說。

「我從別鎮來的，」我說，別鎮指的是貝里格。

「妳從巴黎來的我也不管，妳懂了嗎？下一個！」

「我不是巴黎來的……」我話才起頭，就被櫃員給打斷了。

「是，我看得出來，」她邊說邊打量我素淨的黑色大衣，配件是阿絲雅那條玫瑰花樣的披肩。

我不由自主退後了一步，有人用手肘擠開我，占了我的位子。我往旁邊退一步，又感覺一支手肘頂到了我的肋骨。非我自找的又無預期的疼痛，整個把我惹毛，於是我衝回人群，一路披荊斬棘回到櫃台的前面。

「這裡按我的理解是檔案局，而妳的工作是幫助，而不是侮辱你們的訪客，」我說。下定決心要站穩立場，我的怒火就憑空蒸發，聲音則清脆地迴響在突然間安靜下來的群眾。「我住在另一個國家——離巴黎很近，如果巴黎對你們那麼重要的話——而我來到這裡是想追溯家族的歷史。如果我需要約時間面談，那怎麼個約法請告訴我。」

櫃員瞠目結舌地看著我，排隊的其他人也一樣。此刻我巴不得自己穿的是村裡那雙橡膠靴搭配賽爾吉的蘇聯制式夾克。「妳怎麼不一開始就講妳是海歸？」女櫃員咕噥著。「妳得當面跟歐克薩娜・瓦西利夫娜（Oksana Vasylivna）談，她是主任檔案員。轉角就是她的辦公室。」

我往側邊踏了一步，拍了拍大衣上的灰塵，弄正我的披肩，感覺好像剛跟人扭打過似的。只不過搬出國外某片土地的名號就輕輕鬆鬆芝麻開門，讓我感覺有點勝之不武。但我還是接受了這樣的戰果，朝走廊另一頭的主任檔案員辦公室走去，櫃員突然成了我身後的跟班。她偕我一起進了歐克薩娜・瓦西利夫娜的辦公室，並解釋了身為外國人的我在波爾塔瓦尋根。我像悲劇女主角似地點了點頭。主任檔案員伸手拿起一本厚重的紀錄簿，我的心臟開始狂跳——我當她的舉動是個好兆頭。

「讓我確認一下資料庫裡有什麼東西。是，我們這裡就是這麼高科技。」歐克薩娜・瓦西利夫娜翻了個白眼，打開了手寫目次的頁面。

我複誦波爾塔瓦宗族各分支出身的村落名稱：「米海利夫卡、馬亞齊卡……」但歐克薩娜・瓦西利夫娜最終闔上紀錄簿，將之放回架上。「那這樣我就幫不了妳了。這些村子的檔案都沒有倖存。要麼在內戰中被燒了，要麼在史達林的迫害中毀了，再不然就是在德國占領後佚失了。總之就是被抹除了。」

她面向此間一直靠在門上聽著的櫃員說。「是這麼回事吧？資料就跟從來沒存在過一樣。」

檔案局的兩個女人兩手一攤，就像是在說面對烏克蘭的歷史，強大的官僚也無能為力似的。

「就像從來沒存在過一樣。」紀錄丟失在一個光在一九一九年就換了幾十次政府的國家，根本是家常便飯，但來到檔案局之前，我沒想到一個大小跟比利時一樣的區域，整個家族竟能被抹個精光。

「我還有一個在一九三〇年代失蹤的伯公，」我試探起來。「您覺得我應該去公雞之家問問看嗎？我是說，烏克蘭的國安單位。」兩個女人像媽媽在可憐小孩似地看著我，搖了搖頭。

「刑事犯罪紀錄都還沒解密。再者以國內最近的局勢，妳真的覺得那個單位裡會有人幫妳找，天曉得是何時失蹤的伯公嗎？」歐克薩娜．瓦西利夫娜說。

「何況妳還不是直系親屬，」櫃員說。「想查只有一個辦法，就是找現存最近的親屬問。」我很懷疑瓦倫提娜會有興趣蹚這渾水，畢竟她在果園已經夠忙了。我甚至沒能說服她跟我分享尼科季姆的任何事情。

我走出檔案局大樓，一路上只見櫃檯前的長輩們竊竊私語，討論著從眼前快步離開的我，而我則勉力閃躲他們的目光。在公車站，無視於推擠我的其他人，我站在上頭貼滿二手家具與農具廣告的金屬遮棚下，思索自己此行的收穫。如果檔案都被抹除了，瓦倫提娜不願意重提過往，那我再想找尋真相也只能作罷。

我沒有等到公車來，而是逕自朝街道的另一頭走去，波爾塔瓦的中央柏油大道轉變為鋪石路與櫻桃園。我在右轉後看到一棟白色建物上頭是簡單的綠色圓頂。「聖尼古拉烏克蘭東正教教會」（Saint Nicolas Ukrainian Orthodox Church），大門口新鑄成的銘牌寫著。這間不算大的教會有加蓋的柱廊跟凸出於兩翼的廂房，且由於地處盤旋於澗谷的不穩邊緣上，視覺上你會感覺它像隻鳥兒準備振翅起飛——或是墜入深淵。

透過父親的家族，我對猶太教的認識超過對東正教的認識。外曾祖父賽爾吉長於一個信仰虔誠的家庭，但他認為教會要為人心中的宿命論與恐懼負責，由此鄙視一切會讓人想起信條與儀典的東西。他甚至受不了有人使用像「上帝保佑」或「感謝老天」這樣的日常用語。做為我們家第一個大學畢業生，他教授歷史與文學，並自稱是一名無神論者，其唯一神聖的使命就是傳播教育。

儘管如此，東正教會讓賽爾吉避之惟恐不及的神祕主義卻讓我神往不已，大小儀典於我又謎樣又療癒。我喜歡走進教會，發現自己周身都是薰香的煙霧與咒語的聲音——那種神祕的氛圍喚醒我的好奇心。我流連在聖尼古拉教會前，推開了厚重的木門，不知道也不想知道自己該期待看到什麼。

明亮的陽光被一把抽走，取而代之的是渾沌的陰影。教會的廊道狹隘且黯淡，四處可見金框的掛旗與花環。我跌跌撞撞穿過一道小門，雖然教會裡空無一人，卻仍感覺自己好像打擾了一大群教眾。數百雙拜占庭眼睛對我品頭論足，只因我是天界範圍內僅有的肉體凡胎。素白的教會牆上掛滿了聖徒、殉教者、聖母瑪利亞的聖像。華美的刺繡像襁褓似的包裹著聖像，從天而降的陽光穿過柳葉刀形的尖拱窗戶，灑落在巴洛克畫框與聖者的金色光暈上閃閃發光。彷彿散發著花朵與沒藥香氣的寂靜，覆蓋掉我的腳步聲。我點了一支蠟燭在聖芭芭拉的聖像畫下，就是那個不肯放棄信仰而遭到斬首的聖芭芭拉。我注意到她的聖壇有著數目比誰都多的蠟燭與獻禮。

我再次感覺到有人在看著我——這次是溫暖的人類目光——我旋即轉身，差一點就跟一名年約六旬的矮個子女性撞個正著。她有著一張紅潤的圓臉，還有把頭包覆住的厚實金辮。

「我可以拍張照嗎？」我問。

「當然，請便，」她給了肯定的回覆。「我是奧爾嘉女士（Pani Olga）。」

我一時間想說是不是聽錯了。即便在這個有著列寧街跟恩格斯廣場的鎮上，現在也已經很少有人會用帕妮這個老派的字眼來表示「女士」，同時間奧爾嘉女士則在瞅著我的佳能相機。

「我有一個資料庫需要拍照，」她一點也不拐彎抹角。「妳可以一星期過來一兩趟幫我拍嗎？」

她注意到我的猶豫，便又加了一句，「我會付錢的。」我說了聲好，但不完全知道我答應了什麼事情。

如果說賽爾吉是脫離教會去追隨列寧，那今天的我就是反其道而行。我並沒有停止在果園裡幫忙瓦倫提娜，但週末我會搭巴士到波爾塔瓦找奧爾嘉女士，幫她的資料庫拍照。

我對聖尼古拉教會坐落在毀滅邊緣的感覺並不是誤會。一九五〇年代承平富裕的時期，正當上帝感覺已無用武之地的時候，波爾塔瓦的共產黨分支炸了它。唯一倖存的部分是教堂的前廳，也就是連結聖界與俗世的廊道。教會募了款重建廢墟，將之改造成一處可運作的教區，但他們募的金額不足以將澗谷填平並重建其餘的建物。即便如此，這間教會還是生意盎然。同時也將我擁入懷中，薰香的氣味滲透我的髮膚。在去過幾次後，留著深黑色鬍鬚的可愛圓臉神父已經不管我了，該主持儀式主持儀式，該聆聽告解聆聽告解，我的相機在那邊喀嚓喀嚓已經干擾不了他。對我放牛吃草的還有奧爾嘉女士，她會在聖像畫前分發蠟燭，清理地板上的滴蠟，還會去謄寫要在彌撒時念出來的名字，有的是祈求健康，有的是得永恆的安息。「她在幫忙整理我們的歷史，」她會對人解釋，只不過大部分人途經聖尼古拉教會都滿懷自己的煩惱與問題，沒心思理會我。這間教會的大門對所有人敞開，就像他們許多人一樣，我也只是洋流帶來的漂流物。

奧爾嘉女士口中的「檔案庫」，是一捆布。早在蘇聯垮台後，聖尼古拉教會重新開門做禮拜之前，就有人會帶來聖像、十字架、香爐等各式各樣的宗教紀念物，都是他們原本藏起來的東西。這些東西也是奧爾嘉女士蒐集被爆炸掩埋之寶物的濫觴，其中最珍貴的莫過於稱為魯許尼基（rushnyky，也稱魯許尼克〔rushnyk〕，直譯就是毛巾）的烏克蘭儀巾。乍看之下，魯許尼基像是一條十分花俏的手巾有兩道厚厚的刺繡。對我的無知感到驚訝的奧爾嘉女士所給出的解釋是，魯許尼基是一種可以避邪的護身符，說明了何以它們在民宅或教堂裡，會被披在聖像畫上。阿絲雅跟瓦倫提娜都會繡魯許尼基，但她們做的儀巾真的只是日常的毛巾而已，而且在賽爾吉還在世的時候，我沒見過家裡有任何一幅聖像畫，所以儀巾也沒地方披。如今瓦倫提娜也會在家裡擺幾幅聖像畫，但那些大多是薄如蟬翼的紙質版畫，是朋友鄰居去重要東正教聖所朝聖回來後，送給她的紀念品。

「魯許尼基可以用作新生兒的襁褓，」奧爾嘉女士接著說。「它將新婚夫婦綁在一起象徵永世不渝的結合。魯許尼克的大小取決於功能。最長的魯許尼克是用來把棺木垂降至土裡的那種……」

在貝里格，當薩莎或其他鄰居來串門子時，他們會聊起俄羅斯的制裁、被侵略的威脅、天氣、番茄疫病的危險，對每一個主題都一視同仁，彷彿這問題的重要性都一模一樣。他們並不昧於現實，也不無知於這些問題會造成什麼後果，他們只是接受了自己對大環境無能為力，寧可顧好自己的果園，如常過好小日子。但在聖尼古拉教會，戰爭從來不曾離開。戰爭就在那個連著幾天沒睡，為了有個地方遮風避雨而跑來問教會有沒有工作開缺，滿臉皺褶的女人身上；戰爭就在那些身穿制服跑來接受賜福，年輕得令人心碎的士兵身上；戰爭就在那些飽受煎熬，前來說要辦喪禮的親屬身上。戰爭在對話中、在禱告中，也在人的心思中。為了方便溝通，大家會提到「這場戰爭」，用的是烏克蘭語裡的 this，而不是相當於英語中 the 的定冠詞，因為即便不用特定指涉的定冠詞，烏克蘭人也會曉得彼此說的是二次世界大戰。二戰在無數烏克蘭家庭身上留下疤痕，由此即便親身經歷過二戰的那一代凋零了，二戰做為一場聖戰、一場正義之戰、一場交織著英雄事蹟與犧牲的戰爭，仍是蘇聯時代傳承下來根深蒂固的傳統觀念。相對之下，眼下的戰爭顯得既卑鄙又醜陋。它甚至不被稱為一場戰爭。在西方的報紙裡，它被賦予了一個蒼白的名號叫作「烏克蘭危機」（the Ukrainian crisis），而在烏克蘭國內的媒體，則意味不明地被指涉為「反恐行動」，簡稱ATO（Anti-Terrorist Operation）。「那怎麼會是一場戰爭？」我聽過太多人這麼說。不論那是什麼東西，都不影響人不斷地死去。

晚間彌撒正要開始，一個男人走進來問我能不能見神父一面。歐勒克榭神父（Father Oleksiy）正好到達，一面扣上法衣，一面弄順他黑色的長鬚。

「我兒子在頓涅茨克失蹤了……」男子說。「他們甚至找不到屍首。」眼淚在滿是鬍渣的臉頰上流成兩條小河，他連擦都不擦。他把棒球帽折彎在滿是繭的手中，兩眼直瞪著奧爾嘉女士用紅色魯許尼克裝飾的大十字架。歐勒克榭神父打開彌撒書。「我們把自己交到上帝的手中……」

禱告迴響在白牆上然後慢慢沒了聲息，徒留輕柔的低語與薰香煙霧那淡薄的阿拉伯花紋。被沒藥與乳香薰得有點暈眩的我踏到外頭的陽光下，正響起的鐘聲與鴿子的咕咕叫混成了苦樂參半、單一的春日和弦。一個小女孩坐在草地上，正在把蒲公英的莖枝編織成花環。「彌撒就要開始了。妳怎麼不進去？」我問小女孩。她給了我一個羞赧的眼神。「我父親是神父。我全部都聽過了。」

我可以體會小女孩對於教會儀式的厭倦，而且每當神父說出要我們「把自己交到上帝的手中」，我就會想起賽爾吉跟他的信念：教會培養順從、教導被動、蒙蔽了理性的心靈。儘管如此，我還是一次次回到聖尼古拉教會，吸引我的既是陌生宗教的神祕力量，也是我與奧爾嘉女士成長的友誼。在晴朗的日子裡，我們會把亞麻布攤開在草地上，噓走坐在教會入口旁像看門中式石獅的骯髒狗兒。

「這是一棵生命樹，」奧爾嘉女士用手指觸摸一條魯許尼克的刺繡，呈現的是一株神奇的植物。從樹的枝條上，萌發豐美的花朵。「那代表刺繡者夢想著長命百歲與枝繁葉茂的大家庭。」

「這也是很古老的一種魯許尼克花樣。」奧爾嘉女士指著斷斷續續的Z字形紋路，說類似的主題曾出現在特里皮爾利亞（Trypillia）文化的出土陶器上。特里皮爾利亞的繁盛文明，在烏克蘭疆土上距今超過七千年，幾何主題裝飾的獨特黏土罐也常見於烏克蘭的許多考古博物館中。

「這個是貝里吉尼亞（Beregynya），安全的守護者。」奧爾嘉女士讓我看向一個有著豐臀與飽滿胸脯的人形，手握長滿葡萄與花朵的枝條。「有人繡出貝里吉尼亞，是為了保護深愛的人不受傷害。」這形象完全沒有東正教的正經嚴肅，可以追溯到斯拉夫人的泛靈宗教信仰，代表斯拉夫人認為萬物皆有靈，因此植物、動物、鳥類與石頭，都是他們崇拜的對象。

「這是貨真價實的神作！」奧爾嘉女士興奮地大叫，嚇到在我們身邊嗅著的狗狗。「這條魯許尼克繡在一九六〇年代，但你看到這黃色與藍色的色調了嗎。看看這裡這個葉子的彎曲處。看起來是不是很像三叉戟？刺繡者肯定知道這種形狀會招致烏克蘭民族主義的指控。」三叉戟是烏克蘭獨立的紋章，是在蘇聯時代一種足以讓你被直送西伯利亞的強大符號。

奧爾嘉女士接著攤開了一卷有著黑色刺繡的小儀巾。「人要是遇到必須熬過去的時期，或是遭逢他們解決不了的問題，他們就會把自己的感受繡到布上，並將魯許尼克綁在樹上。」我朋友手中每一條魯許尼克都記錄著盼望、夢想與焦慮緊張。她翻閱那些被蠹蟲蛀蝕的布料，就像在讀書一樣，上頭的圖案與顏色都包含了供人解讀的訊息與感受。

「我要如何繡上『家族關係、狂喜與返鄉』到儀巾上呢？」我問。

奧爾嘉女士看著我瞇起眼睛。「我就想你是在進行朝聖之旅，果然被我猜對了。」

「我是嗎？我正設法理解自己目前的處境，但愈想愈迷糊。我想外婆恐怕覺得我的存在是件很尷尬的事。」

「我確定那不是事實。沒有什麼比家人更重要了。我們跟家人之間就算有爭執，血濃於水的關係也是不會變的。」

我想起弗拉迪米爾，一語不發。奧爾嘉女士沒有繼續逼問我。她分享了她一邊守寡一邊要拉拔兩個孩子的掙扎，然後抱怨私人的家教工作。

「學生根本不想學。他們只會叫我替他們寫學期報告。而我也照做了，因為沒有其他門路賺錢。在這個我所鄙視的腐敗體系裡，我也是個幫兇。」奧爾嘉女士原本出身俄羅斯，是個「血統純正的西伯利亞人」，她這麼自稱，至於她搬到波爾塔瓦生活，則是她嫁給烏克蘭丈夫之後的事。她先生跟她一樣，也是世界語的教授。

「我先生跟我一樣，都相信總有一天世界語會成為世界的共通語言，」她說。「但事實證明世界語成了我們倆專用的語言。每當我們不想讓別人知道我們在講什麼，世界語就會派上用場。後來我先生過世了，世界語在我心中也慢慢死去。」奧爾嘉女士低下臉，撇開了頭。

我想要安慰她，但當我挨近過去，她已然又變回了那個笑容可掬，活潑如汽水在冒泡的模樣。奧爾嘉女士吐露自己內心任何的痛苦或哀傷，都不是為了沉溺其中，也不是為了尋求我的同情。她接受羞辱與心碎，也知道每一個瞬間都潛藏著奇蹟發生的潛力。魯許尼基在她手裡，就是這些奇蹟的最好證明。

奧爾嘉女士拿起一條繡成血紅色的魯許尼基，上頭的火鳥有著宛若孔雀的長長尾巴，並坐在裝飾有星星與花朵的樹上，眼睛仰望著天堂。

「在我先生死後，我變得對刺繡異常執著。我開始蒐集花樣，把刺繡的技巧分門別類，跟其他的刺繡同好見面。」她說。「這麼做提醒了我，世界依舊美麗。」

午後的陽光在草地上投射出歪斜的陰影，曬紅了我們的臉頰，但空氣感覺還是冷的。我拿起了那條繡著一隻隻火鳥的魯許尼克。上頭的縫線小到幾乎看不清它們的間隙，但他們卻又確實地組成了一個可愛的圖案。

「這火鳥真美，」我顫抖說道。

「這些是公雞。公雞象徵著一種呼喚，要人去懺悔的呼喚。妳還記得彼得先是拒絕了基督，但後來獲得救贖的福音故事嗎？」奧爾嘉女士說。她看著腕表，發現準備午後彌撒的時候到了。她疊起魯許尼基，像彈簧一樣站起身。

「妳怎麼不試試看公雞之家，如果妳想要找外曾伯祖父的話？」奧爾嘉女士問道。

我坐太久的腿發麻，但還是掙扎想站起來。「地方檔案局的人跟我說刑法的犯罪紀錄還沒有對大眾公開。」

「那就沒辦法了。」奧爾嘉女士說著伸出了她的手。「至於刺繡，唯一的作法就是一針一針縫。一開始妳會覺得看起來像是盧恩字母[3]的天書，但慢慢就會有圖案跑出來。」她握著我的手如此堅實，我一把就被她拉了起來。

3 Runes，盧恩字母又稱北歐字母，是一支已滅絕的書寫系統，諸多北歐民族都用過它記錄資訊，其中尤以維京人最具代表性。

第六章 列舍季利夫卡

奧爾嘉女士的魯許尼基隱喻聽起來很合理，但要將之應用在我對尼科季姆的尋找中，可就沒那麼容易。我甚至沒辦法用它來搞清楚外婆的心思。小小的誤會持續在累積，祖孫間的緊張關係也日漸增溫。當她提到我清除草莓圃雜草的速度太慢，我當她是在看不起我。當我問她要不要回家吃晚飯，她不分青紅皂白認定我在責怪她沒有多花時間陪我。的確，瓦倫提娜覺得我的幫忙有限，而我則怪她老是往薩莎那兒跑。更讓我感到挫折的是薩莎會把我跟瓦倫提娜相處上的摩擦，拿去跟大街小巷分享。我總感覺眾人看我的眼光不太正常，相信他們認定我當園丁的表現不及格，連外孫女也當不好。戰爭讓所有計畫變得更不一定，所有的意見不合因此更往心裡扎。到最後，我們能做的只剩下自個兒忙自個兒，其他的事情都當不知道——瓦倫提娜種她的果園，而我則幫奧爾嘉女士分類她的魯許尼基。

「想把所有的事情像刺繡一樣繡在一起，比我想像的難多了。」某日我咬牙切齒地抱怨奧爾嘉女士用魯許尼基做的類比。「像妳說的一針一針縫，但縫得愈多，似乎開綻的地方也愈多。」

「妳太急了，」我的朋友邊說邊調整她皇冠一般的頭辮。「給妳外婆一點時間。同時間妳不妨去走訪一下外公外婆住過的村頭，看看能不能找到什麼線索？多去跟人聊聊。呼吸一下不同的空氣。妳不是說過沒怎麼去烏克蘭四處走走嗎？誰知道呢？搞不好到時外婆會想跟妳一起去，也說不定。」

奧爾嘉女士說得有道理。幾天後她跟我計畫要搭概念類似共乘計程車的蘇聯式小巴（marshrutka）去鄰鎮列舍季利夫卡。奧爾嘉女士想要拜訪列舍季利夫卡的魯許尼克博物館，希望能在那讓她苦思不得其解的幾種刺繡花樣定年。至於我有自身的調查要進行。二次大戰前，阿絲雅曾短暫在克拉拉．蔡特金[1]紀念地毯工廠附設的學校裡當教員。這趟小旅行或許不能讓我更接近尼科季姆，但起碼可以多蒐集到關於我外曾祖母的情報。

「巴布許卡，妳會想跟奧爾嘉女士跟我，一起去列舍季利夫卡走走嗎？」我回家後問了瓦倫提娜。「我們想要去參觀克拉拉．蔡特金工廠，或許還會去看看阿絲雅服務過的學校。」

當時瓦倫提娜正在對著電視機比手畫腳，咕噥著什麼「蠢到看不到邊」的氣話。我不知道她

1 Clara Zetkin，1857-1933，德國人，國際婦女運動的先行者。

這樣數落的是俄羅斯政府，還是無能到讓她生厭的基輔當局。我外婆射來了一眼她罵政客的銳利眼神。「妳怎麼能說要去什麼列舍季利夫卡，明明花園裡還有那麼多活得幹？」她說。站瘦了的我換了換腳，但始終佇立在她面前。

「可妳還真應該要去，」她讓了步還關掉電視。「問問他們一個德國馬克思主義者跟烏克蘭的地毯有什麼關係。」我對魯許尼基還有各個村頭的興趣，於她是種奇怪的想法。

波爾塔瓦鄉間在我們身後開展，就像一張綠色果園與黑土組成的卷軸。影像在窗外一閃而過：兩隻白貓往稻草堆上一坐，靜止得像是日本玩偶；一尊稻草人身穿方格西裝外套，搭配紅色運動服下身；一個女人戴著藍色圍巾在趕一群小鴨，小鴨鮮黃到在灰色的晨光下閃閃動人。

同一時間，奧爾嘉女士則沒有浪費時間在風景上。她已經搞清楚同車所有旅伴的生平，並分享我們要去列舍季利夫卡尋找刺繡的故事。好幾名女子加入對話，而且都提及他們祖母的魯許尼基。

「這年頭誰有時間去刺繡啊？」一名有著橘色挑染跟金色臼齒的中年婦女說道。

「在歐洲，他們會保護文化遺產，」一個年輕小姐在一旁補充。

「在歐洲，他們有的是錢，所以玩得起，」金臼齒反唇相譏，並環視巴士尋求認同。她沒花很多力氣就找到了。一名身穿嶄新愛迪達運動服的男子翻了白眼。「在歐洲，他們不只有錢跟文化，他們還有法治。但是在這裡，我們得花錢才能讓事情照著法律走。我兒子的老師暗示除非我跟其他家長一樣塞錢給她，否則孩子的成績就不會太好看。我兒子非常用功，但我還是要給老師紅包才能讓他獲得公平的待遇。這個國家會有改變的一天嗎？」

賄賂之氾濫，使得車上的人立刻發出不平之鳴，大家都有苦水要吐。「嗯，我們也是歐洲啊，但那個歐洲不想承認就是了。」奧爾嘉女士說著，似乎被對話的走向弄得心煩意亂。

「畢竟人家不需要我們，更不需要我們的一堆問題。」金臼齒女士回答。

「西方會幫助我們，不要氣餒。」愛迪達先生用這話逗笑了全車，大家都知道這名言出自伊里夫和彼得羅夫[2]的流浪漢小說《十二把椅子》。由於歐盟頂多只能對烏克蘭邊界上的戰爭「表達關切」或「表達嚴正關切」，所以這諷刺的玩笑是會痛的。代表他們的處境毫無希望可言。車上

2 伊里夫和彼得羅夫（Ilf and Petrov）是蘇聯作家伊利亞·伊里夫（Ilya Ilf）和葉夫根尼·彼得羅夫（Yevgeny Petrov）共用的筆名。活躍於上世紀二〇與三〇年代的他們倆都出生於烏克蘭的敖德薩，並聯手創作了大部分的作品，包括著名的長篇小說《十二把椅子》。流浪漢小說是一種特殊的文類，在中文語境中也被翻譯為「騙子小說」、「惡棍小說」、「惡漢小說」等，其大致的定義是一種以流浪漢為主角的敘事作品，並通過描寫流浪漢的遭遇諷刺社會現實，或是以社會底層主人公的經歷為線索，以第一人稱為敘述視角，對社會的醜惡或人性的黑暗進行揭示和諷刺的敘事性文學作品。文壇咸認流浪漢小說的鼻祖是十六世紀中葉出版的西班牙小說《小癩子》。

一時間陷入無語，氣氛也變得陰鬱。

來到了列舍季利夫卡這個典型的烏克蘭小鎮，在整齊磚房、有著醜陋正面貼磚的公寓樓、蘇聯時代的戰爭紀念碑，還有成片果菜園之間，我嘗試找到舊有藝術傳承的蛛絲馬跡而不可得。奧爾嘉女士解釋說列舍季利夫卡的師傅開發了許多原創的刺繡、編織、地毯製造、木雕與繪畫技巧。傳說講的是在十六世紀，該鎮的鞋匠聞名歐洲，靠的是他們非比尋常的紅色皮革。再者，列舍季利夫卡首創了「白上有白」（bile po bilomu）這種無比複雜的刺繡技巧。

鎮中心那間糕餅店裡，一名女性笑著聽我問起克拉拉・蔡特金工廠的走法。「妳晚來了二十年，親愛的。蔡特金紀念工廠在一九九〇年代就關了。」只有在烏克蘭，德國共產主義的教母可以死兩次。

「什麼都沒了，」女人說。「我以前也是編織工，現在我賣糕餅度日。妳們拿這些吧，」她指上面點綴著一瓣瓣花生的圓形酥餅。「這些真的新鮮。」

奧爾嘉女士似乎不覺得工廠倒了對我們的尋覓是壞消息，謝過麵包店的女性後，她買了一盒花生酥餅。踏出糕餅店的香甜氣味，她領著我朝遠方的低矮營房走去。「沒有什麼會完完全全消失。」她說。

那些營房，原來是列舍季利夫卡藝術學院。我們一進到有灰塵與油漆稀釋劑味道的陰暗走廊，我就知道我們來到了蘇聯時代機構的內部。這間學院有著雙色的牆壁，下層是髒棕橘，上層則是帶點綠的白色，一副上世紀八〇年代政府指定色的樣子。牆上的石膏表面看得到深深的裂縫與發霉的壁癌。望進其中一間教室，我們看到五個女孩跟一名男孩低著頭，手裡是圓形刺繡框，手指則在布料上來回飛奔。油氈地板上東一團紗線，西一片布頭。一名女孩在給窗台上細瘦的紫露草澆水，也不管水從穿孔的花盆底下湧出。「教授嗎？他們肯定在教職員辦公室吧，」她說著意興闌珊地瞥了我們一眼。我們沿原路折返回雙色走廊，在黑暗中徘徊，才終於找到教職員室。原本就不大的空間一半堆滿了布料樣本，另一半被兩個人拿去喝茶。一個豐腴的女人臉上頂著標緻的酒窩與深色棕髮，自我介紹她是娜迪亞·瓦庫連科（Nadia Vakulenko），在校內擔任刺繡老師。一名看上去鬱鬱寡歡男人轉著指間的香菸，結果是教繪畫的老師佩特羅（Petro）。他們誰都沒問我們闖進教職員辦公室做什麼，娜迪亞還邀請我們跟他們一道喝茶。我們擠進了狹小的空間，獻上了花生酥餅。

奧爾嘉女士解釋我們大老遠從波爾塔瓦過來，為的是要看一眼本地的刺繡。對此彼得心不在焉地點了點頭，娜迪亞則喜形於色。她主動表示要帶我們去魯許尼克博物館參觀，而我們欣然接受，只留彼得跟他的思索及香菸在原地不動。

走在以布爾什維克革命領袖命名的主要街道，我觀察到列寧在烏克蘭依舊陰魂不散。你愈是往烏東移動，在某條列寧街上居住，在某條列寧大道上購物，在列寧高中就學，在列寧工廠上下班的機率就愈高。在一九九一年後，利沃夫與基輔的街道名稱已經改過，但波爾塔瓦與其周邊仍保有共產主義的標誌。

「我們一直在向地方政府請願要更改街名，都好幾年了，但他們告訴我們還是得等，說現在時機不對。到底什麼時候時機才對呢？為什麼我非得走在一條頂著血腥獨夫名號的街道不可？」娜迪亞說。

「但事實是很多人根本不在乎。或至少此前不在乎。我覺得改變的時點終於到了。關乎的不是這條街或那條街叫什麼名字，關乎的是我們要不要坐視本國的歷史感流失。」

我觀察到急於重塑形象的過程中，當局者選擇不回歸舊名稱，而是去創造新英雄。這很諷刺地讓我感覺有「蘇聯之風」。

娜迪亞與奧爾嘉女士交換了眼神，會心一笑。「妳離開烏克蘭太久了，親愛的。妳以為蘇聯的生活方式已經跟著蘇聯一起消失了嗎？要學著不用蘇聯留下的方式去過活，還有很長的路要走。」娜迪亞說。

雖然預算不高，但魯許尼克博物館展現了他們所投注的心思。展出的魯許尼克搭配了各式各樣的裝飾風格，有的是白色蕾絲主題，有的是雍容華貴的紅藍配色。娜迪亞開啟一個接著一個的玻璃櫃，讓我享受刺繡質感與色彩的豐盛饗宴。

克拉拉．蔡特金工廠的攝影集吸引了我的注意力。我在霧霧暗褐色的照片中搜尋阿絲雅的身影，只不過做為一名教員，她跟織工一起入鏡的機率實在不高。在某幀影像中，一群女性身穿華美的刺繡服飾在製作主題為生命樹的魯許尼克。列寧從一個紅色角落觀察著她們的工作，那是傳統烏克蘭家庭中保留給聖像的龕位。從她們不自然的雙手跟過度精美的服飾看來，這張照片顯然是一場表演，宣傳共產主義刺繡部門之突飛猛進。在這張照片之下，掛著另一幅有著維美爾[3]繪畫那種寧靜、孤獨氣息的影像。當中有一名女子站在開啟的窗前，往後推的頭巾中露出深色的頭髮。她彎身俯瞰一疊魯許尼克，那種決心與專注就像一綑綑布料就是全世界。通過刺繡窗簾傾瀉進房間的光線，漂白了油氈地板跟她的臉，只剩下輪廓還能被看見。影像中的女子如果換成阿絲雅，也完全能成立。我看照片看得出神，直到奧爾嘉女士點點我的肩膀，跟我說她跟娜迪亞要走了。

「不同區域有著不同的風格，一如居民有著不同的個性。」娜迪亞在我們回到學院之後說。

「波爾塔瓦的人比較冷靜放鬆，一如當地平坦的地形，所以他們的刺繡也比較軟性、粉彩、

3 Johannes Vermeer，1632-1675，十七世紀荷蘭畫家，畢生生活於荷蘭的台夫特，因此也被稱為台夫特（Delft）的維梅爾。維梅爾與林布蘭並稱荷蘭黃金時代的兩大畫家。

低調，」仍在教職員室哀聲嘆氣把玩著香菸的佩特羅插了句話。「在烏西各地，特別是喀爾巴阡山區（Carpathians），民眾更有活力與個性，他們的刺繡風格也更大膽、明亮。這就是平原與山地住民的差異。人都是看到身邊有什麼就繡什麼。」

佩特羅自己就是山間子弟，但近來已經接受了在波爾塔瓦的平地生活。「我成家了，」簡單一句話，聽不出他的憂鬱是因為生命中少了山，還是因為多了個老婆。

如果人真的會把生活環境投射到畫布上，那列舍季利夫卡人肯定住在一個花朵、星辰與雪花的世界裡。讓奧爾嘉女士說不出話來的那些刺繡花樣，是當地的櫻花與交纏的草藤上妝點著葡萄與矢車菊。不只她，也輪到我啞然失語。娜迪亞攤開了一件白色的亞麻上衣。「這是我剛做好的維什萬卡（vyshyvanka）。」她說。維什萬卡就是烏克蘭語中的「刺繡衫」。娜迪亞這件上衣的剪裁相當素——直筒寬鬆的上身搭配圓領與完整的七分袖，但如此素雅反倒凸顯了那些做為裝飾的刺繡。刺繡的主角是名為歐洲莢蒾的植物，白色花朵象徵青春的純潔，紅色莓果則代表激情的愛戀。娜迪亞把這兩種意象／花樣一起融入她的刺繡，讓成串樹枝的莓果去擁抱一小簇花朵。圍繞著主要元素的小星星，強化了整體設計的空氣感。娜迪亞解釋說她能創造出掐絲的效果，靠的是把紗線移除並在剩餘的布料上刺繡。由此刺繡看上去就像細到不能再細的蕾絲，我簡直無法相信那是針線活。那就是以「白上有白」聞名的列舍季利夫卡風格。

娜迪亞說白上有白的刺繡容不得任何失誤。哪怕少算一針，都會讓整個花樣砸鍋。像是怕這樣還不夠複雜似的，這個繡法在完結前是不能打結的，原因是反面要看起來跟正面一模一樣。為了賦予設計亮度與形狀，大師級的人物會選用不同質感的線頭，每一針都以特定的角度來捕捉光芒。究竟要何等造詣的繡技，才能創造出如此巧奪天工的精品，我的想像力已經無法企及。但立於刺繡之美的光輝下，一掃我走進破落學院內心為之一沉的情緒。我唯一意識到的，只剩手捧著輕盈有如蝶翼的衣衫。

不論是娜迪亞還是彼得，都沒聽說為什麼克拉拉．蔡特金的名號會被冠在刺繡工廠上，但對於工廠的衰敗倒是很有意見。該工廠在列舍季利夫卡與其周遭雇用了數以千計的居民，而藝術學院也是工廠人才培訓計畫的一環，還會頒授學位給修畢繪畫、刺繡、地毯編織等各種工藝的學生。但後來蘇聯一垮台，工廠也四分五裂，董事的權力鬥爭導致其最終的崩潰與破產。只有學院存留下來。

「他們已經殺死了克拉拉．蔡特金工廠，如今學院也來到了解體的邊緣，」佩特羅說。「你看得出來我們是拿政府預算的單位嗎？」他指著龜裂的石膏牆面與外露的電線。就像烏克蘭各地的技術學院一樣，列舍季利夫卡藝術學院也要在財務缺口與人口危機的夾擊下求生存。大學學齡的年輕人少到學校招不滿註冊員額，而藝術做為一種職業也談不上有社會地位。學生之所以願意來念，只因為公立學校不用學費還給津貼，這樣的學生根本沒準備好要接受成為一名刺繡師傅前的繁複訓練。

「我的夢想是讓列舍季利夫卡的白繡，成為聯合國教科文組織認定的文化遺產，」娜迪亞說。「我知道這場奇怪的戰爭一天不結束，眼前就會有更重要的事情要顧，但我還是可以作夢，是吧？」

我們錯過了回波爾塔瓦的巴士，只能想辦法搭便車。我們站在路邊，試著擺出一副體面乘客的模樣，但車輛還是呼嘯而過濺了我們一身泥巴。新漆成薄荷綠的教堂矗立於大池塘旁，鐘聲為了晚禱而響。風掀起了在池塘邊生長，長而有彈性的楊柳枝條。這些柳條的優雅弧線垂至水面，攪亂教堂的映影成了金中帶綠的碎片。雨挾著蠻力降下。隔著灰色的霧霾，好幾台裝甲車輛跟一台卡車載著士兵開在東行的路上。奧爾嘉女士跟我擠在傘下，我的眼睛看著運兵車隊。車隊緩緩從我們面前經過，重低音的轟隆聲淹沒了鐘響與雨聲。士兵的臉槁木死灰，坐在車上的他們一語不發，只是盯著遠方。為什麼在這樣的瞬間，我腦子裡想的卻是列舍季利夫卡的白繡？也許我在找尋證據證明美與藝術可以在最騷動的亂世中存活。我緊握著這樣的想法，就像落水之人緊握著救生圈，就這樣目送著運兵車隊一輛接著一輛永無止盡地向前。

回到貝里格，我太晚才想起我忘了詢問列舍季利夫卡的村鎮檔案處，乃至於我的家族與該村鎮的關係。但還沒想清楚下一步該怎麼做之前，人就睡著了。那一夜我的夢裡有糾結的線頭，還有白色的刺繡。

第七章 夜宿馬亞齊卡

自我來到烏克蘭，已經過了兩個月。春去夏來。志在收穫玫瑰的南法小旅行也來了又走，然後我回到貝里格，還帶了普羅旺斯的紀念品要給瓦倫提娜與迪米特羅。旅行的記憶在多年前阿絲雅種下，有著蜂蜜香的玫瑰流連。其藤蔓沿著籬笆生長，像結綵一樣開出了小而芬芳的花朵，那也是外曾祖母用來蒸餾玫瑰水的原料。這些糾纏的回憶，用說不出來自何處的憂鬱想望填滿了我。在貝里格，我在烏克蘭以外的研究案件、畫廊參訪，還有與朋友出遊的人生，顯得既遙遠又不真切。

白晝開始愈來愈長，太陽漂白了最後的櫻花，讓粉紅花瓣化成灰色的塵埃。想起幾個禮拜前，我還天真地以為想找到尼科季姆只需跟瓦倫提娜聊幾次天，再跑兩趟當地檔案局就可搞定，如今那樣的自己讓我惱怒不已。偶爾我會翻開賽爾吉的筆記確認尼科季姆並非憑空想像，同時用手指撫過賽爾吉把兄長的名字刻在紙上的地方。

一天早上，我跨出淋浴間時，注意到角落有一塊形狀奇怪的保麗龍。這房子沒有空間分給浴室，所以瓦倫提娜接了一間當儲藏室用的大棚屋在隔壁，還在裡頭安裝了浴缸與馬桶。我們都習慣了在務農用品、廣口玻璃瓶，還有覆滿鐵鏽的鐮刀之間沖澡。吸引我注意的物體，看起來比其他東西都更怪一點。我興致一來，將箱子翻了過來，迎面的是弗拉迪米爾·伊里奇·列寧這個名字。描繪的是一九一七年革命領導者的側影，他凸出的山羊鬍朝共產黨明亮的未來與我們的浴缸而去。列寧的頭部從耳朵正下方跟身體切開，但其大小還是不輸真頭。站著的我一隻手扶著這顆列寧的保麗龍頭，一隻手拉著我的浴袍。就在這樣的姿勢中，我得出了一個惶惶不安的結論。這兩個月來，我都在偷窺狂列寧的目光下，一絲不掛地沖洗身體。

我很快確認蘇聯歌曲裡「列寧永遠與你同在」，所言不虛。在另外一處棚屋，我找到一張海報把蘇聯國的建造者，描繪成一個胖嘟嘟的小男孩從一顆大大的紅星中露出了笑容。在舊雞舍的帆布下面，我挖出兩幅肖像是上了年紀且更粗獷的弗拉迪米爾，以其禿頭頂著一圈光環。二〇一四年的夏天，列寧在烏克蘭各地的人像開始被拆除，政府內部辯論起反共黨的立法，我卻在此坐擁這些多到夠開一間列寧主題博物館的文物。從小我就認得這些肖像，它們被放在賽爾吉的書桌上守夜，但依舊很驚訝家裡仍留著它們。

「它們是賽爾吉的東西，」瓦倫提娜看著我秀給她的發現說。她正在看早報，邊看邊搖頭，標題大都不是什麼好事。「他不肯把這些東西扔了，即便蘇聯垮台後也一樣。我是等他過世，才把東西拿出屋子。」

「你怎麼還留著這些？」我問。

「我有什麼理由把它們丟掉嗎？」

瓦倫提娜把報紙遞給我，指著上頭的一篇文章，內容是又一尊列寧人像被推倒了。「在羅馬時代，他們會回收代表皇帝的塑像，我們怎麼不跟古人學學？」她說。「刮掉他的山羊鬍，修掉他的馬鈴薯鼻，拆掉他的領帶，不就變出一個——塔拉斯．謝甫琴科。」把古拉格群島「的創造者變成烏克蘭民族詩人，在很多人眼裡會顯得大逆不道，包括賽爾吉。我把這想法告訴了瓦倫提娜，但她只顧著笑。

「你的外曾祖父是個原則宛若鐵打的男人，」瓦倫提娜說，而我必須承認這話是他為人的絕佳寫照。

關於賽爾吉的一切都恰當又正確，包括他的傳記、對於布爾什維克革命的支持，對二戰的投入，還有在教育工作上的努力。他永恆不變的抬頭紋跟雙頰那剛硬的鬍渣，給了他一副嚴峻的面貌，得靠那一頭不受控的白色長髮才得以軟化。看著英勇的外曾祖父身穿飾有非凡榮耀的紅軍戎裝，我們都感到無比驕傲。唯一一個會嫌他那英雄光環有點煩人，還不怕讓人知道的就只有做太太的阿絲雅。每當賽爾吉提起戰爭的話題，阿絲雅會翻個白眼說，「又來了？簡直就是跳針的唱片，」她會這般呻吟。

阿絲雅去市場做生意的早上，家裡就是賽爾吉跟我的天下。等喝完滾燙且加了一大片檸檬的第一杯茶，他會開始做早餐。用像米其林摘星大廚的花俏手法切下薩洛（salo），一種烏克蘭人鍾愛的傳統美味臘肉。等水滴在黑得發亮的煎鍋表面嘶嘶作響，賽爾吉就會把象牙骨牌般的薩洛往裡頭扔。他會往發出滋滋聲的金黃肥油中加入番茄、洋蔥，還有一些炒蛋。蛋是我去雞舍，把咯咯叫的母雞從氣味濃烈的溫暖雞窩中噓走後取回的戰利品。賽爾吉在廚房四處緩緩移動，他沉重的義肢在木頭地板上一步一個響聲。我們會直接把煎鍋當碗，就這麼吃起來，將濕潤的黑麵包浸到幾乎還是半熟的蛋黃裡。

在餐廳的牆上，在一張張家族照片與列寧肖像之間，掛著一張重製的舊地圖。那上頭覆蓋著密密麻麻、蜿蜒曲折的網路——河流與邊界——還有像雞皮疙瘩似的森林與山脈。賽爾吉一早起來會先去花園除草，等我們早餐吃完，他整個人會柔軟下來，進入聊天狀態。他會輕輕從掛勾上

1 出自蘇聯異議作家索忍尼辛的同名作品《古拉格群島》。所謂「古拉格」（gulags），即「勞動改造營管理總局」，是蘇聯勞改制度的主管機關。索忍尼辛在書中把整個蘇聯比作海洋，海洋上的監獄和集中營就是一座座名為古拉格的島嶼，合稱古拉格群島。

取下地圖，將之攤開在桌面上。

「這是烏克蘭的第一張地圖，」賽爾吉說。他伸長手拿了鉛筆，指出波爾塔瓦。他用鉛筆描代表沃爾斯克拉河的黑線：「貝里格就在這裡。」

我聚精會神聽著賽爾吉解釋地圖的作者叫作波普蘭（Boplan），他在十七世紀來到當時還屬於波蘭—立陶宛聯邦一部分的烏克蘭。賽爾吉用肯定的語氣補充說波普蘭雖然是替波蘭國王效力，但他對烏克蘭哥薩克人相當傾心，更佩服他們的勇氣。「他甚至在他的著作中寫道，『他們非常珍視自身的自由，甚至不想在不自由中苟活。這是哥薩克人感覺他們受到過於嚴格的統治，會傾向揭竿而起的原因，』」賽爾吉說。「哥薩克人出征時會把這幾個字掛在嘴上，Abo slavu zdobudem, abo doma ne budem。」不得光榮誓不返。

「那你呢，德杜許卡（dedushka，祖父、阿公）？你在跟德國人打仗時也會這麼說嗎？」我問他。

「打敗仗不是哥薩克人的選項。」賽爾吉說。

波普蘭這個名字在我聽來，就像波格丹（Bohdan）。由於我唯一認識的波格丹就是隔壁鄰居，因此這名地圖作者在我的想像中，成了一個生性善良且身穿水手上衣，會利用空閒時間畫地圖的酒鬼。事實上，貝里格的波格丹還真不甘心自己是個妻管嚴，每當夫妻倆言詞交鋒，波格丹都會大喊她當他是奴隸。

後來我才知道賽爾吉口中的波普蘭，其實應該是紀堯姆．萊維塞爾．德．博普蘭（Guillaume Levasseur de Beauplan），其正式身分是法國軍事工程師隸屬於波蘭王國王冠領地部隊。在一六三○年東行時，他加入了許多探險者一起前往東部邊境尋求新發展。博普蘭靠著他身為建築師與地圖師的技能，又繪製地圖，又興建堡壘。他在一六五一年退休返法後，出版了《我知道的烏克蘭》（*Description d'Ukranie*）這本讓人意外的暢銷書，直到三百多年後才絕版。同樣出名的還有他繪製的那份囊括鎮名、邊界與地形，詳實到令人瞠目結舌的地圖。賽爾吉擁有這張地圖並不稀罕。烏克蘭到處都有村子自豪地在公所內展示這張地圖，上頭還會用大頭針標示自家村子的位置。「看，我們以前存在，現在也還在，」他們想說的是這個。在烏克蘭獨立後，博普蘭的名字取代了共產英烈的名諱，出現在街名與紀念碑上。有一說見仁見智，地方史家宣稱博普蘭的腳步連一個烏克蘭的村子都沒有落下。

我小時候或許不知道博普蘭是誰，但哥薩克人我清楚得很。在學校裡，我們要把尼古萊．果戈里的《塔拉斯．布爾巴》（*Taras Bulba*）的段落背起來。這個故事講得是扎波羅熱謝契（Zaporozhian Sich，哥薩克人建立在十六到十八世紀的類國家）的哥薩克人與他們跟波蘭封建領主奮戰的故事。哥薩克人的形象，包含了寬版褲與刺繡上衣，會出現在各個版本的果戈里故事跟學校課本裡，也會出現在官方的海報上。一名哥薩克人站著，身邊有個頭戴緞帶花環、身穿格紋裙子的閨女——跟瓦倫提娜年輕時在許多照片裡的打扮一模一樣。這對烏克蘭組合的身邊還站著一對俄羅斯搭檔——一如往常站在中心且起碼高出一個頭來。這四人的左右兩側還有另外十三對男女，每一對都代表一個蘇聯共和國。

賽爾吉對於哥薩克人之勇猛的評語，跟我在學校裡學到的東西不謀而合。最早的哥薩克人是一群流放者與冒險家的烏合之眾，他們在十五世紀時從封建領主與宗教迫害中逃脫，在聶伯河的激流後方安頓下來。他們原本靠種地與劫掠邊鎮度日，但等到博普蘭來到烏克蘭，這群雜牌軍已經茁壯成一支體制完備的武裝力量，他們不僅最遠可以襲擾到伊斯坦堡，而且只承認內部選出的酋長「蓋特曼」（Hetman）指揮。就在波格丹・赫梅利尼茨基（Bohdan Khmelnytsky）這名蓋特曼的領導下，哥薩克人數次重挫波蘭—立陶宛聯邦大軍，並在過程中濫殺無辜，以至於在猶太人的記述中，哥薩克的起義成了一段黑暗的歲月。這一段歷史在我們的學校課程內，就被省略掉了。一六四八年是烏克蘭歷史上的分水嶺，因為哥薩克人在那年從波蘭—立陶宛聯邦中切出一塊地，並以波爾塔瓦做為其領土的中心。

一切來得快，去得也快。在尋求盟友的過程中，哥薩克國找上東邊的鄰居莫斯科大公國，並於一六五四年簽下了惡名昭彰的《佩列亞斯拉夫條約》（Pereyaslav Treaty）。但哥薩克人視俄羅斯是合作夥伴，莫斯科大公國的沙皇則把哥薩克人的地盤看成是新殖民地。他們在還需要哥薩克人巡邏邊境的時候，便虛與委蛇安撫哥薩克國剛萌芽的雄心壯志。等到目標達成，邊境穩定了，烏克蘭也成為殖民地的一部分。

原本的哥薩克政體成了一閃而逝的流星。哥薩克人本身並不是什麼光明磊落的英雄豪傑，但關於他們的浪漫形象倒是歷久不衰。在蘇聯時代，他們要麼被吹捧成人民鬥爭的先行者，要麼被大肆批判成烏克蘭「資產階級民族主義」的具體表現。賽爾吉始終堅持前者的論點，他也不令人意外地在日記裡寫道，「我們在波爾塔瓦省土生土長的馬亞齊卡村是個哥薩克的聚落，所以我們支持布爾什維克革命。」馬亞齊卡是賽爾吉從小長大的村子，在我兒時的想像中，那裡就跟博普蘭地圖的其他地方一樣神奇。現實中，馬亞齊卡跟貝里格只相隔短短的車程。

「巴布許卡，我想去馬亞齊卡，」我當天稍晚跟瓦倫提娜說。我找到了一張破破爛爛的博普蘭地圖，外加賽爾吉的列寧肖像。

「馬亞齊卡？妳想去那裡幹嘛？」她邊問邊推開我秀給她看的那張滿是灰塵的地圖。

「我很好奇，我想看看賽爾吉在什麼地方長大。他常提到馬亞齊卡的哥薩克傳統，還有他講過博普蘭的地圖……」

瓦倫提娜沒讓我把話說完。「但我們還有馬鈴薯要種！」她大喊。

我們已經種過馬鈴薯了，但瓦倫提娜要麼擔心種的量不夠，要麼種的品類不正確。我第一次種植馬鈴薯的經驗那麼折磨，我一點也不急著再來一遍。同時瓦倫提娜老拿果園當擋箭牌，讓我愈來愈受不了。

「行，我懂了，妳沒興趣去，我自己去。」我說。

「但馬鈴薯……」瓦倫提娜又來了，而我打斷她。「等我回來就會幫妳。我頂多需要離開半天。」我說。

「妳在馬亞齊卡有熟人嗎？」我頓了一下問道。瓦倫提娜翻閱她寫滿各種種植時程的筆記本。

「我看得出妳已經下定決心，」瓦倫提娜說著闔上筆記。「不，我在那裡誰也不認識。我們極少過去。」她從桌邊起身，咚咚咚地跑去走廊檢查抽出白色根芽的種子馬鈴薯。

我不明白外婆為什麼介意我走這一小趟，搞得我甚至在考慮要先緩一緩。但她晚餐時悶悶不樂的沉默跟對我發問時的愛理不理，讓我很生氣，氣到決心不管她怎麼反對，我就是要去。

隔天我在iPhone查好如何去馬亞齊卡，搭上從波爾塔瓦開來的巴士。我把博普蘭的地圖塞進包包當作是護身符，但沒有賽爾吉的協助，我看不懂這張地圖——上面的方位遍及烏克蘭全境而且上下顛倒。我一看到馬亞齊卡的路標出現在路上，就跳下位子，請司機靠邊。「村子就在直走前面，」他語畢踩下油門，在一陣煙塵中揚長而去。

灰色緞帶般的公路與麥田是我身邊僅有的地標。我以為看到了村子的紅瓦屋頂，但日正當中的陽光是如此無情，我雙眼不住流起眼油，不論多努力對焦都只看到一望無盡的田野跟浩瀚無垠的天空。我遮了遮眼睛，稍微偏離幹道走著，直到我遇見了一排墓碑。我繼續往前，確認我身處在一個舊墓園中，邊緣有一小片樺樹，其纖瘦的銀色樹幹在白日下有種透明感，樹葉則在風中拍打。明明很熱卻顫抖的我退到主幹道上。

站在公路邊，我想起在烏克蘭，墓園標註的是入村之路，於是我再次掉頭走進墓園。老樺樹那詭異的呼嘯聲我硬是當作聽不見，就這樣推開長草前進，衣服上因此留下了厚厚的花粉污漬。陳年墓碑豎立，上頭裝飾著歪斜的十字架，較新的墓碑則裝著附有逝者照片的石板。我途經一名女性族長的長眠之地，照片上的她身繫白色頭巾，她的花崗岩墓碑則聳立在她丈夫較小的墓碑上。在一名笑容羞赧且用緞帶綁辮的女孩墓地上，我驚擾到了一條林棲的蛇類，只見牠東彎西扭緩緩爬進草叢。牠是我在一片墓碑與被烈日曬白的塑膠花之間，撞見的第一個生命。

然後我與賽爾吉迎面相逢。嵌在花崗岩塊裡黑白陶瓷照片的他瞪著我——那深邃的銳利目光、眉宇之間的抬頭紋，寬闊的額頭還有白色的長髮，照片上一樣都沒少。「伊凡・帕夫洛維奇・貝瑞茲科，」我念著墓碑上的文字，認出賽爾吉其中一位哥哥，從戰爭中活下來並在馬亞齊卡度過餘生的那位。我從名字下方的日期看出他享年八十六歲，一八九八到一九八四。我把生卒年抄在筆記本裡，使我蒐集到的貝瑞茲科家情報又多添一點新血。

我穿越墓園，尋找賽爾吉雙親或其他手足的墓碑，但事實證明，上頭寫有貝瑞茲科家姓氏的墓碑只有伊凡那個。小小顆的汗珠開始自後背滾下。被我踩扁的草地散發出乾樟腦的氣味，讓溫暖的空氣更顯酷熱。經過兩小時尋找未果後，我終於決定放棄，開始朝著村子邊緣的第一批住屋前進。

一群戴著三角頭巾的阿嬤們坐在一棵桑葚樹下。一看到汗流浹背的背包客到此，她們就都轉頭看向我，要知道觀光客在烏克蘭鄉村可是稀有生物。這一切發生得太快，我都還來不及跟她們打招呼，她們就異口同聲問起我想去哪兒。這個問題回答起來需要一點時間，所以我把背包放到地上，在她們身邊坐下。

我解釋我的外曾祖父生於馬亞齊卡，這是我首次造訪他土生土長的村子。這個故事讓阿嬤們好奇起來，她們紛紛從黑色圍裙口袋裡掏出手機。在連發村中網絡的電話後，她們告訴我應該去找一位康斯坦丁．泰利亞尼克（Konstantin Teliatnik），據說他曾經與貝瑞茲科家是朋友。「沿著這條路走，看到深藍色房子就進去告訴他們說是托妮亞叫妳來的，」一名阿嬤對我說。她們的殷勤協助讓我想起為什麼明明有戰爭跟動盪，我還是喜歡待在烏克蘭，我緊抓著這些人性光輝的證明說服自己及所有人一切都會沒事。

一個三十來歲的女子不論對於我的來訪，還是我來的原因都不感到驚訝。「阿公已經開始忘東忘西的了，」她說著帶我進到了康斯坦丁．泰利亞尼克的房間。一名光頭的男性躺在被子底下。他有強壯的雙臂，上頭刺著刺青，而他的手指則在被毯下不安地動著，好像在找尋著什麼。房間有一種久病的氣味。

「這位小姐想問你跟貝瑞茲科家的事情，」孫女彎下腰對男人大聲說。康斯坦丁用他濕潤的眼睛盯住我。我問據他所知，還有沒有貝瑞茲科家的人住在馬亞齊卡。「馬亞齊卡是個很美的地方，」他開了口，眼睛從我身上移動到房間的一個角落。「奧列利河（Oril River）、森林、漁獲。當然，我記得貝瑞茲科家的兒子們，伊凡跟賽爾吉，你是不是說？他們年紀都比我大。」

我屏住呼吸，等待著他繼續，但康斯坦丁的眼睛變得黯淡無光，人也安靜了下來。「我記得跟賽爾吉去釣過魚，」他說。「又好像是跟伊凡。」他抬頭看著眼前的牆壁，目光停駐在兩張照片上，一張是年輕的康斯坦丁散發著健康與抖擻的精神，另一張則是一名女子身穿刺繡衫與一件夾克。

「那是他跟我過世的祖母，」孫女見狀補充了一句。「她剛過世，祖父的狀況自那之後一路走下坡。」男人大咳並開始抖動起來，狀況嚴重到我只能連連為了打擾道歉並趕忙告退。

從地圖上看起來，馬亞齊卡有著一種奇特的布局，這村子朝四面八方延展就像隻八爪章魚。

十八世紀時，這裡被當成一個邊境哨站而興建，移入的哥薩克人是為了守護帝國的疆土。外曾祖父記得家族那棟刷白的大房子坐落在馬亞齊卡最靠近奧列利河的一側，那河在哥薩克的紀年中被說成是天賜豐饒的泉源。惟在賽爾吉誕生的十九與二十世紀之交，馬亞齊卡跟豐饒一詞完全沾不上邊。在布爾什維克革命結束後，這裡陷入了一片混亂，並再一次成為不設防的邊疆。一九一七到一九二一年的俄羅斯內戰雖以俄羅斯之名，但戰場幾乎都在烏克蘭這個心不甘情不願的蘇聯成員國境內。布爾什維克黨人占領波爾塔瓦的一九一八年冬天，賽爾吉十三歲。等到他在隔年春天滿十四歲時，紅軍已經撤退，由德國人支持的烏克蘭軍已經收復疆土。十七歲那年，賽爾吉成了孤兒兼一家之主。他的雙親死於傷寒疫情，而哥哥們則加入了不同的黨派，只留他一人照顧家中的土地與姊姊們。我從被櫻桃園圍繞的平房前走過，心想哪一棟曾屬於賽爾吉的家族，而他又是如何從戰爭中倖存。當外曾祖父擔心我們擔心得要死時，我們拒絕了他令人窒息的關愛，並跟他說他太小題大作了。這時他的眼睛會蒙上一層混合悲傷與責怪的雲霧，咕噥著我們不用活在「這世界可以恐怖到什麼程度」的認知中，是何等幸運。

每當我看到有人經過，我會攔下他們，問他們有沒有聽過貝瑞茲科家族，但似乎我踏上的是一條由消失的故事所鋪成的道路。「阿嬤肯定會知道什麼，但她上禮拜過世了。」「在奧爾卡失憶之前，她會跟妳說很多馬亞齊卡的故事。」「要是妳早一點來，老人家都還在，」很多人邊說邊嘆氣。「我想都沒想到過要問祖父母他們的過去。問了我又能怎樣呢？」一個女人說著還聳了聳肩。記憶是極其脆弱的存在，沒有紀錄的故事如同漣漪一般消失。

跟列寧面對面的瞬間，我毫無驚訝之色。賽爾吉的村裡還有列寧的雕像立在主廣場，只是剛好而已。漆成金屬黃的列寧像在燦爛的太陽下著閃閃發光，眼睛瞅著一棟大大的磚房。我循著他視線的方向，找著村議會辦公室。

尋根之路來到這個節骨眼上，我站在堆滿紙本檔案的辦公桌前跟桌後的女人解釋我來這的緣由，已稱得上駕輕就熟。我說我是來找親戚的，要是村檔案庫有任何資料可以提供，我都銘感五內。村議會的主事者泰希婭（Taisia）是個身材很有分量的女性，年約六十幾，態度有點嗆，但指甲倒是修得很漂亮。她一邊聽著我講話，一邊擠眉弄眼地點了幾下頭。然後拿起轉盤式電話話筒，用大嗓門叫人把集體農場的紀錄送來她辦公室。

「是，我就是說集體農場全部的紀錄，」她說。電話另外一頭的女人顯然很不耐煩，因為她尖聲的怒氣也從話筒隔著空氣傳到我的耳裡。「全部就是全部，」泰希婭重複一遍接著放下了話筒。過了一會兒，一名年輕女性跑來，手裡捧著像座小山的檔案。她用殺人視線瞪了我一眼，但泰希婭示意她走人，順便把門帶上。

「我認識伊凡·貝瑞茲科的兒媳婦。她還住在馬亞齊卡，或許她可以跟你說說你們家族的事情，」泰希婭說著停了下來，瞥了我一眼。我坐在椅子的邊緣，手扶著面前的茶几。

泰希婭接著說，「但如果你是在從事正經八百的研究，首先你應該檢視一下集體農場的紀錄，當中會提到一家之主的名字、家庭成員，還有他們的生日、職業、教育程度，甚至有搬出村子後的新住址。當然只是建議，沒有要強迫你。」

「我很樂意，」我說著深吸了一口氣來撫平我的激動。我願意在這間辦公室裡跟一疊疊報紙還有窗台上垂著頭的天竺葵過一夜，只求能完整爬梳檔案。

「我會幫妳。」泰希婭說著戴起眼鏡。「這一疊我來，那一疊交給妳。」

我們花了超過兩小時，發現賽吉爾的哥哥費迪爾、內斯提爾與伊凡的名字首次被提及。集體農場的紀錄確認了費迪爾沒有從二戰中活下來，同時也沒有遺孀或後代。內斯提爾與伊凡比鄰而居，但當內斯提爾的孩子們離開馬亞齊卡，伊凡一家留了下來。他們種植小麥、黑麥與大麥的土地——紀錄對於作物種類的登載非常詳實——就位於馬亞齊卡的邊緣，距離奧列利河彎過村子的地方不遠。這一點也呼應賽爾吉對兒時老家的描繪。

「我找到一筆紀錄，上頭的名字是費克拉・貝瑞茲科，」泰希婭說。「不確定有沒有關係。」我從她背後看著她用粉紅指甲標註的資料位置。「費克拉・扎哈羅夫納・貝瑞茲科。薇拉・尼科季莫夫納・貝瑞茲科。尼古萊・尼科季莫夫納・貝瑞茲科。費克拉・貝瑞茲科旁邊有一條註解，

『尼科季姆・貝瑞茲科，丈夫，生於一九〇〇年』。」心跳聲迴盪在我耳裡。「尼科季姆，」我低聲說。泰希婭不解地看了我一眼。

集體農場的紀錄顯示費克拉（Fekla）在一九三八年來到馬亞齊卡，身邊只有她兒子跟女兒，紀錄中提到一家三口。那意味著尼科季姆在當時就已經消失了。她在一小塊土地上耕作，並被登記為家庭主婦。在二戰期間，費克拉跟她兒子尼古萊（Nikodim）繼續住在馬亞齊卡，但她女兒薇拉（Vera）被德國人帶走，成為名為「東方勞工」（ostarbeiter）的奴工，紀錄上列為失蹤。紀錄對於費克拉與尼古萊在一九四五年後的命運隻字未提，但我的馬亞齊卡之行已經斬獲預期之外的資訊。

泰希婭在一張紙上寫下了伊凡・貝瑞茲科媳婦柳芭・波爾菲瑞夫納（Lyuba Porfirivna）的地址，陪我走進主廣場，然後指著村子後面的大路。「沿著這條路直走就對了。」她說。

我問她金色列寧像是怎麼回事，困惑於他還能屹立不搖。「當然啦，他怎麼可能倒，」她有點敏感地擺出守勢，一副我有種就反駁她看看的樣子。我沒有這麼做。我只是謝過她的時間跟待客之道，但她打斷我，直言她只是盡忠職守。我調整了背包，踏上她給我指出的道路。等我轉身要再看一眼馬亞齊卡，我看見幫了我大忙的村議會主席就站在列寧閃閃發光的雕像下，朝著我揮手。我也跟她揮揮手。

我拋下有集體農場營舍跟列寧像的村落，進入了賽爾吉與阿絲雅兒時的世界。杏桃果園與舊式的水井妝點在風景中，青綠的麥田沿著道路分布。沒多久我就注意到一棟刷白的小房子。「留意一棵歪七扭八的蘋果樹跟一棟茅草屋頂的雞舍，」泰希婭是這麼交代的。我敲了敲門，但沒人回應。我在蘋果樹下的一張長凳上坐下，伸展一下疲憊的雙腿，進入了夢鄉。

我猛然醒來時，眼前是一名矮小的老嬤嬤搖著我的肩膀，她生得一張圓臉、一雙藍眼，還有一頭纖細的白髮。她的嘴巴一張開，嚇了我一跳，主要是裡面有一顆金牙。我們大眼瞪小眼起來。

「妳怎麼跑到我的蘋果樹下睡覺？」她問我。我說我是她的親戚，搞得她一臉驚慌。等我解釋完我為什麼認為我跟她是親戚後，老嬤嬤搖了搖頭。「那我們就不是真的親戚了。我嫁的是阿爾卡迪・薩恩科（Arkady Saenko），伊凡的繼子。」她聽起來鬆了口氣。

親戚也好不是親戚也罷，她自我介紹是柳芭・波爾菲瑞夫納，並邀請我進去喝杯茶。她的家是傳統的烏克蘭木屋，又大又寬敞。我看見燒柴的火爐遺跡，還有「斯沃洛克」（svolok），也就是撐起整棟屋子的巨大梁木。阿絲雅跟我說過古早以前，斯沃洛克是一種神聖的存在，薰香與小小的獻禮會安放在梁上一個特定的位置。我們在貝里格的屋子是簡單的磚造建物，由此神聖梁柱的概念讓我十分憧憬。在柳芭・波爾菲瑞夫納的房子裡，一束束不凋花（即蠟菊）與乾燥玫瑰被綁在斯沃洛克上。屋內的牆壁掛著色彩繽紛的掛毯，還有一張大面刺繡上是滿是天鵝的池塘。在蕾絲枕頭疊高的床上，掛著好幾幅深褐色的肖像。「我過世的先生阿爾卡迪，」柳芭．波爾菲瑞夫納說著指向一個身著軍裝，一臉嚴肅的年輕男子。

「他的母親不想讓我進門，」她說著取出了一本家庭相簿，讓我看他們的結婚照。一個金髮女孩穿著白色上衣、黑裙，襪子翻到跟鞋之上，嬌羞地望著相機鏡頭，並緊握未婚夫的手。阿爾卡迪臉上的黴菌污垢，讓人很難看清楚臉上的表情，但身體看得出朝女孩傾斜，像是在呵護著她。柳芭．波爾菲瑞夫納擦拭了影像，但污漬除不掉。「阿爾卡迪的母親希望他娶個城裡的女孩，而我只是馬亞齊卡附近集體農場中一個擠奶的女工。」他說，「那我又是什麼人？跟你們一樣都是小農。」所以我們成婚。我給母牛擠奶，他開牛奶卡車。

「伊凡．貝瑞茲科對我很好，我管他叫父親。他的第一任妻子在戰爭期間過世，幾年後他再娶了阿爾卡迪的母親。」柳芭．波爾菲瑞夫納給我看了張她婆婆的照片，她是個瘦小的女人，有著一只尖鼻，還有看來愁眉苦臉、含在嘴裡的嘴唇。「伊凡不斷告訴他的妻子，『孩子是我們的一切。讓他們過他們想要的生活，但要緊抓住他們的愛。』」

「但伊凡有一個問題，」柳芭．波爾菲瑞夫納輕拍著她的脖子，意思是伊凡的剋星伏特加。「他對杯中物毫無抵抗力。這一帶以前有個週日市集，他會去那裡跟朋友碰頭，一去就會很晚才一跛一跛跌跌撞撞地回來。他有長短腿，如果再加上喝醉，簡直就沒辦法走路了。『你會聽到老人家唱歌，』阿爾卡迪會說，意思是他得去接他繼父，免得他跌進沿路的大排。」我記得賽爾吉幾乎是滴酒不沾。

「我們有不好的時候，也有好的時候，」柳芭．波爾菲瑞夫納看著阿爾卡迪在牆上的肖像說。太陽開始下山，炙燒的橘色光芒灑在她家門前的麥田上。葉子的沙沙聲在晚風中，像是某種迫切的低語。

「這麼晚了你要回哪裡去？」柳芭．波爾菲瑞夫納向我丟出這個問題。稍早我一直把回波爾塔瓦的念頭拋在一邊，如今我意識到自己根本不知道這麼晚了要去哪裡搭巴士。我抓起背包，匆匆忙忙準備道別，但柳芭．波爾菲瑞夫納擋住了我的去路。

「站住。我不能讓你這麼晚了在鄉間路上像隻無頭蒼蠅，」她說。「天曉得妳要是有個三長兩短，我這輩子良心都會不安。」她指著嵌著磁磚的暖爐旁有個窄窄的行軍床。「妳不介意睡那吧？」

我接受了柳芭．波爾菲瑞夫納的好意，並撥了電話給瓦倫提娜說我會在村子裡過夜。「行，」她說，「但妳應該早點打這通電話，我擔心著呢。」

我掛上電話，壓抑著內心的罪惡感，開始幫忙柳芭．波爾菲瑞夫納張羅晚餐。我先是把馬鈴薯去皮，然後下到地窖去找一罐醃番茄。她把番茄放在一個破鍋子裡煮沸，另外切了些黑麥麵包，用鹽醃了些豬肉。葡萄樹下的一張小桌子成了餐桌，我們用叉子把馬鈴薯從鍋子裡叉出來，混著豬油將之搗成泥。逛墓園、搭訕陌生人、端詳資料的行程跑了一天，我餓壞了。柳芭・波爾菲瑞夫納不時用母親擔心孩子的神色看著我。「馬亞齊卡這種小地方，妳怎麼會跑來？」她問我。

我說我在找尼科季姆，也就是賽爾吉跟伊凡的兄弟。柳芭・波爾菲瑞夫納沉默了一會兒，細嚼慢嚥。

「他讓全家族陷入了危險，」她說。

我的背脊一陣冷顫，連叉子帶手一起發抖。「他做了什麼？」我問。

「他被捕了，一些政治的事情。」

「但他具體做了什麼？」我努力保持聲線的平穩，但還是忍不住大聲起來。

柳芭・波爾菲瑞夫納無助地望向我。「那是很久以前的事，我愈來愈記不清楚了。伊凡說他肯定會毀了整個家族。但我不知道是因為什麼。我連自己的日子都記不太住。」她起身去屋裡拿茶。我坐在那兒再也吃不下。

後來洗碗時，柳芭・波爾菲瑞夫納先壓低聲音念叨了兩句，然後她對我說，「他們過來帶走了他。」

「他們是誰？」

「他們就是他們，」她重複了一遍。把臉埋進了雙手，哭了起來。

她哭得很安靜，但抖動的身體陷入了劇烈的痙攣，偶爾會有壓抑的啜泣聲從張開的嘴巴逃逸出來。被嚇到的我責備自己不該讓這個孤獨的女性想起痛苦的回憶。我擁抱她，感受她在家居服下的嶙峋骨架，然後替她抹去了淚水。柳芭·波爾菲瑞夫納跟我是萍水相逢的兩個陌生人，但那瞬間她的哀傷也成了我的。「哀愁還不了債，」我想起了阿絲雅這句名言，但有時候哭是人的需求，我緊緊把柳芭·波爾菲瑞夫納抱在懷中，讓她慢慢冷靜下來。

我們栓上門，關掉燈。柳芭·波爾菲瑞夫納在睡夢中低語、嘆息。我躺在小床上瞪著天花板。銀白的月光灑落在火爐的磁磚上。某些磁磚有牧羊女的畫像，某些磁磚則畫著有精細尾巴的公雞。我聽著一隻蟋蟀在爐子的後面啾啾叫，外頭的花園則傳來貓頭鷹的呼呼聲。被帶走的是誰？尼科季姆？阿爾卡迪？還是另有其人？接著我也睡著了。

隔天早上，我在天色破曉之際醒來。涼爽空氣混雜著草被壓扁、新鮮奶油與牛糞的氣味，從小窗戶飄進屋內。柳芭·波爾菲瑞夫納睡過的床已經鋪好，餐桌上立著一罐牛奶跟一籃子雞蛋。我發現招待我過夜的女主人正在外頭餵雞。她將一把把的穀粒撒向一群精神抖擻的母雞。公雞一邊用爪子在地上挖土，一邊用單隻紅眼看著十分可疑的我。

「昨晚我不是跟你說伊凡說他會讓全家族萬劫不復嗎。我錯了。伊凡這話說的不是尼科季姆。他說的是他的小弟，賽爾吉。」

我不可置信地望著她。賽爾吉這個認真又負責的么弟，有可能在計畫什麼傷害到全家族的事情呢？但柳芭・波爾菲瑞夫納哼起了一首傳遍庭院的歌曲。她要麼不清楚其他細節，要麼知道但是不想多談。

搭巴士回到貝里格，我想著每次找到一片拼圖，就會有另一個更大的謎團現身。鄉間的景色在窗外如跑馬燈閃過，像一片小麥與黑麥田組成的綠黃拼布。偶爾這床拼布被子會被圍繞著櫻桃樹的住家打斷，這時我就會想是誰以那些小小的刷白房子為家，又是誰在照料那些櫻桃園。

我們家的鐵門大大地敞開，這在貝里格絕不是好事一樁。我把背包往院子裡一扔，跑向屋子。在餐桌邊上，薩莎正握著瓦倫提娜的手替她量血壓。她們倆一道看向了走進來的我。

「妳外婆這種狀況，妳怎麼能放她一個人在家！」薩莎邊說邊看著血壓計。

「薩莎，我沒事，」瓦倫提娜虛弱地說。「我只是胸口有點緊。妳幹嘛把我當成沒用的老女人？」

「發生什麼事了？」我氣喘吁吁地問道，一邊還在解外套的釦子。

「高一百五，低九十！」薩莎的口氣活像在宣布美式足球的分數。

「妳的血壓藥呢？」我邊問邊把外套扔在椅子上，在碗櫃下方翻找藥盒。「妳感覺怎麼樣？」

「我很好。別大驚小怪了，」瓦倫提娜說。「我打了電話給迪米特羅，他已經在路上了。」

「妳不該讓外婆做種馬鈴薯這樣的粗活，」薩莎說。

「妳怎麼又跑去種馬鈴薯？我不是答應妳說我們一起弄嗎？妳連一天都不能等嗎？」我說。

「不，不能等。這會兒都六月了。」

薩莎點了點頭，呼應瓦倫提娜的看法。「在城市裡，一年到頭都有馬鈴薯供應，但要種馬鈴薯，妳就得照著時節。」

「受教了，原來如此。」我說完惱於自己幹嘛被話中有話的薩莎牽著鼻子走。薩莎嘆了口氣，把血壓計的腕帶摺疊好，放回到箱子裡。

「有需要就打給我。妳知道我什麼都願意幫妳做，」她對瓦倫提娜說。瓦倫提娜拍拍薩莎的手，謝過她。

「妳怎麼對薩莎那麼沒禮貌？我一打給她，她就馬上跑來，」瓦倫提娜說。

我找到了瓦倫提娜的降血壓藥，幫她倒了杯送藥的水。我看著她緩緩喝了起來。

「妳老讓薩莎對我說那些莫名其妙的話，從來不站我這邊，」我說。我的氣憤、內疚與擔心通通糾成一團，分也分不開。

瓦倫提娜沒說什麼。她小口喝著水，拿著手裡的馬克杯轉啊轉。

「妳去那該死的馬亞齊卡幹嘛？」她終究開了口。

我在桌邊坐下。「我想去看看賽爾吉小時候住的地方。」

「那妳都看到了什麼？那兒還有什麼能讓妳找到？」

「我找到了伊凡的墳墓。遇見了我們的遠親，還在她家過了一夜。我昨晚跟妳說過啊。」

「她不是我們的親戚。」

「嗯，不是血親啦，但她很照顧我。」

我們祖孫一語不發地坐著。

「然後我發現了某件跟尼科季姆有關的事情。」

「什麼尼科季姆？」

「賽爾吉的哥哥。人間蒸發的那個。妳還記得我跟妳問過他嗎？」

「喔，又是那件事。」瓦倫提娜放下馬克杯，拿起藥盒。她關上藥盒，雙唇繃緊成一條線。

「我想要查出他發生了什麼事情。他那樣憑空消失是悲劇一場。」我結巴了起來。

「那他的家人呢？那些必須要活著承擔後果的人呢？難道就不是悲劇？」瓦倫提娜開始兩眼直瞪著我，整張臉都僵得像石頭。

「是，當然是……」口中說出的話含混不清又孱弱。

「我不希望……不對，我不准妳去打擾過往。」

我往前挪了挪身體，為的是更靠近她一點。「但知道過去是很要緊的，」我說，並向她伸出手。我感覺到身下的地板開始變軟，有種搖搖欲墜的感覺。

「妳現在是在教訓我嗎？」瓦倫提娜的雙頰抽動，臉則變得緋紅。「妳最近幾乎都不在家。不是往各個村子跑，就是拿相機去拍那些破布。」

我重重放下了手。手指上的石灰灼傷開始刺痛。我僵著站在那兒，有口難言。既無法指向刷白的果園或整齊的草莓圃，也想不到字眼去捍衛自己或道歉。我的雙唇一張一闔，活像條被拋上岸的魚。

「遲早妳會回去布魯塞爾，一切又會一如往常。」瓦倫提娜哽咽，忍住啜泣。「感覺妳好像更在意這個失蹤了幾十年，跟現在毫無關聯的尼科季姆，而不是在意……」她沒把話說完，只是拉開一個抽屜，雙手裝忙起來。

我的喉嚨一緊，緊到我一下子發不出聲音。「好，」我最後說了。「我什麼都不做就是了。」

我轉身從衣架上抽走阿絲雅的大衣，一把披到肩膀上，推開了房門。這天天氣很暖和，但我全身卻不住地發抖。我氣沖沖地衝過庭院，甩開通往果園的鐵門，跑了進去，接著我越過荊棘，找到一個深處最隱密的地點，是我兒時埋葬「祕密」之處。所謂的祕密，其實是一包包小小用布包起的花朵與五彩繽紛的糖果包裝紙。另外一個更適合存放「祕密」的地方，是樹幹的洞。我倚靠在櫻桃樹上，用手指滑過崎嶇的樹身。我找了一個樹洞，把筆記從口袋裡取出，撕下上頭寫著尼科季姆種種的那一頁，將之包進手帕。我把手帕深深塞進洞裡，臉貼在樹幹上。我會離開，明天就離開，我心想。我做的每件事都錯了。我軟得像果凍的雙腿再也撐不住，就這樣跌坐在樹的腳邊，空洞地瞪著眼前的一切。

我沒去算時間是過了兩小時還是兩天。迷迷糊糊地彷彿打了個盹。我坐了好長一段時間，身體蜷縮成一球。什麼東西在腳底撓我癢，一看是蔓長春花的觸鬚。我舒展了身體，就像把揉成一團的紙張攤開，站了起來環顧四下。我注意到整個果園都鋪滿了宛若地毯的蔓長春花，但因為是夏天，所以蔓長春花一身綠衣，藍色的花朵早已褪去。「這些交給你照顧了，四處撒種子，」阿絲雅有天這麼跟我說，便把小小的黑色種子放滿我的掌心。柔軟而潮濕的土壤讓種子一掉進去就消失無蹤。我怎麼也不相信它們會重新現身。「妳明年再來，就會看到花開了，」阿絲雅說。「每件事都需要時間。」

身在這片果園裡，我比在貝里格的任何地方都更能感覺到阿絲雅的存在。我想像她還在這裡裁切唐菖蒲，或是實驗嫁接葡萄藤的新辦法。之前用觸鬚搔醒我的蔓長春花植株，如今纏繞在櫻桃樹幹上，其修長的葉片在粗糙的樹皮襯托下顯得光滑明亮。沒有什麼東西會憑空消失，每一件事情都需要時間醞釀。

我輕撫著蔓長春花，心裡曉得我不能一走了之。要是這個時候走了，那就永別了，再也不會有回來的一天，那是我不能接受的。

我拍掉了手上的草屑與土壤。不再對瓦倫提娜感到憤怒。我明白我不可能就這樣闖進另一個人的生命裡，然後期待那裡有一個為我保留的位置。我們倆都用其他的存在填補了彼此的缺席。我的存在正好提醒了我的缺席，因為或遲或早我會揮別此地，她將不會知道我何時會再回來，也許是一年，也許是十年。我在想我做的事是對的，但我走錯了路。我把阿絲雅的大衣在身上裹得更緊，回到屋裡。

「妳去哪了？我叫妳，妳沒回應。我打妳手機，妳手機放在家裡。」瓦倫提娜站在門檻一手握著手機，另一手拿著電話簿。她不知道怎麼把號碼存在她的諾基亞手機裡。曬得很黑的臉竟然看起來蒼白。「妳要來點茶跟覆盆子果醬嗎？」

我把茶壺放上爐子，伸手從碗櫃取出了我們的茶杯。「我在想我們可以把阿絲雅的茶炊大銅壺拿出來洗乾淨，用來煮茶，」瓦倫提娜邊說邊用眼神追蹤我的一舉一動。「茶不用茶炊煮，感覺就是不對，妳不覺得嗎？」她的雙眼泛紅而濕潤。

我點了點頭，吸了吸鼻涕，試著把眼淚推回去。瓦倫提娜挨近抱住我，把我壓向她的身體。「對不起，過去的就讓它過去吧，但我不會讓妳走。想都別想。」瓦倫提娜說。我點了點頭，言語被吞沒在啜泣聲中。

第三部

刺繡的線頭

Embroidery Threads

第八章 普拉頓叔叔

我把相機借給了奧爾嘉女士，好讓她能自行完成刺繡的目錄。瓦倫提娜跟我修剪果園，種下了番茄。我們一起做了多年不曾做過的烏克蘭菜。一起看了土耳其肥皂劇。薩莎沒來串門子，不過在種東西的時候，我們有看到她在她的花園裡忙碌。

我母親來跟我們度過了夏天的尾巴。夏日廚房，也就是位於櫻桃園邊緣的那個小木屋，被瓦倫提娜跟我翻新，變成一間臥室。我們熨平床單，寫好菜單。那些年在貝里格的夏日回憶，提振了我們祖孫的心情，讓我們在愉悅的期望中等待母親的到訪。

母親一到，就讓這個家的氣氛為之一變。我們不再一早衝出去照顧果園，而是把大把的時間花在早餐上，一吃就是幾個小時。「我知道果園在貝里格是一樁大事，但就希望它能靠自己茁壯個幾天吧，」她向瓦倫提娜提出一番異議，而外婆不得不同意。我後悔起自己沒有從一開始就對瓦倫提娜有話直講，但可能我也慢慢喜歡上果園的日常。果園讓我認識了堅強的外婆，在她的主場。

從我十七歲上大學開始，母親跟我就沒再一起住過，但她一直是我無話不談的好友。聽我說我在找尋尼科季姆過程中的掙扎，還有在貝里格生活的種種挫折，她告訴我要有耐性。「不要急，」她說。「活著如今是一件多麼不容易的事情，且讓我們一天一天，一步一步來吧。」

相對於我穿著橡膠靴在村子裡跑來跑去，沒有個「正港美國人」的樣子，成了鄉村父老的眼中釘，母親完全沒有這個問題。她的行李裡有滿滿的時尚精品，像是亞麻的夏裝、綁帶的涼鞋、成套的腰帶，還有一系列潮服等級的牛仔褲。每天早上都是母親的個人時裝展，看得瓦倫提娜好不開心，而那之後她會出門去造訪她在波爾塔瓦的朋友，踩著粉紅色的貓跟鞋（三到五公分的跟鞋，算是「中跟鞋」），輕快地踏過滿是泥巴的主幹道。

「妳女兒看起來像義大利的電影明星，」安東妮亞對瓦倫提娜說。安東妮亞是貝里格資格最老的一批居民，她與電影明星的一面之緣發生在一九六八年，當時蘇菲亞．羅蘭（Sophia Loren）來到波爾塔瓦附近拍攝《兩個月亮》（*Sunflower*）。母親感激這樣的恭維，並就此開心扮演她被分配到的「瓦倫提娜迷人女兒」一角。唯一讓在地人不知所措的，是她纖瘦的身材，畢竟對貝里格的老一輩來說，「你胖了」可是一句讚美。「妳女兒是得了肺癆嗎？」他們是真心擔心才有此一問。

雖然瓦倫提娜為了兇我的事情跟我道了歉，但此後我們就沒再真正提起尼科季姆這個話題了。我內心並不打算放棄尋找尼科季姆，但既然答應過瓦倫提娜，我也不好明目張膽違逆外婆的意願。母親也覺得我不宜在瓦倫提娜反對的狀況下追根究柢，我們母女姑且接受了此人的命運將繼續成謎。

在此同時，瓦倫提娜跟我有了更多的言語交流，即便不是每次都有我母親在場緩衝。她以意想不到的方式敞開了心房，而我則欣慰自己不再有她為什麼堅持要我忘掉尼科季姆的心結。她口中的往事讓我心嚮往之，某些日子，晚餐後的茶敘會一路談話到午夜。

「巴布許卡，阿絲雅跟賽爾吉究竟是怎麼認識的？」我某晚這麼問道。我母親已經睡了，瓦倫提娜跟我還在餐廳裡坐著，冷掉的茶在茶杯覆上一層咖啡色的薄膜。

「那年是一九三三，」瓦倫提娜說。「妳外曾祖母在小聶赫沃羅夏（Mala Nekhvoroscha）擔任小學教員，那是個位在波爾塔瓦省的村莊，沒有比她的出生地米海利夫卡大多少。」

「她想在村子裡當老師嗎？」

「她有得選嗎？妳接到分派就是要上崗。但我可以告訴妳一件事。她在波爾塔瓦有愛人，所以她對去小聶赫沃羅夏恐怕一點興致都沒有。然後就鬧起了飢荒……」瓦倫提娜攪動杯子裡剩下的茶。

一九三〇年代世界上的許多地方都在鬧飢荒，主因是美國的經濟大蕭條。蘇聯當時沒多少國際貿易，所以沒被餘震波及。資本主義世界的苦難，引起了關於一個墮落體制敗亡的幸災樂禍言論，蘇聯媒體開始大作文章，說要接納來自「腐敗西方」的難民移入。阿絲雅並不特別熱中政治，她看新聞只是不希望自己看起來一副什麼都不知道的樣子。她接受了史達林是睿智的蘇聯國父，也不曾懷疑他宣布要推行的工業化新經濟政策是為了全民的利益。但她不知道的是史達林的計畫，會如何影響到跟她一樣的鄉間小農。光明的共產未來需要他們不惜一切代價完成土地的集體化。「死一個人是一場悲劇，死一百萬人是統計數據，」史達林言道。

布爾什維克黨人早年會在選舉宣傳中，高舉土地重分配的大旗。即便小農質疑他們的動機，這樣的承諾最終產生了效應。但到了一九二九年，大型的集體化運動扭轉了土地重分配的改革腳步。若說俄羅斯的集體農業傳統是一個煎熬的過程，那在國家政策是經由土地抗爭形塑出來的烏克蘭，這個過程就是一場慘痛的悲劇。失去土地在烏克蘭，就等於失去生命。但小農們想抗議能夠怎麼做呢？燒毀他們的收成？屠戮他們的牲畜？許多村子嘗試抵抗，並與監督集體化過程的軍旅發生了衝突，但這類單打獨鬥並不足以阻卻有政府、蘇聯正規軍及民兵撐腰的政令。

很快的，集體農場出現在阿絲雅的村子裡。她的雙親有個小小的菜園跟一頭母牛。帕莎，也就是阿絲雅的母親，拒絕簽名讓渡他們家的土地，但因為抵禦不了來自當局的壓力，他們家最終還是跟官方達成了某種妥協——阿絲雅的父親歐勒克榭去集體農場工作，母親帕莎則留下來顧自家的土地。

阿絲雅家的幸運之處在於他們沒有被處決，也沒有跟著另外三十萬頑固的農民被流放到新屯用以懲戒的殖民地體系，地點不是在西伯利亞，就是在中亞。在書中讀到那段年月，我總是覺得隔一層，難以切身理解那種暴力。大部分的逮捕與驅逐都是由社區成員來執行——某個國家警察成員、國家檢察官、村黨部書記。烏克蘭大飢荒做為一個冷峻的現實，在相隔數十年後仍是一個未經處理的悲劇，原因就在於許多攸關生死的決定，都是鄰居、朋友與親戚所宣告。同一批人曾經給彼此的孩子取名，一起耕地，還一同舉杯慶祝，如今他們卻相互簽署彼此的處決令。有時候黨書記會大發慈悲，有時候社區會強大到能夠團結一致對外。有時候命運會像擲骰子，把一切交給機率。帕莎不但得以保住她的母牛，就連她華麗的聖像畫蒐藏也沒事。另外他們家的土地因為位在陡峭的山丘上，曳引機無從耕作，所以也被放過一馬。有時候地理也是一種命運。

「阿絲雅來到小聶赫沃羅夏開始教學工作，是在一九三一年，此時農作已經開始歉收，」瓦倫提娜說。「被迫加入集體農場的民眾沒什麼動機耕作，同時那是個又冷又濕的夏天。但比起收成，阿絲雅更擔心她的新工作。另外一件令她焦慮的事是要跟校長見面，她聽說他是個『原則至上的布爾什維克黨人』」。

「賽爾吉！」我說，瓦倫提娜點了點頭。

「阿絲雅跟我說她有點失望，因為她想像中的校長是個身穿皮外套的硬漢，但賽爾吉看起來一副學生樣——線條柔軟的橢圓臉蛋，光滑的雙頰，看到她動不動就臉紅。她第一眼見到他，他身上穿著一件刺繡襯衫，所以阿絲雅管他叫『身穿維什萬卡的布爾什維克派』。當然啦，當著他的面她不會這樣講。」

與此同時，村裡的光景不斷惡化。農作雖然歉收，但該徵收的穀物還是照常徵收。在小聶赫沃羅夏，徵收大隊的成員來自赤貧家庭的年輕人，他們是在地共青團的青年幹部。有時候他們的母親也會一起過來。徵收大隊——鄉親們管他們叫幫派的這群人——會推開大門到民居、院子裡搜刮，甚至會往下挖黏土地板，往上掀稻草屋頂。雖然阿絲雅的身分是老師，所以可以免於徵收，但她注意到大隊一上門，便順手把她的絲質圍巾跟錢包拿走。

阿絲雅還注意到田野出現了由武裝衛兵把守的瞭望塔。任何未經授權的食物集結都會被視為盜竊，違者可就地正法。村民私下討論著所謂的「五穗小麥」法，該法規定就算是孩子從集體農場的田地拿了作物，也照樣可以射殺或抓去坐牢。阿絲雅一開始不相信法律會這樣規定，但不久全村就被迫看著徵收大隊野蠻地揍她的鄰居歐里莎，事由是她在收成後撿了掉在地上的麥穗。大隊事後帶走了歐里莎，從此沒人再見到過她。

隨著新學年學校開學，飢荒已經是擺在眼前的事實。餓死是一種很可怕的死法。太慢，太慘。人體的心理與代謝防線都不是說停就停的，所以死者快的話會被折磨幾星期，慢的話要接受數月的酷刑。葬禮先是變成村中的日常，然後沒多久就辦不下去了，因為掘墓的人也死了。阿絲雅每天下課都要衝回家，因為只有這樣，她才能盡量不去注意路邊鼓著肚子的死屍。

「是賽爾吉讓阿絲雅免於捱餓，」瓦倫提娜說。「他會多塞些口糧到她的袋子裡。某天賽爾吉買了條麵包並向她求婚，她答應了。」

「那她在波爾塔瓦的年輕愛人呢？」

「就不了了之了吧，我想。」

阿絲雅在一個小村子裡體驗到飢荒，她並沒有意識到大規模的飢荒正在蘇聯轄下的烏克蘭全境擴散。數百萬人殞命於蘇俄與哈薩克（Kazakhstan），但烏克蘭的黑土地區，也就是十七世紀旅人口中的「阿卡迪亞」（世外桃源），在史達林的政策下首當其衝。烏克蘭境內每八個人就有一個成為大饑荒手下的冤魂，包括十歲以下的兒童死了一百萬人。總共死了超過三百萬人。但我外曾祖母活了下來。瓦倫提娜在一九三四年的秋天出生。

「所以妳那天才會那麼想種馬鈴薯，才會不高興我跑去馬亞齊卡，」我說。瓦倫提娜點了點頭。

「一旦命是從飢荒撿回來的，恐懼就會烙印在你身上。我知道這很荒唐，但我就是沒辦法。」

「在布魯塞爾，我習慣在家放一袋十公斤的白米，就像那些我沒親身經歷過的事情，讓我活在恐懼的陰影下。」我還記得準老公第一次看到我儲藏室時的表情。「妳不是那種末日求生的信徒吧，我猜？」他問。我不知道該怎麼跟他解釋我是在前蘇聯長大的孩子。

「我還會囤一袋十公斤的麵粉跟好幾袋糖，」我補充說。

瓦倫提娜仰天笑了。

「我囤食物有什麼好笑的？」我邊問一邊也笑了。

「要不我們來哭也是可以啦，我想，」瓦倫提娜說著擦拭起眼睛。「但我們索性還是笑吧。」

隔天瓦倫提娜嚇了我們一跳，她在早餐時宣布她想要去米海利夫卡走走。「我想去看看我母親長大的地方，」她這麼說並直直望著我。我從椅子上跳起來給她一個擁抱。這趟旅行一直是我的夢想，但我壓根沒想到會有實現的一天，畢竟瓦倫提娜是如此放心不下她的果園。

「不要興奮成這樣，」瓦倫提娜說。「出發前妳有的是番茄要幫我種。」

到了說好的日子，經過一番這趟小旅行要帶多少食物的激烈討論後，母親跟我擠進了計程車，帶路的瓦倫提娜在前座當導航。司機亞洛斯拉夫（Yaroslav）身形瘦瘦長長，身上是曬出來的胡桃黃跟一天沒刮的鬍渣。靠著專業的盤問技巧，我們還沒離開貝里格的地界，瓦倫提娜就已經摸清他的人生。他兩度離婚，第二段婚姻有過一個女兒。不開計程車的時候，他開貨車送鑽油井設備。

「波爾塔瓦明明有這麼多天然氣跟石油，為什麼我們的瓦斯費還是養老金的兩倍？你怎麼想，亞里克（Yarik）？」我外婆問道，並切換到亞洛斯拉夫的親近叫法，畢竟她年紀大對方這麼多，不用敬語也完全沒問題。

「體制就不站在我們小老百姓這邊吧。但我不是經濟學專家啦，我只是載送設備的貨車司機罷了，」他說。

我們沿路來到波爾塔瓦外圍的一個個小村莊，時而穿越邊緣鑲著松樹林的草原，時而橫跨烏克蘭中部的平原。我外婆忘卻瓦斯費的事情，欣賞起外頭的風景，並叫我們看看她認識的地方。她平日太過忙於花園裡的工作，搞得她幾乎不曾離開貝里格半步，唯一的例外是她偶爾會去波爾塔瓦市場。她指著熟悉的道路與住家，興奮都寫在臉上。

米海利夫卡就跟貝里格一樣，兩地的格局都有著相同的偽希臘式文化館、學校、雜貨店、以列寧命名的大街，還有他曾經矗立如今空空如也的基座。村子中心的建築物漆得明亮，牆上披著攀爬的玫瑰。瓦倫提娜口中「我們的」房子，幾年前早已賣出，如今已經過翻修，但她還是在一過轉角時就認了出來。

「妳以為新屋主會歡迎妳這樣大搖大擺地跑來嗎？」我母親問踏出車外的瓦倫提娜。

我外婆信心滿滿地點頭說，「當然，畢竟他們住在我們的老房子裡。」她撫平只有特殊場合才穿的帥氣米色套裝，並補了一句說，「就算說我們是準親戚也不過分。」瓦倫提娜推開鐵門，母親跟我跟了上去。

那老房子是一層樓的住所，上頭蓋著一個沉重的鐵皮屋頂。建物一翼是用刷白的黏土建成，但較新的一翼則是磚造。偌大的庭院裡放滿了原木，身上西裝都是灰的老人家正在劈柴。他一看到我們就放下斧頭，抹了抹眉頭。得知我們來看祖傳的老房子，他朝著房子的方向大叫起來。「弗拉德（Vlad）、麗莎（Liza），有客人。」「我兒子跟媳婦住在這裡，」他解釋，作勢要我們進屋裡說話。

年輕的弗拉德是個高個子，有一雙藍眼及一頭棕色的亂髮。他身穿一件破毛衣，加上看得到污漬的牛仔褲。「我在修理煙囪，」他害羞地說，用手肘代替他滿是煤煙的手要跟我們握手。房子聞起來有點嗆鼻，氣味中混合了酸奶、髒頭髮、沒乾的衣服、潮濕的黏土。我母親敬謝不敏並退出房子，但瓦倫提娜跟我堅持留下，並掃視四周的環境。「我們以前睡在這裡，」我外婆說起入口處附近的一個小房間。「然後弄了一個紅色角落在這裡，是阿絲雅的母親帕莎放聖像畫的地方。」

瓦倫提娜指著燒柴火爐上方的一個地方說。「她會在這祈禱小兒子瓦西爾可以平安從戰場歸來。」

「他回來了嗎？」弗拉德的妻子麗莎問。兩個走路還不穩的孩子扯著她的裙襬，她要他們別吵。

「是，他回來了。」瓦倫提娜說。屋子裡的紅色角落如今空空如也，但我注意到冰箱上一張便利貼寫著：「祈禱事項：把債還清、修好屋頂、日子太平。」

我們走出屋外。相對於屋裡充滿生活感的氣味，屋外的清風徐徐讓我感覺頭暈目眩。瓦倫提娜的嘴唇抖動。「我還記得我父親宣布他要從軍了的情景，感覺就像昨天似的。他覺得我們在米海利夫卡會安全一點，所以把我們帶來這裡。我們排排站著揮手道別，看著他跟其他士兵一起爬上卡車，一直揮到路上的煙塵都落回地上。我不知道自己是哪根筋不對，開始往前追，邊追邊哭，還一面叫著父親的名字。當時是一九四一年的秋天，葉子已經換上深淺不一的紅色，」她說。

我握住外婆的手。她看著我說，「他並不是非去不可，他有徵兵豁免的保護，但他心一橫就是要入伍，當時距離德軍入侵還非常久。他一輩子大概就那麼一次沒有照著阿絲雅的意思做。」

瓦倫提娜說阿絲雅害怕戰爭。宛如烏雲蔽日的警戒飄散在空氣中好幾年，風平浪靜的光景曾在一九三九年出現，當時希特勒與史達林交好，雙方簽署了一個祕密將東歐劃分成德蘇不同勢力範圍的合約。賽爾吉對這個以雙方外交部長為名簽下的莫洛托夫—里賓特洛普條約（亦稱

《德蘇互不侵犯條約》（Molotov–Ribbentrop Pact）頗有微詞，其中蘇聯這邊的外長是維亞切斯拉夫・莫洛托夫（Vyacheslav Molotov），德國外長則是約阿希姆・馮・里賓特洛普（Joachim von Ribbentrop）。賽爾吉之所以不滿，是他認為這個條約為希特勒爭取到大規模進犯的時間。「納粹不可能是我們的朋友，」是他一貫的說法，為此阿絲雅求他嘴巴不要那麼大，因為對蘇聯政府而言，納粹當時就是朋友，沒什麼可說的。

然而蘇聯在一九四一年六月立場不變，這沒有讓賽爾吉感到震撼，真正震撼的是蘇聯紅軍在戰爭開打時一溜煙消失。他在絕望的眼淚中得知，面對希特勒大軍烏克蘭各城遭到棄守。利沃夫在六月三十日陷落，別爾季切夫（Berdichev）在七月十五日失守，比拉撤華（Bila Tserkva）在七月十八日不保，基洛沃格勒（Kirovohrad）在七月三十日易幟。九月十九日，德軍進占基輔。蘇聯紅軍在九月二十六日的基輔戰役中不敵德軍後投降，隔天是瓦倫提娜的七歲生日。雖然官方新聞把喪事喜報——「敵人死傷慘重，士氣為之重挫」——但賽爾吉知道不用幾天，德軍就會進入波爾塔瓦。他知道被德軍占領代表著什麼。戰爭爆發時，他跟阿絲雅已經在貝里格教了好幾年書，由於村子就在波爾塔瓦附近，他知道留在村中也不安全。不顧阿絲雅的反對，他帶著孩子去到了米海利夫卡。

賽爾吉加入了列寧軍事政治學院（Lenin Military Political Academy），出發前往車里雅賓斯克（Chelyabinsk）這個號稱「西伯利亞門徑」的城市。將近一年後，他被派往沃羅涅日前線（Voronezh Front）。他與阿絲雅在兩人罕有的一次結伴旅行中，共同拜訪了沃羅涅日這個位於頓河畔（Don River）的美麗城鎮，這個地名對他們來說等於「遲來的蜜月」，至少阿絲雅這麼說。然而到了一九四二年，這座美麗城鎮已經淪為一片廢墟，落到德軍手裡用來對史達林格勒（Stalingrad）發動攻勢。賽爾吉常被岳母揶揄個頭小，這成了他被分發到坦克師的主因——著名的T-34蘇聯製坦克有著十分狹小的乘坐空間，因此較適合袖珍一點的士兵。賽爾吉在部隊裡擔任政戰官，職責是維持部隊的士氣不墜。由於紅軍被打得很慘，所以賽爾吉只能靠他的三寸不爛之舌，讓師裡的同袍不要忘了自己為何而戰，更不要忘了怯戰撤退不是個選擇。如果他怎麼說都沒有用，那死刑是最後的殺手鐧。

場景拉回到母親家中，手足無措的阿絲雅。德軍的占領會維持多久，乃至她這輩子還能不能再見到賽爾吉，都沒人能告訴她。一些鄰居很快指出德軍的強大——任誰想起他們擊潰紅軍是如此容易，就會覺得人還是識時務一點好。阿絲雅並不想這麼做，她知道賽爾吉永遠不會原諒她。另一方面，她的雙親與兩個還小的孩子都得倚靠她，她也在米海利夫卡繼續教員的工作，即便發號施令者從蘇聯人換成德國人。她並不覺得自己有義務要像賽爾吉那樣去捍衛偉大的理念，比起那個，她更想努力保護家人。「人心是一種奇怪的裝置，」阿絲雅說起從那些日子活下來，「會慢慢習慣痛苦，然後在絕望中保持希望。」

「那些日子的另外一個英雄是帕莎，」瓦倫提娜說。「妳記得我跟妳說過，她會去把被德國人沒收的牛放出來嗎？」瓦倫提娜示意要我看向庭院遠處的破木屋。「德國人把我們的夏日廚房做為餐廳，但帕莎會在這些占領者的眼皮底下幹這些事。有天她終於被抓包。一名德國士兵用步槍槍托狠狠打她，讓她在原地等死。但沒門兒！隔天帕莎又活蹦亂跳，牛隻又被放了出來。感謝老天，德國人沒把我們都斃了。」

瓦倫提娜跟我在小院子裡走來走去，小心不絆到那一堆堆的木材。「阿絲雅早上去工作，我負責照顧小弟尤拉，」她說。「他還是個寶寶，很可愛，胖胖的，拖著長長的衣服走在我屁股後面搖搖晃晃，像隻小鴨子。我們的隔壁住著艾夫根·狄青納（Evgen Tychyna），他的親兄弟是詩人帕夫洛·狄青納（Pavlo Tychyna），艾夫根還教尤拉禱告。他爬上桌子，用一種對小孩而言太低的音調誦念著：「老天饒了我們吧。」

帕夫洛·狄青納是蘇聯時代著名的烏克蘭詩人，我在學校學過許多他寫給共產主義的頌歌，搞得我一聽到他的名號就皺眉。瓦倫提娜注意到我扭曲的表情說，「那個榮耀史達林的詩人，他的兄弟教了我的小弟禱告。我怎麼老是記得一些奇怪的事情。」

老房子跟小小的果園矗立在陡峭的山丘上，山丘底部是長滿了稠李與刺柏的低地。「妳外高祖父歐勒克樹在那裡埋骨，」瓦倫提娜撐著我往下看。

「這些故事聽了真讓人心碎，」陪我們走著的麗莎說。她抱起她的小女兒，將她抱得緊緊的。

「世事無常啊，」瓦倫提娜說。

「無常且莫名。去年要是有人跟我說，我會住到波爾塔瓦的鄉下，我一定不會相信。我們來自克里米亞。在海邊有棟房子，夏天還把房間租給觀光客。占領開始時，弗拉德覺得孩子的安全第一，所以就來到這裡，算是投靠他父親。米海利夫卡對我們夫妻來講也是避風港，但我還是對海念念不忘。這裡讓我感到幽閉恐懼。」她哽咽，彎下腰假裝在花園小徑上拔雜草。

瓦倫提娜謝謝熱誠招待我們的弗拉德與麗莎，給說不定需要人協助適應的他們留下了電話，然後我們驅車離開了米海利夫卡。「村子看起來很迷人，」我有感而發，一方面需要這句話驅散籠罩我們的憂鬱氣氛。覆蓋在牽牛花與野葡萄中的整齊屋舍，看起來既古雅又舒適。

司機亞洛斯拉夫搖頭，一隻手從方向盤上移開並伸出窗外比畫。「再往下走，妳們會看到很多被棄置的人家。政府切斷了這一帶村落的能源供應，因為他們要用這裡的土地來鑽探天然氣。夠不夠諷刺？」

我覺得這不叫諷刺，而叫悲劇，但我並沒有爭辯。我母親盼著新的總統當選人彼得·波洛申科（Petro Poroshenko）可以整頓體制，但不論亞洛斯拉夫或瓦倫提娜都不抱希望。「政客都一樣。在歐洲可能好點，但這裡他們全都滿口謊言。」亞洛斯拉夫說。「就算本來不是，上了位也會變成騙子，權力這東西……」

「權力使人腐敗，」瓦倫提娜替他完成句子。

路標在窗外一閃而過，我外婆頓時忘了現在，沉湎在過往。「拉基夫卡（Rakivka），果然，我記得這個鎮。我朋友以前住在那一條溪邊，我們會用土炮陷阱抓小龍蝦。另外我也還記得茹科夫卡（Zhyrkovka）。」

「一個七歲小孩怎麼能記得這麼多？」我問，雖然我七歲的記憶也又多又鮮明就是了。那些回憶都關係到阿絲雅與貝里格，不然就牽扯到祖母達莉雅跟格列博夫卡，這個達莉雅與弗拉迪米爾曾擁有一間夏日小屋的村莊。

「記憶就是這麼回事。我之前跟妳說過，我老是記得一些怪到不行的事情。」瓦倫提娜說。

我們經過了一個路標，上頭宣告施馬盧基夫卡村（Shmaliukivka）到了。「我叔叔普拉頓・貝林姆（Platon Bylym）住過這裡，」瓦倫提娜說。「戰爭接近尾聲時我們就住在他們家。」

瓦倫提娜指著隨著我們靠近而愈變愈大的樹叢說，「那兒就是阿絲雅戰時教書的地方。學校位在一棟老莊園裡頭，院內的房間裝飾著天使手捧豐裕之角的灰泥雕像。建築本身在二戰尾聲遭到轟炸，但如果我沒記錯，原址就在那兒，妳們可以看到那裡有一片紫丁香。」

我想起了奧爾嘉女士最喜歡的那句話，「沒有什麼東西會憑空消失」。這話在烏克蘭特別有迴響，畢竟這裡是一個過往的物質象徵經常被摧毀，歷史經常被改寫的地方。聽著我外婆如數家珍，用只有她看得出端倪的地標召喚出曾經熟悉的過往場景——一叢叢紫丁香、被太陽曬白的一疊疊磚塊、土地上的凹陷處。蘇聯的史觀就是歷史可以新解，可以折服於當權者的意志，但瓦倫提娜、奧爾嘉女士，還有我在烏克蘭結識的所有人都知曉，歷史是流動的。過去會在最讓人意想不到的時候展露其遺產，可能是刺繡的圖案，也可能是幾棵老樹。想找到你要的東西，必須看對地方。而我已經慢慢學會了這樣的眼光。雖然偶爾感覺像個外人，但慢慢體會到這片土地令我無法推卻的拉力。第一次用完全不同的眼光看見烏克蘭，就跟探得我家族的歷史真相一樣，都讓我深感著迷。

「我們要在施馬盧基夫卡停一下嗎？」我問，於是瓦倫提娜叫亞洛斯拉夫下交流道。施馬盧基夫卡是個大村子，而瓦倫提娜記得普拉頓住在離集體農場不遠的地方。如今集體農場已經無處可尋。我們在村子四周繞了好幾圈，最終停在一大片向日葵田融進菜圃的交會處。

「這裡是集體農場嗎？」瓦倫提娜呼喊一個棒球帽上頭有鐵鎚與鐮刀標誌，在路邊賣牛奶跟雞蛋的小販。男子來到車邊，壓低身體好聽清楚瓦倫提娜說話。他毛茸茸的手臂上，有一個刺青是一隻纏繞著匕首的巨乳人魚。

男人看起來兇神惡煞，露出一口爛牙。「歡迎來到我們蒸蒸日上的集體農場，」他說著指向遠方如今只剩殘骸的建物群。然後他朝向日葵田伸出了拇指，「這是一名寡頭的財產。」在蘇聯垮台後，集體農場的土地被分給工人，但那些持分都小到無利可圖，轉售的禁令又讓中等規模的農業無從發展。在這樣的虛空之中，大型農業控股集團找到了見縫插針的機會。他們挾帶剝削土地以自肥所不可少的財務與政治槓桿，來到這裡。不過比起農業集團，更加吃人不吐骨頭的還是集蘇聯式官僚、拜占庭式繁雜規定，還有這體系對收賄如無底洞一般的胃口。俗稱寡頭的商界菁英成了這種體系的受益者。「資本主義的花朵，」男人說著朝向日葵吐了口口水，然後慢條斯理地走回他的攤子。

「那男人不是善類，」瓦倫提娜等他聽不見之後說，我點頭同意，想著他身上的監獄刺青與像在挑釁的共產黨帽。「他牛奶的標價，妳們看到了嗎？」

又繞了村子一圈後，亞洛斯拉夫把車停在在菜圃工作的一對男女附近。女人狐疑地望著我們，但全身只有一件四角褲跟一頂報紙帽子的男人則開心放下工作，跑到車側點起香菸。

「普拉頓．貝林姆的家？我好像沒聽過這裡有叫普拉頓的。等等，我去問一下佩特里夫娜（Petrivna）。」他朝一位灰髮紅衣的女性揮了揮手。女子正要牽著山羊朝草地走去，但男人吆喝她過來。她照辦了，還得連繩帶羊拽著不情願的牲口過來。

「普拉頓．貝林姆家？」佩特里夫娜反問。「這裡很多姓貝林姆的，但沒有一個叫普拉頓。他戰時住在這裡，妳說？那我們就得去問瑪麗亞阿姨（Aunt Maria）了。她九十歲了，但還記得很多古早的事情。」女人踹了山羊一腳，好讓牠別用角去頂我們的車子。「馬爾奇克，別浮躁，瞧你這羊脾氣。」佩特里夫娜管她的山羊叫馬爾奇克，意思是「小男孩」。

瓦倫提娜跟我在屬於瑪麗亞阿姨的藍色小屋附近下了車。高高的蜀葵花（又名一丈紅）在鐵拉門旁搖曳。「她就在那兒，」佩特里夫娜邊說邊對著在街上跑的孩子揮手。孩子來到我們身邊，我才意識到那不是個孩子，而是個身形被歲月壓成女孩大小的老太太。她頭戴著緊緊繫於下巴的綠色頭巾，身穿掛在她細瘦骨架上顯得鬆垮的黑色洋裝，外加一件白色圍裙。山羊女主人看著吃驚的我們笑了出來。「別這樣，我們到她這個年紀要是能這樣跑，真的要感謝神了。」

瑪麗亞阿姨笑起來像個沒牙的嬰兒，同時有雙水靈的綠色眼睛，腦袋也還非常好使。「沒錯，當然，我記得普拉頓叔叔。我哪忘得掉？普拉頓跟他太太嘉莉雅（Galia）與姊妹歐達爾卡（Odarka）住在附近的一棟大白屋子裡。我那時是個孤兒，舉目無親，是他們接納我、照顧我，讓我感覺跟他們是一家人。」瑪麗亞阿姨說起話像連珠炮，邊說邊緊握著我的手。她有著一雙長繭的小手。

瑪麗亞阿姨先是看著我，後來又望向瓦倫提娜。「普拉頓跟妳們是親戚嗎？」她問，對此瓦倫提娜解釋他是她的叔叔，而我們睽違多年重返小時候的村子。

「那妳們的叔叔已經不在很久了，願他安息。但如果妳們沿這條路往下走，越過向日葵田後右轉，左邊第三棟就是他以前的房子。現在的住戶也還是姓貝林姆。」瑪麗亞阿姨陪我們走回停車處，一路都緊握我的手，也保持著溫暖的笑容。「一定要記住，」她說，「等到了我這個年紀，妳們就知道人生會留下的就是回憶。我很感激我的記憶還是那麼鮮明。」她親了我一下當作道別，站在路邊看著我們駛離。

回到車裡，我想起在許多男人被拉去打仗的地方，女性都會挑起記憶守護者的角色。阿絲雅就是提供我故事的來源，而賽爾吉的故事就讓我有點摸不著邊。瓦倫提娜也手握家族檔案庫的鑰匙。烏克蘭人總稱頌他們的女性有多堅忍強悍，但我如今目睹她們還扮演另外一個要角，就是把烏克蘭的故事保存下來。

來到普拉頓叔叔的故居前，我的母親不肯下車。她一開始就對這趟旅行沒太大的興致，如今她又因為車坐太久、聊了太多戰爭的話題感到疲累。「妳們慢慢來，」她說。「我在車裡休息就好。」

瓦倫提娜跟我按了門鈴，從馬廄中出來開大門的是個高高壯壯的女人。她請我們等她把牛奶擠完。她穿著一套深藍色的跑步服，配件則有藍色亮片頭巾跟同色系的圍裙。「我叫瑞莎

（Raisa），」她用能蓋過液體敲擊木桶聲的嗓門喊著。「柯爾亞（Kolya），你在哪兒?招待一下客人，好嗎？」她再次大喊。

從屋裡現身的柯爾亞又是打哈欠，又是揉眼睛。「吵什麼啊？」他原本抱怨著，但一看到我們就立馬堆起笑臉，邀請我們到葡萄藤架下坐著休息。他自我介紹用的是姓氏，貝林姆，也就是阿絲雅娘家的姓氏。這個姓貝林姆的男人個子不高、體形厚實，黑色網狀T恤讓他的肌肉與刺青展露無遺。「還好妳媽媽留在車上，不然她肯定會嚇到我們有這樣的親戚，」瓦倫提娜小聲跟我說，說到呵呵笑。我媽的觀念就是刺青就是罪犯，就是有案底。

柯爾亞好相處又慷慨得過頭。「美女們，相見就是有緣，要不要小酌慶祝一下？」他舉起了滿滿一瓶琥珀色的液體。「原料是我們自己種的蘋果，百分百有機。」

「不要拿你的火箭燃料去灌這些女士喔！」瑞莎說著把整桶還冒著泡沫的牛奶抬進屋裡。回來的時候她手上多了一盤蛋糕、一個晶瑩剔透的玻璃水壺，還有幾個賞心悅目的玻璃杯。「她們可以品嘗一下我的櫻桃酒，」她說著在桌上排起杯子。

柯爾亞拿起家釀的蘋果酒在妻子的面前揮。「火箭燃料是吧！這可是從高血壓到小感冒都能治好的靈藥。」

「然後順便讓人頭痛得不得了，」瑞莎很快回嘴。「反正，你什麼時候都一副剛試過那仙丹妙藥的模樣。」

柯爾亞原本就紅紅的臉又脹得更紅了。「喝點小酒又不礙事，」他說著給我們倒了櫻桃佳釀，自己那杯則斟滿了自己的蘋果珍藏。

「普拉頓・貝林姆是個很慷慨的人，他家對人永遠來者不拒，不管你是貧是富，」柯爾亞在我們乾過杯後這麼說。「我在他過世後買下這棟房子，重建了每一樣東西，獨獨留下他栽種的果園與棚屋。」瓦倫提娜問他們有沒有血緣關係，畢竟兩人都姓貝林姆。「這一帶有不少貝林姆，」瑞莎說。「但我們只是名字一樣而已。」

「你們的地窖在哪兒？」瓦倫提娜問起。「我弟弟跟我小時候在德軍撤退時躲過這裡的地窖。」柯爾亞打開了離馬廄不遠的棚屋，給我們看了通往地下室的階梯。我緩緩往下走，手扶著潮濕的牆壁避免自己滑倒。愈往下，空氣就變得愈發冷冽並散發著霉味。等終於來到最底部，只穿著輕薄夏裝的我已經開始顫抖。靠著柯爾亞的手電筒，我可以看見長方形的空間邊上有架子，架上醃著一罐罐的番茄與小黃瓜。外頭的聲音變得悶悶的，讓我有一種身在水底的感覺。這裡的寒冷讓我麻木，厚重的霉味則讓我窒息。外婆與她的弟弟就在這樣的地窖一躲就是幾個星期。「你們當時在這裡不冷嗎？」我一邊這麼問，一邊爬出地窖並踏到陽光下，甩掉四肢殘留的寒意。「我不記得了。我只記得害怕但好奇。我偶爾甚至會爬出來輕推開暗門。我可以看到士兵端著步槍在跑步，他們厚重的靴子就在我眼前閃過。」

「很抱歉初見面就聊這麼讓人不愉快的事情，」瓦倫提娜說著，但柯爾亞搖了搖頭。

「不用道歉。只能說我們都受了這麼多苦，是誰的錯呢？這片土地上的苦難，會不會有完結的一天呢？」

瑞莎堅持我們要喝了茶，才踏上回波爾塔瓦的歸途。「不知道為什麼，那時候的我不記得普拉頓叔叔的事情，」瓦倫提娜說著回到藤架下。柯爾亞看著我的外婆，用嘴巴咬住他鬍鬚的尾端。「您不知道他在戰時被德軍俘虜了嗎？他甚至還在德國成家了。但他在一九五〇年代又跑回來，重新開始在這個家的生活。他惹上了點麻煩，跟NKVD（內務人民委員部），還是當時那些王八蛋已經改叫自己KGB了？俘虜就等於叛賊。他們兩次把他召到波爾塔瓦，最終他們放了他。」

尷尬的沉默降臨在桌前。「我們沒有跟爸爸那一邊的家族保持聯繫，」我外婆話說得含糊，頭沒抬起來。

「家家有本難念的經，」柯爾亞打圓場，並給瓦倫提娜的細長杯子添上了櫻桃酒。「就讓我們敬普拉頓．貝林姆一杯吧，」他說著便把自己的那杯一飲而盡。

「也敬那些沒能從戰爭中回來的人一杯。」瓦倫提娜說。

賽爾吉從戰爭中回來了。他活過了沃羅涅日前線的腥風血雨，也活過了普洛霍羅夫卡（Prokhorovka）那場號稱「納骨所」的坦克大戰。普洛霍羅夫卡那一役雖說是兩敗俱傷，卻是二次大戰的分水嶺。他還活過了庫斯克會戰（Battle of Kursk）這場改變戰爭走向且造成無數傷亡的行動，不過在這場戰役中，有一枚炸彈在最後幾天在他的坦克附近炸開。賽爾吉記得他眼前一黑昏了過去，醒來時人已在朋札鎮（Penza）的醫院裡。他被告知因為英勇行徑獲頒了兩面勳章，但失去了他的左腿。

賽爾吉原本可以留在軍中。軍事法庭給了他一個擔任官僚的機會，但面對那些為了不上前線自殘或逃兵的年輕孩子，死刑令他實在簽不下去。已經體驗夠軍中生活的他，一心想跟家人在一起。他還想重拾教書的工作，那才是他的天職。戰爭將他改造成一個和平主義者。他本人從未提及這個決定而我有點後悔自己不曾問過他。

瓦倫提娜喝完她的酒，決議我們得走了。「希望妳們下次可以待久一點。我們會弄一桌像樣的菜，妳們要是有興趣釣魚或游泳，柯爾亞有一等一的私房景點可以帶妳們去。」瑞莎這麼說，而我們則一邊告辭一邊跟她交換電話號碼。

她把一盒打包好的蛋糕塞進瓦倫提娜手裡。「是不是血親都無所謂，妳們橫豎不是陌生人了，」瑞莎說。按照習俗，瓦倫提娜在收下蛋糕前婉拒了三遍。

亞洛斯拉夫踩下油門，我們一路衝過了有屋頂的水井、刷白的小木屋、馬鈴薯田，還有黃色的向日葵地毯。

「看，下雪了，」瓦倫提娜說著搖下車窗，伸手抓了一把楊柳的白色飛絮。「六月的雪……」

在剩下的返家車程中，我們三個人都陷入各自的思緒中。我用額頭抵住車窗，在模糊的地景中分辨哪個是綠色的果園，哪個是黃色的田野。我只看得到躲在地窖裡的兩個孩子，走鄉間的蜿蜒道路去學校的阿絲雅，爬進坦克車身的賽爾吉。「我不害怕地獄，」賽爾吉常說，「在看過那些東西之後，地獄頂多也就是那樣而已。」在臨終的病榻上，一個人生橫跨近百年的男人的遺言是：「全營一起，衝啊！」

李梅色的雲朵霎時風起雲湧，虎視眈眈在我們前方。地平線色調一沉，攪動著楊柳白絮的強風一陣一陣。「風雨要來了，」亞洛斯拉夫說。

「會過去的，」瓦倫提娜說。擋風玻璃上重重落下幾粒雨點，空氣聞起來像是燒紅了的鐵，只見那風暴來得快去得也快，瞬間消失不見。「看吧，過去了不是。」瓦倫提娜滿意地說。她唱起了描述銀色柳絮六月雪的老調，一路哼回了家。

接續的幾週像是段會發光的記憶。表面看來我們的生活日常毫無變動，照舊去果園上工、吃飯、去波爾塔瓦。同時我們三人——外婆、母親跟我——進入了一種夏日倦怠的節奏。隨著烏克蘭終於開始傳出捷報，一一收復烏東叛離區域的城鎮，一種戰爭終於能看到終點的氣氛出現了。我們舉杯祝賀著烏克蘭的未來。六月雪融，但我們一無所悉地沉醉於亢奮之中。

「烏克蘭出大事了，」我母親傳來的訊息如是說。我用麻木的手指，往Google輸入烏克蘭一詞，按下新聞分頁。一開始我仍在狀況外。一架飛機、冒煙、墜毀。民眾拍下的影片可見焦屍出現在向日葵田中。幾週前我剛離開烏克蘭，並在道別時向瓦倫提娜保證我一搞定簽證，就會在九月分回歸。當時果園的樹木還結實累累垂彎到地上，玫瑰讓空氣中瀰漫蜂蜜融化般的奢侈芳香。我無法將離開時的那個烏克蘭跟現在新聞的駭人影像連結起來。

「二〇一四年七月十七日，馬來西亞航空的ＭＨ十七號班機在從阿姆斯特丹飛往吉隆坡途中，飛越了屬於戰區的烏克蘭，結果就從雷達上消失了。機上共計有兩百八十三名乘客，包含八十名兒童，十五名機組人員。」

我撥了電話給瓦倫提娜。她正在看電視新聞。我們只簡單講了幾句話，她的聲音就變得黯淡而遙遠，感覺身處在另外一顆行星，一顆飛機會從天上掉下來，讓人葬身在向日葵田中的行星。我不停回撥，但線路始終塞車。我獨自一人待在布魯塞爾的公寓裡。寂靜感覺充滿了重量，只有空調的低頻嗡嗡聲偶爾在其中穿插。我在臥房中間席地而坐，吸引我注意力的是一張壁爐架上的黑白照片。照片裡是阿絲雅跟她懷中的小瓦倫提娜，兩個人一人一頂時髦的帽子，都一副不知道在認真什麼的表情。照片是在二次大戰爆發前不久拍的。臥室窗外清晰可見的布魯塞爾通訊塔，上頭的紅藍閃光一如往常，但不知為何今天看起來有點其兆不祥，有點兇神惡煞。路另一頭的歐盟總部肯定又在發著「我們深感關切不安」的聲明回應這場憾事。

電話聲響，讓恍神的我大夢初醒。電話一頭是我的母親，說話快到我幾乎聽不懂她在說啥。「妳知道俄羅斯國會委員會的代表在電視上是怎麼說的嗎？他說這事是美國人策畫的！」

「媽，不要再看俄羅斯的新聞了，」我試著在滔滔不絕中插話。

「但我需要知道他是怎麼想的，」她說，口氣一副她是個政壇幕僚似的。沒人可以搞懂普丁在想什麼，而母親想要靠俄國新聞解開這謎團的想法讓我噗哧笑了。

「這樣就對了，」我母親說道。「妳剛接起電話時的聲音空洞到嚇人。我們的勇敢不能停歇。」

隨著七月流轉至八月，烏克蘭的戰事愈演愈烈，我的勇氣也開始消失。城鎮得而復失，無辜消亡的生命數以百計，流離失所的民眾更是數以千計。我們家認識的名字開始出現在死者與失蹤名單上，當中有些是不小心被夾在兩軍之間的平民，有些是軍人。「我討厭這年頭的政治人物老愛說什麼『英雄不亡』，」瓦倫提娜說。「他們當然會亡好嗎，他們死得可兇了！就是因為不怕死才變成英雄的啊。」

事實證明我想在九月重返烏克蘭，是件不可能的任務。拿著美國護照，我一次只能在烏克蘭待三個月，三個月之後就要再等六個月才能重新申請。烏克蘭簽證的申請比我預期複雜，所以我也只能等。身在海外，我前所未有地感覺到自己的烏克蘭身分。我體驗到跟二〇一四年春天開戰時，一模一樣的心情三溫暖，只不過這一次我滿腔無力。我天殺的什麼都做不了。甚至連陪在瓦倫提娜身邊都做不到。一股空虛感在我心中油然而起，像黑洞吸走我所有的喜悅與歡愉。空蕩、失神、苦澀與氣憤在我心中輪替。我氣俄羅斯政府教唆這場戰爭，氣美國只能制裁幾個俄羅斯富商了事，氣歐盟果然表現得像個軟腳蝦與窩囊鬼，氣烏克蘭的菁英在乎賺錢甚於國家，氣生命在這場沒有意義又令人恐懼的戰爭中死去，我氣這場戰爭怎麼都不會停。放眼新聞頭條盡是戰禍與死亡——敘利亞、加薩走廊、緬甸。這是個酷熱的八月，感覺全世界都燒著熊熊的戰火。

我害怕失去我的烏克蘭，那個我才開始認識跟愛上的烏克蘭。貝里格的點滴回憶此刻變得更加溫暖與明亮。我與瓦倫提娜在談話中，重溫烏克蘭活力滿點的春天。我回想盛開著花朵的櫻桃果園，回想那有如棉被的鄉間麥田，也回想沃爾斯克拉河的美麗曲線。我寧可就這樣在白日夢中迷失，也要逃避那愈發黑暗的現實。

八月分的最後幾星期，我在布魯塞爾成為一名女性漫遊者（flâneuse），觀察著圍繞著我的生活，像遊客置身於博物館。那讓我想起初來乍到這座城市那幾個月。我對布魯塞爾的第一印象，為後來的體驗定調。我先生跟我一探頭出來，就進入中央車站附近的混亂地帶，發現自己身處於十九世紀有弧度的建築正面與粗獷主義的水泥盒子共組的灰色雜燴。最終我們一路來到「磚塊碼頭」（Quai aux Briques），這條由巴洛克與中世紀建築點綴而成的休憩景點，一邊喝熱巧克力，一邊看雨水把聖凱瑟琳教堂的正面弄得黯淡，同時也把廣場變成一幅印象派畫作。「要住這兒，我可以，」我對先生說。

布魯塞爾伴隨其馬賽克一般的街區組成，藏有許多能滿足好奇心的寶藏。我會在斯哈爾貝克區（Schaerbeek，布魯塞爾的一個大區）一晃就是幾個小時，讚嘆新藝術風格的建築街景，會漫步穿過聖休伯特拱廊街（Galeries Royales Saint Hubert）的義式拱廊，也會探索馬托內區（Matongé）的一個個剛果市場。不然我也可以流連在摩洛哥咖啡廳，俯瞰聖若斯—滕—諾德區（Saint- Josse-ten-Noode）三階式的巴洛克教堂。菜販會把茄子跟番茄擺成一個複雜精細的展場。居民會舉家手挽著手散步，用土耳其語相互寒暄問候。身著黑色西裝的男人以梨子形狀的杯子喝茶，玩著雙陸棋，開口告誡身旁那些踢足球踢到忘我的少年。我喜歡布魯塞爾有著洋蔥那樣一層又一層的紋理，喜歡她的不按牌理出牌，甚至喜歡她偶爾會讓我氣不打一處來。即便是在初始的新鮮感與興奮感消磨殆盡後，我也還是能感受這座城市的旖旎風情。

然而二〇一四年的八月，布魯塞爾在我內心所激發的情緒卻是恨意。我埋怨打扮入時的名媛，在布魯塞爾公園遛貴賓狗那種優雅的慵懶。我悶悶不樂地瞪著一身黑西裝的歐盟公務員享受他們的午休，就像他們應該為烏克蘭的悲劇負責似的。我開始看什麼都不順眼，尤其最受不了自己內心的憤慨與黑暗的思想。

布魯塞爾放棄她夏日的倦怠，換來了秋天的憂鬱。一日，傾盆大雨困住了散步中的我，讓我得在一家貨真價實的博物館，也就是比利時皇家美術博物館（Musée Royal des Beaux-Arts）躲雨。若說荷莉．葛萊利（Holly Golightly）[1]覺得蒂芙尼珠寶店裡不會有任何壞事發生，那瓦倫提娜對博物館也有一樣的感覺，並且把這樣的心思傳給了我。我喜歡博物館裡愈陳愈香的木頭味，喜歡柔和的光線與寂靜填滿展示的廳堂。我會駐足在老彼得．布勒哲爾（Pieter Bruegel·，1525-1569）的「伊卡魯斯的墜落」畫前。這名佛萊明（Flemish）畫家選擇了伊卡魯斯因為飛得離太陽

---

1 電影《第凡內早餐》中由奧黛麗赫本飾演的女主角，身為窮女孩的她會盛裝站在蒂芙尼店外吃著廉價的早餐，算是過過乾癮。

太近翅膀被融化，最終墜入海洋的瞬間。然而這場悲劇僅占據全畫的一小部分——水面上閃過的白皙雙腿。畫面的中央是一名在田中耕作的小農，全神貫注地用犁耙翻一道道土溝。在海岸邊有一名牧羊人盯著天空。他也沒有注意到溺水者的苦痛。船隻滿帆從海面上掠過。再過一秒鐘——伊卡魯斯就會在不透明的綠波裡消失無蹤，但這世界的作息還是一如往常在走。

我依稀記得詩人威斯坦・休・奧登（W. H. Auden，1907-1973）以這幅畫為靈感創作的一首詩，便在家中把詩查找出來。

> 關於苦難他們從來不曾錯過，
> 老大師[2]們……

之後我反思了這首詩好幾天，在睡前念給自己聽。這首詩刺痛著我的內心，須知奧登這首詩寫在一九三八年，而就在幾個月後，奈維爾・張伯倫（Neville Chamberlain，1937-1940任英國首相）就講出那著名的句子，指稱德國併吞捷克斯洛伐克是「對於在遙遠國度吵架的人們，我們一無所知」。不到一年，德國與蘇聯就循著莫洛托夫—里賓特洛普條約瓜分了他們歐洲鄰國的疆域。二戰的戰端就此開啟。

這首詩也提醒著我，不論我多麼以痛苦綑縛自己，這個世界都會從我身邊經過，既不會為我停留，也不會換條路走。說來奇怪，我感到一絲安慰，因為這讓我放下了協助或悲憫的期許，轉而向內專注尋找我的堅韌。我翻找先祖的老照片，那些命運多舛但從一場場悲劇中活下來的先祖。我很喜歡的一張快照主角是帕莎，我無緣認識的外高祖母，照片裡的她站在貝里格屋子的院子裡。雙腳堅定地插在地上，桀驁不屈地瞪著相機鏡頭。我知道的外高祖母，再煎熬也絕不認輸。

瓦倫提娜用行動證明了她身上流著跟帕莎一樣的血。對於未來，她就跟其他人一樣焦慮，但並沒因此不繼續耕耘花園、跟鄰居寒暄，還有照三餐展現廚藝。對於我再三懇求她申請外國護照，替可能會惡化的情勢買個保險，她的回答是她永遠不會離開自己的家。瓦倫提娜跟我為了讓分隔兩地的日子好過點，進行了各種計畫。我跟瓦倫提娜說我會再一次把果園刷白；她說我們可以再一起出遊。我對上天發誓，會拔草莓圃的雜草；她向我保證她會把棚屋的舊垃圾整理出來，把列寧肖像送人。只要春天一來，只要手腳利索，我們就會把這些事都做了，我們說。

然而，與弗拉迪米爾的衝突未解仍壓在我的心頭，為此我給他寫了一封短短的電郵。但我的

2 十八世紀以前的歐洲大畫家。

訊息被擋了回來，顯然弗拉迪米爾的Skype帳戶仍未恢復啟用。他與女兒同住，同時還有一名社工照顧他的起居，於是我想要是他有個什麼萬一，我還是可以透過親戚知道。或許弗拉迪米爾並不打算恢復我們的談話。或許他氣還沒消。我能做的只有等待他自行出現。

在這幾個月裡，我發現阿絲雅是對的。人心確實是一種奇怪的東西。我接受痛苦，但也從來不停止希望。

第九章

二訪列舍季利夫卡

我在波爾塔瓦踏出火車，熟悉的刺鼻味道裡有綠色植物、燒焦的橡膠及罌粟籽卷，讓我頭暈暈的。我明白有人雙膝跪地親吻家鄉土地的激動心情。猶記我第一次回到烏克蘭，那種彷彿外人難以解釋的感覺，但如今我回到家鄉，重返故土攪動了我內心一種複雜的情緒。我遵循自身版本的返鄉儀式。來到貝里格並擁抱過瓦倫提娜後，我去了花園，觸碰櫻桃樹那粗糙的樹皮。

「曾經我回到貝里格也會做同樣的事情，」瓦倫提娜靠在花園鐵門上觀察我。「只有這樣做，我才會覺得自己真的回來了。」瓦倫提娜跟我去年種下的年輕櫻桃樹撐過了冬天，栗色條紋的花苞開始轉成花朵。

瓦倫提娜再一次為花園勾勒遠大的計畫，但這次她把主要的職責下放給托爾亞叔叔（Uncle Tolya），這個年過八旬嬌小乾癟的男人。托爾亞叔叔不是我親叔叔。在烏克蘭的村子裡，任何明顯比你老的長輩都是阿姨叔叔，跟有沒有血緣關係無關。托爾亞叔叔有張黑黝黝的臉孔跟一頭刺刺的頭髮，上頭塗著厚厚一層髮膠。毛茸茸的眉毛掛在珠子一樣的眼睛上，讓他看起來像隻刺蝟。我上一回的貝里格之行也看過他，但今年春天他將成為我們生活中的固定班底。

托爾亞叔叔身上永遠是一套灰色西裝，連同雙排扣的外套跟桃子色的襯衫一應俱全。那件襯衫一如他本人都屬於另外一個時代，其老派的時尚也增添了穿衣者的謎樣氛圍。他會從衣服的內袋生出螺絲起子，一盒烤過的葵花子，一條刺繡手帕，或是顆雜色的蘋果，像魔術師一樣。

「我還是個小朋友在念書的時候，他們說地球是四頭大象撐起來的，甚至連圖示都有。後來他們又改口說地球是繞著太陽轉。如今他們還說地球偏離了軸心。末日要來了。」托爾亞叔叔會用這樣一段話取代問候，就好像接著上次的對話往下講一樣。「所以這些櫻桃樹，我們還是今天趕緊種一種吧。」

托爾亞叔叔的主業是在墓園掘墓，天天與死亡為伍的工作也讓他用哲學的態度看待生命。此外，他也是村裡的先知，各種生活或戀愛的疑難雜症——小雞孵不出來、不會求婚，想創業但沒有頭緒——他都可以回答。在貝里格這個工作也包括下咒讓小黃瓜長快一點的地方，掘墓師傅兼當算命師已經不會讓我驚訝。

他出現時會響著他老腳踏車的鈴聲，用花式煞車停在我們家門前，但我們永遠猜不到他何時會出現。有些日子他會在我們的花園待上一整天，從黎明到黃昏；有些日子他跟他的腳踏車會連個影子都沒有。雖然托爾亞也收瓦倫提娜的錢，但他來幫忙是想要人的陪伴。挖墳太過孤單。

托爾亞叔叔終於出現後，立刻開始上工。「跟我說要幹嘛，」他用跟他瘦小身材反差的宏亮聲音宣布。托爾亞叔叔幹活速度飛快，一完工花園變得整齊、庭院也乾淨一些，瓦倫提娜就會開心一點。

正事忙完後，托爾亞叔叔會到幫浦那洗把臉、洗個手，甩一甩他的外套，一臉開心地去幫瓦倫提娜下廚。她會弄出豐盛的一桌菜，然後為了東西少、味道差賠不是。至於托爾亞這邊則會先拒絕三遍，然後一副勉為其難的樣子說「我就嘗個兩口」。接著他跟瓦倫提娜還有繁文縟節要進行，那就是她會給他工錢，他會三推四卻。以結果論，他會把瓦倫提娜給的錢收好，吃下三人份的飯菜，正式道完別，然後再留下來跟瓦倫提娜聊一下午的天。對他們倆而言，那才是一天當中最愉快的時間。

「所有出海的船長都是酒鬼，」托爾亞叔叔會這麼主張。或他會向瓦倫提娜保證，艾菲爾鐵塔是世界上最高的建物。托爾亞叔叔從沒有出過海，對於巴黎地標的資訊也過時了一世紀，但他總能一本正經地高談闊論，且不接受反駁。「賽爾吉夫娜！」他會糾正瓦倫提娜，而且還會特意很老派地用上我外婆的父名。「不要聽信那個巫婆的盒子。」他指著我們客廳角落的電視說。「它跟人胡說八道一堆東西。聽我的沒錯，船長就算本來不是酒鬼，最後也會是。」

瓦倫提娜藏住笑，然後問托爾亞叔叔要不要來杯咖啡。他會拒絕，然後說咖啡比伏特加還糟糕。這對托爾亞叔叔來講是有意義的比較，因為在他「年輕的時候」——意思是他六十幾歲的時候——酗過酒。他現在宣稱比茶濃的東西，他一概不喝。

我讓瓦倫提娜與托爾亞叔叔去聊天，自己帶本書躲進阿絲雅與賽爾吉從前的房間。「這千真萬確——地球真的偏離轉軸了。」我聽見托爾亞叔叔還抓著她心愛的理論在大肆發揮。我想現在這個世界有點亂了套，會不會真給他說對了。雖然春天的美麗清清楚楚擺在眼前，但那種說不出的不對勁，我們都感覺到了。東方的戰爭方興未艾，但這劇烈的恐懼卻比不上對物價上漲與經濟崩潰的焦慮。瓦倫提娜放棄了土耳其肥皂劇，開始以小時為單位黏在電視機前，關注天然氣補貼的辯論。自從前一年戰爭開打，她的養老金已經貶值了四分之三，剩下的只能勉強支應暖氣的費用。我提出由我這邊來負擔，卻遭到她的反對，因為那傷了她的自尊心。她接受我的母親與阿姨的接濟，但她感覺跟孫子拿錢有失尊嚴。我學會在像冰箱一樣的浴室裡洗戰鬥澡，生活用品則每週兩次去波爾塔瓦的市場採買。我會故意低報價格讓外婆安心，但這些善意的謊言沒有讓瓦倫提娜放下戒心。我外婆一邊聽我講著牛奶、雞蛋、肉品的明細，一邊雙手緊握，因為每個價格都讓她揪心。

「妳擔心這些做啥？」托爾亞叔叔會說。「今天妳還有一口氣，明天他們就把妳放進去了。」

他用還有土垢的大拇指指向墓園的方向。他不看電視，而他對事情的態度讓我想起蘭佩杜薩[2]小說《豹》中的蘭佩杜薩親王說，「這一切都不該延續；但它們就是會，永遠；當然這說的是人類的『永遠』，一百年，兩百年……然後在那之後，事情就會不一樣了，變得更壞。」這話沒有安慰到看著退休金一天天縮水的瓦倫提娜，但提醒了我什麼叫斯拉夫人的宿命論。

還有另一個人的人生觀也很哲學，那就是奧爾嘉女士。「『你們看那天上的飛鳥，也不種也不收，也不積蓄在倉裡，你們的天父尚且養活牠，你們不比飛鳥貴重得多嗎？』[3]」她重複聖經中的段落。經過一個冬天，奧爾嘉女士失去了她的租屋，搬進教堂的閣樓。我第一眼看到她，就嚇了一跳，因為她原本濃密的髮辮沒了，取而代之的造形是鮑伯頭。「不像我天生幸運有很多頭髮的人，現在可以有頂很棒的假髮了，」她說。「再說，短髮看起來比較年輕。」她原本固定的家教工作也毫無預告地停止，她只能靠一些零星的寫作案，負擔家計跟女兒的學費。

1 父名就是父親名字加上「夫娜」這個後綴，意思是「……的女兒」，賽爾吉夫娜就是「賽爾吉的女兒」。

2 Giuseppe Tomasi di Lampedusa，1896-1957，義大利小說家。由他所著並於一九五八年出版的《豹》（*The Leopard*）講述西西里島在義大利統一運動時期的社會與生活變化，是義大利史上極為暢銷跟重要的文學作品。作者本身是第十一世也是最後一世蘭佩杜薩親王，故事中的主角是他的祖父，也就是以第九世蘭佩杜薩親王的一生為藍本。蘭佩杜薩島位於西西里島南邊兩百五十公里處的離島。《豹》曾改編成影視作品。

3 馬太福音第六章第二十六節。

「這個冬天我需要錢甚於需要頭髮。」奧爾嘉女士終於說了實話，但她回絕我所提供的協助。我建議她搬來貝里格跟我們住，多騰出一個人的空間不難，但這想法逗笑了她。

「謝謝妳，但現在我住在距離天堂最近的地方，」她說著領我上到教堂的閣樓，那兒有滿滿的書、一綑綑的蠟燭，還有浸禮用的水槽。奧爾嘉女士用水壺煮水，然後取來了不成套的杯子。我們喝著顏色泡到像咖啡的茶，聊著她在我離開時挖出來的刺繡，還有她魯許尼克蒐藏的新品。檯燈泛綠的燈光朝聖像投射出詭異的光輝，薰香與乾燥玫瑰的氣味充斥房間被陰影占據的各個角落，宛若鬼魅般的存在。在十字架與香爐的環繞下，我們忘卻外頭還有另一個世界，直到教堂的鐘聲讓閣樓的牆壁震動。我想起我在市場幫瓦倫提娜買的肉正在袋子裡解凍，不趕緊回家可不行。

瓦倫提娜知道我常趁著去波爾塔瓦跑腿，順道拜訪奧爾嘉女士。她有時候會請我給她看看奧爾嘉最新的刺繡照片。

「這個刺繡看起來很眼熟，」瓦倫提娜一日看著我在處理影像有感而發。她指著照片一幅玫瑰與孔雀交纏出一道橫條的紅黑色魯許尼克說。

「奧爾嘉女士說這叫作『布羅卡爾玫瑰』（Brocard roses），布羅卡爾是法國衛浴用品品牌，曾在十九與二十世紀之交在波爾塔瓦附近開過一家工廠。當時布羅卡爾的每塊肥皂都附贈免費的刺繡圖案。」

「帕莎去哪裡弄來的法國肥皂？」瓦倫提娜咕噥。

「帕莎？」我正坐在餐桌上操作筆電，瓦倫提娜站到我的身後好看清螢幕。我本能抬起頭來，瞥了一眼阿絲雅母親的肖像。她的淡藍色雙眼在黑白照片裡淡到像沒有顏色似的，表情既堅硬又嚴峻。

「帕莎會用一樣的玫瑰與鳥繡她的魯許尼克，」瓦倫提娜指著照片說。

「帕莎是個什麼樣的人？」我一邊問，一邊瞅著她的照片。

「強悍，」瓦倫提娜說著把閱讀眼鏡推到頭頂，皺起了眉頭。「強過頭了。」

帕莎帶著一頭牛跟一方地，毫髮無傷地撐過了史達林帶來的饑荒與恐怖，然後她在與希特勒作戰期間守護了家人。我相信她夠強悍。

「但瓦西爾的死擊潰了她，她讓我們的生活變成地獄，」瓦倫提娜說。「她折磨我們。變得非常刻薄與不講道理。她會出手打我。」她口中說出的字句聽來沙啞又乾燥。我低下頭。沒辦法繼續看著帕莎，我受不了，但仍能感受到她蒼白的雙眼投注在我身上的視線。

瓦西爾是阿絲雅的弟弟，但他在我出生之前很久就死了，所以我對他的想像來自於阿絲雅臥室掛著的肖像——一個年輕人穿著一身優雅的黑色西裝，一縷金髮浪漫地掃過他高高的額頭。瓦西爾原本在波爾塔瓦交響樂團吹奏長笛與薩克斯風，同時還會為手風琴作曲，並跟著妻子拉拉（Lara）一起巡迴蘇聯表演抒情短歌或民謠。身為樂手，他的薪水很不錯，而看起來像是棕髮版維若妮卡・蕾克[4]的拉拉，則會接演一些小型電影裡的角色。有一天排演完回家的路上，他的摩托車在大雨浸濕的路上打滑，摔車的腦出血讓他回天乏術。

「一開始帕莎搬去與拉拉同住，幫她照顧孩子，但後來拉拉改嫁，跟新丈夫搬到匈牙利，」瓦倫提娜說。「帕莎說，對她來說拉拉已經死了，所以她就搬回來跟阿絲雅同住。」

瓦倫提娜坐下並把雙肘放到桌上，用雙手撐起臉頰。「她並不感激阿絲雅的照顧，每天不斷繡著魯許尼基，然後披在瓦西爾的肖像上。她哭著問神為什麼要帶走她心愛的孩子。她織布、繡布。日復一日。那成了她僅有的消遣，不然就是祈禱。當時的我很難同情她。」

瓦倫提娜瞥了一眼帕莎的肖像，然後撇開頭。「但就像俗話說的，死者為大，我們不該說他們的壞話。」她說。

我猶豫了一下問，「那妳為什麼還要把她的肖像放在這裡？」

「罪惡感吧，我想。每當有人離去，我們都會歉疚，特別是如果因為他們走了鬆了一口氣的話。」

我感覺胸口一帶悶悶沉沉，一時間喘不過來，然後那痛苦又消失了。我坐著瞪著窗外。

「奧爾嘉女士說魯許尼基不只會為了喜慶而繡，也會為了傾瀉悲傷而繡。」我隔了一會兒說。

「我想是吧，」瓦倫提娜說。「悲傷時，任何能讓人分心的事情都好。」

「我們家裡還有帕莎繡的魯許尼基嗎？」我問，假裝沒看到外婆的質疑。

瓦倫提娜指著棚屋的方向。「我一向什麼東西都留著，但惡魔在那裡都會跌斷腿。」她不諱言儲藏室亂得一塌糊塗。「也許帕莎的魯許尼基還在那裡吧。但也可能已經灰飛煙滅了。」

我不認為瓦倫提娜會去棚屋找紀念物，所以自行發起了一種不一樣的調查。人不在烏克蘭的期間，我對自己沒有好好探索過出生地這一點產生了執念。我接受尼科季姆的遭遇成為懸案的事實，但鐵了心要以波爾塔瓦為中心盡可能有些收獲。我幾乎控制不住自己的興奮之情，就這樣坐在巴士看春天的鄉間從骯髒的窗戶不斷閃過，同時間大腿鋪著一張地圖，在心裡想著一個尚且未知的目的地。

瓦倫提娜向托爾亞叔叔抱怨說她擔心我，她覺得我在這種時局遊歷烏克蘭會不安全。「讓那

4 Veronica Lake，1922-1973，活躍於一九四〇年代的美國玉女演員，以美貌著稱。

孩子去吧。我們老了，在家裡待著剛好，但她腿腳還有力氣，她需要到處跑，」托爾亞叔叔說。「聽我一句，妳愈是想把人留住，人就愈會想跑。我對我的狗就犯了這個錯誤。」

就此如脫了韁，我前往公車站搭下一班的蘇聯式小巴，目的地是哈佳奇、佩特里基夫卡與聶伯羅（Dnipro）等我明明沒去過，但聽著覺得耳熟的城鎮。

有時我會漫遊小鎮，鎮上會有宏偉的教堂與舊時的宮殿坐落在如畫的池塘邊。佩特里基夫卡做為烏克蘭民間傳統繪畫的發源地，是我挖到的一個寶。置身其中，我很欣喜地發現每一面牆垣與圍籬，都覆蓋著一球球花楸漿果、大理花與葡萄葉，就像這些繪畫從畫家的畫架逃了出來，在鎮上四下撒歡。

還有些時候，蘇聯式小巴會把我放在看起來像典型蘇聯聚落的城鎮。來到哈佳奇這個古鎮，我看到的只有在灰暗沉悶中，混作一團的組合屋公寓樓跟混凝土營舍。某蓄鬍男人的半身像矗立在鎮公園的中央，但上頭沒有任何關於身分的說明。一名三十來歲的男人遛著狗繞過神祕銅像，看到我在拍照，開口表示銅像紀念的是米哈伊洛．德拉霍瑪諾夫（Mykhailo Drahomanov，1841-1895）。「他是當地人，」他自豪地補了一句。

德拉霍瑪諾夫是十九世紀甚具影響力的烏克蘭政治思想家，但這銅像看似建於蘇聯時期，當時德拉霍瑪諾夫被譴責為「資產階級─民族主義者」。

「你們年輕人真是什麼都不知道，」一名年長的清道夫從旁聽到我們的對話，顯然不吐不快。「那是卡爾・馬克思。但你們要當它是德拉霍瑪諾夫，那就德拉霍瑪諾夫吧。鎮上兩年前把介紹的名牌拿掉，也是希望大家這麼想吧。這比復原德拉霍瑪諾夫的故居容易多了。」他用掃帚比了比街的另一頭，這名烏克蘭作家生活的住所——那房子破落得慘不忍睹，窗戶都釘上了木板。

懷著在哈佳奇的失望情緒，我搭上巴士前往列舍季利夫卡。列舍季利夫卡也許看來摩登，但我記得仍保留本地的傳統與藝術遺產。同時，瓦倫提娜談到帕莎織的魯許尼基，讓我想起第一次與奧爾嘉女士一起前往時，見到的那些刺繡作品，我決定二度來訪。

列舍季利夫卡看起來充滿歡樂的氣氛，主要是鎮上在準備慶祝五月九日的歐戰勝利紀念日。5 我徘迴於一群女性正在清掃的二戰紀念碑旁，閱讀列舍季利夫卡的戰爭英雄名單。他們的姓名從上到下，填滿了好幾座巨大的平板，對這麼小的一座小鎮而言實在多得不像話。

列舍季利夫卡藝術學院的學生正在準備期末考。女孩子坐在那兒，簡直像屁股被縫在椅子上，全身只有手指會動。我走進教室時，身為教師的娜迪亞・瓦庫連科怒氣沖沖地在翻閱桌上一疊表格。她抬起頭來，一認出我就張大眼睛跳了起來。「我記得妳，妳去年跟另外一名女士來看

5 歐美等西方國家是在五月八日慶祝第二次世界大戰的歐戰勝利。

過我們的魯許尼克博物館。」她說。「我一直惦記著，希望妳能再過來。」

「官僚體系真的很愛整人，」娜迪亞說著指著桌上厚厚的文件。「蘇聯雖然早沒了，但我們的法律還停在蘇聯時期。我幫妳泡點茶？」

她把文件砰的一聲塞進抽屜。一名學生跑來問她作品的問題。「妳必須另外找時間把東西做完，才趕得上畢業。」娜迪亞說。

女孩瞪著自己還是半成品的繡衫，拉了一下懸著的線頭。「這不能怪我。我媽病了，她讓我替她帶牛去吃草，」她說。

娜迪亞嘆了口氣，把其中一隻袖子放進包包裡。「好吧，妳今天先盡量做，之後我們再看剩下的怎麼辦。」

「她媽媽只有一種病，那種病叫伏特加，」她說著與我一起離開教室。「但如果這孩子考試沒過，我們的畢業生人數就會不夠，到時候學校就麻煩了。畢業人數關係到預算。我怎麼也得幫她把刺繡完成。」

與娜迪亞初見面時，我只當她是個普通的老師。幾個月後，我在書報上讀到特別獻給烏克蘭總統的魯許尼克精品，才赫然發現她的名字。進一步得知她是國寶級的榮譽刺繡大師，作品會在世界各地的藝廊與慶典中展出。我不明白這種大師級的人才，為什麼還要跟莫名其妙的官僚規定苦戰，為什麼還要擔心飯碗。

「歡迎來到烏克蘭，」娜迪亞說。「妳以為那些當官的會把傳統刺繡放在心上嗎？」

「但我們也不打算坐以待斃，」她說著偕我走進教師辦公室。「列舍季利夫卡的刺繡師傅們，決定拿白繡去申請聯合國教科文組織的無形世界遺產。白繡夠獨特、夠精緻，絕對有這個資格。當然要申請就代表我們要跟烏克蘭與聯合國教科文組織的官僚打交道。但只要成功了，受到的肯定不可同日而語。到時候我終於就可以開自己的學校了。」

娜迪亞跟我講述了整個計畫，還給我看她蒐集的一整疊申請表格。

「我今天看到妳走進教室，還以為自己眼花了。」她說著打開電熱水壺。「需要人幫我們把一些文件翻譯成英文。只有幾頁而已。」她用眼神拜託我。

「當然，我幫妳翻。」我說。對於要如何說服聯合國教科文組織，讓他們相信一種傳統手藝具有文化價值，我一點概念都沒有，但這事讓我一想起來就熱血沸騰。

隨著水壺開始嘶嘶作響並噴濺起水，其他老師也加入我們，狹小的辦公室一下子吵得像菜市場。我之前有過一面之緣的畫家佩特羅，不改他那張厭世的憂鬱表情。新面孔亞拉（Alla）是個刺繡老師，金髮的她瘦歸瘦卻活力十足且開朗，一整個坐不住。繪畫講師維塔（Vita）跑來湊熱鬧，還帶來一罐即溶咖啡跟一包餅乾豐富現場的點心菜色。娜迪亞介紹我是「歐洲來的客人」，搞得眾人問了一堆烏克蘭人最愛問住在海外的人的問題，但我不知道該怎麼回答。「所以住在那裡是什麼感覺？」

照理，我此時應該已經琢磨出一個標準答案，但看著別人問得那麼熱烈，我實在也很想跟他們掏心掏肺，把好的跟壞的都跟他們交代一下。「住在那裡是什麼感覺？這是哪門子的問題？」娜迪亞聳聳肩說，同時間我則思考著怎樣說才比較恰當。「每個地方都有它的問題。歐洲的路也不是金子鋪的。」她倒起了茶。

「妳，親愛的娜迪亞，是真正的列舍季利夫卡愛鄉者，」亞拉看著一整盤甜食，手伸向了蘋果。「妳連被內定升官時都回絕搬到基輔。試想一下，妳原本可以前進首都的！赫雷夏蒂克街，一間間博物館，那座城市可以給妳多麼多采多姿的生活。」亞拉用夢幻的口氣如數家珍基輔之美，然後清脆地咬了口蘋果。

「我會每天花幾個小時在滿員電車中通勤，然後房租會把我的薪水全部吃掉。」娜迪亞答道。她拉開窗簾，指向對街的公寓，那是她兩個成年孩子的住處。「但亞拉說的沒錯，我的心在列舍季利夫卡這裡。我一開始來學編織，但因為學校的地毯部門沒有缺額，所以他們把我轉去刺繡科。我第一個反應是失望，因為我堅信自己已經是刺繡專家。但一看到列舍季利夫卡特有的各種技巧與在地師傅的細緻針線，我才意識到自己有多無知。我想要這些本事都學起來。光是列舍季利夫卡的空氣都能給我啟發。」她說。

「我錯了，」亞拉說著拍了拍娜迪亞的手臂。「妳不只愛鄉，妳還浪漫得很。」所有人包括娜迪亞在內，都被這話逗笑了。

「這裡有一位了解藝術，也懂得浪漫的人，」娜迪亞說著碰了一下我的肩膀。「她一開始是來這裡尋找列舍季利夫卡的刺繡，後來又志願當我們的譯者。」老師們輪番向我表達感謝，讓我感受到這項計畫在本地師傅們心中的分量。

聊天的空檔，我提起外曾祖母曾在二戰前短暫住過列舍季利夫卡。我問鎮上的檔案館不知道會不會有我們家的相關資料。

亞拉轉頭看著右手邊的繪畫講師。「維塔，那個在檔案館工作的女人妳不是認識嗎？帶我們的女孩去那兒，叫他們去系統裡挖挖看。」維塔一口答應，一喝完茶，我們就過街去到鎮上的檔案中心。

檔案中心在鎮公所一樓一個隱蔽的小房間。當時是午餐時間，維塔的朋友蘿薩（Roza）正在桌前吃三明治配偵探小說。維塔為了挑起她的好奇，特地介紹我是「在烏克蘭尋找親戚的外國人」。蘿薩闔上小說，打開電腦。

她說線上資料庫裡有全波爾塔瓦的出生、婚姻與死亡紀錄，往往還會附帶額外的細節像是各種登記、居住許可等，外加某些其他的相關情報。蘿薩將我提供的阿絲雅全名輸入檢索視窗，然後按下確定鍵。結果跳出來的是粗體的紅色字母說著：「查無紀錄」。我的心一沉。又提供了賽爾吉的姓名，但電腦還是一樣嗶嗶叫，顯示「查無紀錄」。我們試了好幾種不同的拼法，但電腦的回應就像我們家在資料庫裡完全不存在似的，生死都完全沒有紀錄。

此時我突然想起我找到過阿絲雅的舊時信件，當時她的署名是瓦西里娜（Vasylyna）。「妳可不可以幫我試試另一個名字？」我試探地問，就怕蘿薩會因為把午餐時間浪費在未果的搜尋而厭煩。「我外曾祖母受洗時叫瓦西里娜，說不定資料會在這個名字下面。」

「一九三〇年代的年輕女性喜歡選短一點、現代一點的名字，」蘿薩說。「我曾祖母叫阿格里琵娜，但她喜歡自稱伊娜。」我一直都很好奇阿絲雅為什麼會決定改名，但從沒想到是如此單純的原因。她是個即將要離開村子展開教師生涯的年輕女子。想要一個能搭配新人生的新名字，於是瓦西里娜就變成了阿絲雅。

電腦頁面變成灰色，一個計時的小沙漏不斷在螢幕上翻觔斗，伴隨著機器運轉的嗡嗡聲。「有了，」蘿薩驚呼一聲。她看到阿絲雅／瓦西里娜的紀錄拉出一串日期與數字，然後又連到家族的其他成員。蘿薩負責念，而我用最快速度抄下相關資訊。我得知阿絲雅母親登記的名字不叫帕莎，而叫作普拉斯柯薇亞（Praskovia），同時阿絲雅與賽爾吉登記結婚的確切日期是一九三三年的三月八日，國際婦女節當天——烏克蘭大飢荒最慘烈的期間。

感覺到運氣來了的我，請蘿薩也順便搜尋尼科季姆．貝瑞茲科。我的興奮肯定感染了她，因為即便午休已經結束，其他民眾開始在走廊上等候，蘿薩還是回應了我的要求。

「妳怎麼不去跟烏克蘭的國家安全局確認一下，他們可是在蘇聯垮台後繼承了KGB的檔案庫耶。」蘿薩問，她聽我解釋了尼科季姆在一九三〇年代的遭遇。她的電腦嗡嗡嗡地搜尋紀錄。

「不過也是啦，我自己路過那恐怖的公雞之家也會起雞皮疙瘩。」

電腦閃出了「查無紀錄」的紅色訊息。蘿薩返回有阿絲雅本名的頁面去挖寶。

「我外曾祖母非常害怕公雞之家，所以我們都會為了避開它繞道。她管它叫公雞陷阱。」我邊說邊看著蘿薩的電腦螢幕。

「我曾祖母伊娜的朋友被抓進去過。她在兩天後獲釋，但出來的時候已經一夜白髮。我不知道她在裡面看到什麼，但那肯定改變了她的一生。想也知道她再也不敢靠近公雞之家。也許瓦西里娜也被抓進去過？」

蘿薩的話匣子一開就沒關起來過，但她講的話我一句都沒聽進去。我嚇傻了。阿絲雅被逮捕過的可能性似乎不高。蘿薩的發言是毫無根據的臆測。被KGB抓過的人鮮少能回得來。即便如此，這個想法還是在我內心扎了根。因為除了親眼見過裡面的景況，還有什麼能解釋阿絲雅對於那地方那種非理性的驚懼，直至連名字都不能提？

我離開檔案中心。意識到我應該回刺繡學院一趟，去跟娜迪亞道別才對。但我的思緒亂成一團。阿絲雅被抓過？那個奉公守法、熱愛種花的外曾祖母。那個丈夫還是戰爭英雄兼正直共產黨員的她，怎麼能被抓呢？話說回來，我憑什麼說這不可能呢？數以千計跟她一樣背景的人，不也遭逢了相同的命運。只不過我沒辦法接受。我花了若干年研讀政治學，但還是不太能將我從書本中學到的知識連結到家中的親身體驗。對照歷史背景檢視他們的行為，難度更是比我預期得高——而且痛苦。所以該說不意外嗎，我外曾祖父母說起話來總像是在打啞謎，而蘇聯那段過往對許多人而言，仍是不能揭的瘡疤。只有兩種人可以心無罣礙地暢所欲言，一種是對蘇聯讚譽有加之人，一種是對其罵聲連連之人。

眼下什麼都看不清，一切都一片模糊。我來到波爾塔瓦的巴士站，招了輛計程車。「去公雞之家，」我說。

第四部

公雞之家

The Rooster House

第十章　哈爾科夫

那兩盞嚴肅冷峻的警示燈做為公雞之家的左右護法，一副好像要起飛的模樣。我走向建築物，站在其前方。烏克蘭國家安全局的波爾塔瓦總部大門看起來如此沉重，讓我不禁懷疑輕推能否移動它半步。但它輕易地旋開，輕鬆到我差點失去平衡，往裡頭跌了進去。我想像中的恐怖之家有十九世紀末的優雅氣場。華美階梯的拋光大理石在午後的陽光中閃閃發光，深酒紅色的地毯緊貼著每一道台階，上頭一塵不染。穿堂處十分涼爽，聞起來有高價古龍水的氣味。一身軍裝的高個兒警衛在檢查哨掃描著識別證。兩個灰色西裝打扮的男人跟好幾名士兵立於穿堂中，並在我走進的瞬間轉過身來，對我行起注目禮。

我並沒有準備什麼說法。直到最後一刻，我都還是覺得走進公雞之家是件很不真實的事情，如今我已身在其中，只能盡量整理好自己的思緒。

「我去了檔案局，那兒有點異狀，也許她曾經被捕過。」我可以聽到自己支離破碎的聲音，被高聳的天花板彈回。警衛好像有點丈二金剛摸不著頭腦。「其實，我是為了我的外曾祖父而來，或更精確地說，我是為了他的胞兄而來。」警衛持續聽著，嘴角露出一絲笑意。他肯定覺得我這個女人瘋了。

「他名叫尼科季姆，而且他失蹤了，」我最後脫口而出。身穿西裝的男人看著我的神情，就像他們在KGB學校學過怎麼看人——試著撕開人一層層的自我保護，然後讀取內心最深處的想法。但或許只是狂熱的想像力在誤導著我。

我重試了一遍。「如果想找到一個在一九三〇年代失蹤的人，我該怎麼做才好？我想他應該被逮捕過。我去了好幾個檔案庫，也四處尋找過，但總是四處碰壁。還有我應該去試試運氣的地方嗎？」我不自然拉高且繃緊的聲音仍舊在穿堂迴盪。汗珠結在我的額頭上，從我的臉側滑下。

國安局的長官掏出一本便條，在上頭寫下一條地址。「我們有個檔案分處，妳可以去那裡問問看，」說著把便條遞了過來。「從這用走的，五分鐘就到，那裡叫烏克蘭國安局立國家檔案處分處，他們有一個處理民眾需求的櫃檯，我相信他們可以幫上忙。」他看了下腕表，確認現在是檔案處的開放時間。我收下地址，謝過長官，然後倉皇逃出門外。

只不過，國安局長官給我的好像是幽靈地址。我花了兩小時在那一帶繞圈圈，結果還是碰壁，而且是真的牆壁而不是比喻，因為那整條街都是工地，至於應該是檔案館分館的地方則只有一道鋼製圍籬。不論我怎麼問路，那兒的人都是一問三不知。「國安局的檔案處？對民眾開放？妳還是去公雞之家吧，不過也不是說那夥ＫＧＢ就會幫妳啦，」一個在給花圃澆水的女人說。不論名字怎麼改，ＫＧＢ永遠是ＫＧＢ。

「我們在這裡住了五十多年，從來沒聽過什麼檔案分處。」三名吃著葵花子照顧孫子的阿嬤一致回答。

「這位小姐，妳為什麼要去尋找惡魔呢？」一名身穿三件式西裝還戴著帽子的年長紳士對我這麼說。他走開的速度快到我來不及回答。

我轉錯彎，讓自己身陷於由窄弄、工地標誌與棄置房屋組合成的迷宮中。蘇聯時代的建物有好幾個內庭，而其編號系統包含沒有任何邏輯可言的整數與分數。阿絲雅稱公雞之家「陷阱」是對的。我現在就深陷於後蘇聯版本的《魔王迷宮》（*Labyrinth*）中，且已經不抱希望能夠脫身，更別說找到自己想找到的目的地。儘管如此，我還是一棟房子接著一棟房子，挨家挨戶賭賭運氣。我發現檔案分處的位置固然撲朔迷離，但前ＫＧＢ的辦公處倒是無所不在，讓人回想起極權國家的觸角是多麼無孔不入。有些據點是滿不起眼的灰色石板建築，入口處有金屬探測器。「妳這傢伙是怎麼進來這裡的？」一名武裝士兵發現推開門的是我就大叫起來。我趕緊草率收兵，腎上腺素的上竄令我頭暈。還有些據點是設在住宅大廈裡悄然無聲的辦公室。它們四周的街道都喊不出名號。

最終，我總算偶然發現了檔案分處，它藏在一條黑暗通道的連串石拱下方。標誌說它目前不是上班時間。我內心的焦慮與長時間尋找的疲憊讓我連失望的力氣都不剩。反正地方是找到了，改天再來也無妨。但我仍有一種自己來到陰陽魔界，看到的都只是假象的感覺。

去公車站的中途經過公雞之家，我注意到寫便條給我的長官。他在門外頭抽著菸，一面讓午後陽光打在臉上，一面接受女人的崇拜眼光。他一看到我，就朝我揮了揮手，問我有沒有找到檔案處。我解釋說他們已經關門了，我改日再去。

「我們可以打電話給伊莉娜．伊凡諾夫娜（Elena Ivanovna），她是我們檔案處的承辦人，內線就能找得到她。」他說。他朝門口的甕扔掉了菸屁股，一派紳士地替我開門。我稍顯猶豫地踏進穿堂，心中比起感激更多的是迷惑。我期待這是某種突襲，是打算扣留我的計謀。長官撥了號碼，遞給我話筒。電話一頭的女性聲音，聽起來是一個不苟言笑的人。我解釋我在尋找家族一個失蹤成員，並且已經窮盡各種可能性。我給出尼科季姆的名字。「光靠一個名字要找人可能不太好辦，」女子說。我盯著眼前的白色大理石牆，手中的電話愈抓愈緊。「我同時還需要了解妳在找什麼跟為什麼要找。大部分的前KGB檔案都還沒解密，所以我需要跟妳面談一下。星期三上午九點在我們辦公處，妳方便嗎？」

我說聲可以。然後想起我答應瓦倫提娜的事情，便改口說我得先跟外婆商量一下。

「妳決定好再來電跟我說。」伊莉娜．伊凡諾夫娜這麼說便掛上了電話。

我一走出公雞之家，手機就響了起來。我一開始有點狀況外，不知道來電的是我們的鄰居薩莎。

「快回來！」她尖叫。

瓦倫提娜發現我跑去公雞之家而生氣了嗎？我不理性地想。

「妳外婆摔了一跤，跌斷了背，」薩莎說，這話讓我身邊的一切都暫停下來。「我想打給迪米特羅，但他人在基輔。」

我在街上跑了起來，目標是前方的巴士站。那兒空無一人，顯示前一班巴士才剛剛駛離。我招了某輛計程車，但它從我身邊開過，連減速都沒有。我撥給叫車服務，但無止盡的稍候加上音質超差的莫札特讓我等得一肚子氣。我掛上電話滑起手機，想要找別家計程車公司，就在此時腦中劃過亞洛斯拉夫的名字。我改撥了他的號碼。

「亞洛斯拉夫，你大概不記得我了，但去年你載過我跟我外婆去一些村子……」我這麼開頭。

「維卡，我記得。回來尋根那個。妳外婆還好嗎？」

「她出了一點事，而我現在找不到車載我回貝里格。我在波爾塔瓦中心。」

「我去接妳，妳人在哪？」

我盯著那對鮮豔的紅色警示燈。「在公雞之家。」

「妳怎麼會跑到公雞之家？總之妳最好少問關於那裡的問題。我馬上過去。」

十分鐘後，亞洛斯拉夫的車停了下來，我鑽了進去。「貝里格馬上就到。」他說著踩下油門，引擎發出了怒吼。

家中的大門又一次敞開，院子裡盡是被薩莎叫來幫忙的鄰居。上氣不接下氣的我推開他們，看到瓦倫提娜坐在長椅上揉著身側。她一臉通紅，看似有點糗。「我在草地上滑了一跤，摔到背，」她說。「沒什麼大礙，只有一點小瘀傷。」她給人看了一下手臂上的瘀青。此時瓦倫提娜的手機響起，她接起來說：「迪米特羅啊，我很好。沒怎麼樣。薩莎那傢伙老愛小題大作，」她說。

「小摔也可能很危險，」亞洛斯拉夫說，他剛剛也跟著我進到院子。「我載妳去醫院檢查一下吧，確認一下比較安心。」

瓦倫提娜的臉轉為緋紅，嘴巴又硬了起來。「我說了，我沒事。不需要讓醫生跟我說我已經知道的事情。」她站起身，一跛一跛進了屋子，把薩莎與一票街坊晾在外面搖頭，然後他們也離開了。

「她怕看醫生，」我跟亞洛斯拉夫說，並為了瓦倫提娜的態度向他道歉。

「我老媽也是這樣，」他說著上了車。「但要是她回心轉意的話，妳就打給我。」

隔天，瓦倫提娜醒來之後發現她沒辦法走路。那一跤讓她經年累月使力搬澆水器與彎腰除草累積的舊傷惡化。外婆放任這些拉傷不管導致傷勢惡化，對年輕人來說都會痛到喘不過氣，她會忍著繼續工作。她在溽熱的高溫照顧菜圃，中暑在所難免。她處理自身傷痛那種滿不在乎的態度，會讓人想起由英國喜劇團體蒙提・派森（Monty Python）演出的電影《聖杯傳奇》（*Black Knight*）裡，那些過度自信，堅持不停手的黑騎士。我們家沒人能說服她把照顧花園的心思用一點在自己身上。

如今從她後腰輻射出的痛楚終於讓她動彈不得。她躺在床上熱敷。我一提議去醫院看看，她就憤怒地大喊醫生知道什麼。瓦倫提娜原本就有「醫院恐懼症」，鄰居間那些破落公立診所差勁服務的傳言更是讓她的被害妄想雪上加霜。迪米特羅跟我曾連哄帶騙、軟硬兼施，甚至想略施小惠讓她點頭去一趟波爾塔瓦一流的私人醫院，但最終還是改變不了她的想法。我們最多只能把家顧好，讓她有時間休養恢復。

托爾亞叔叔跑來給瓦倫提娜打氣。「我媽說過要把痛治好，就得拿背去摩擦被閃電打中的松樹。但那都是胡說。只有一樣東西能治百痛，那就是棺材一副。」平日都在給死者掘墓，無怪乎托爾亞叔叔安慰活人時如此生疏。

時間久了，痛也慢慢消退，但瓦倫提娜走出病痛後卻顯得意志消沉。她開始表示自己的氣力在慢慢流失，然後一說起未來的某件事情，她就會以如果自己活得到那天做為前提。跌這一跤加諸到她身上的改變如此巨大，讓我幾乎認不出眼前這個鬱鬱寡歡的女人是誰，以前那個活力充沛的外婆到哪裡去了。「以後的日子已經沒有什麼好期待的了，」她開始把這句當成口頭禪，「往後只剩下坡路。人老了日子就是這麼孤單，這麼黯淡。」

「但我們都在這裡陪妳啊，」我蒼白無力地反駁。「妳的那些計畫怎麼辦？妳不是想重新規畫果園嗎？」

瓦倫提娜揮了揮手，不讓我繼續往下。「做那些事情能改變什麼嗎？我已經把青春歲月都獻給了這片土地，現在的我已經老朽。」

這樣的心聲聽在來探視瓦倫提娜的鄰居耳裡，並沒有什麼奇怪之處。就像古希臘戲劇中的合唱團一樣，他們在瓦倫提娜的哀嘆下，也分享了他們自身的苦楚。他們有些人抱怨的是天下大事，比方說戰爭與氣候變遷。有些人的苦惱很明確屬於在地事務，比方說像薩莎蘋果樹上的黃黴菌，或是托爾亞叔叔注意到的新種馬鈴薯疫病。「好事不會再有了，」他們說著，便告辭去照顧他們的菜園。馬鈴薯的種植時程依舊神聖不可侵犯，就算是世界級的危機也得靠邊站。

但另一方面，瓦倫提娜則對花園失去了興致。盒裝的種子與種植的圖表開始招灰。她可以在餐廳裡一坐幾個小時，期間只是瞪著地板長吁短嘆。看著我的外婆消沉到如此了無興致，讓我無比心痛。聽我提議要一個人去試種紅蘿蔔，她會皺起眉頭。「試有什麼用？」她會說。我想要趴在桌子上哭。我以為瓦倫提娜下一句又是她沒辦法活著看到紅蘿蔔成熟，但出乎我意料的是她只是乾乾地補充一句，「妳根本不懂怎麼種紅蘿蔔。」關於這點，她倒是一點都沒錯。

一天下午喝完茶，我坐在餐桌前編輯我在米海利夫卡之行拍下的照片，外婆則在熱敷她的背。

「這照片是不是很美？」我說著秀出我跟瓦倫提娜站在她兒時住家前拍下的影像。

我外婆笑了。「這件外套是在哈爾科夫買的，」她指著照片裡她穿在身上那件米色嗶嘰夾克說。「那應該是六七年前的事了。你媽媽想跟我一起去哈爾科夫看看我們住過的地方，那天超開心的。那也是我最後一次給自己買點好東西。」她順了順慢跑服上的皺褶，瞇起眼像在檢視它的品質。

「巴布許卡，要不我們再去一次哈爾科夫。妳可以帶我去看妳以前念書的地方，妳跟外公約會的地方，還有媽出生的地方。我們可以去妳喜歡的咖啡店。去博物館，去血拚買些新衣服。」我的想法在腦中奔馳，手指在搜尋網頁的欄位中輸入了「車票，波爾塔瓦到哈爾科夫」，根本不給瓦倫提娜拒絕的機會。我預料她又會搬出果園或身體為藉口來打擊我的提案，但她只是笑著說，「哈爾科夫是我真心喜歡的地方。」

她沒有注意到熱敷布已經滑到地上。「那是有著我輪廓的地方，其他地方包括貝里格，都是別人替我選的，包括我的雙親或丈夫，但哈爾科夫是我自己挑的。」

對瓦倫提娜而言，哈爾科夫代表她青春歲月中最快樂的時光，也代表著她精采的大學時代。她經過一番苦讀才擠進國立哈爾科夫大學的窄門，那是蘇聯時期歷史最悠久，地位最崇高的大學之一。當分數明明很高的瓦倫提娜落到備取名單上時，阿絲雅氣炸了。她要賽爾吉去向校方抗議。他說他拉不下這個臉，所以不願意去，但阿絲雅十分堅持。對比於賽爾吉，阿絲雅對這個體制充滿了懷疑，她不相信系統的公平性。「那些黨內高幹沒幹嘛就可以澤及子女，讓小孩有好學校念，你可是打過仗的。幹嘛要不好意思，就去提醒他們是誰做出了真正的犧牲，不是嗎？」阿絲雅說。事實證明賽爾吉光是拄著拐杖站出來，身上掛著分量十足的各種勳章，就已經讓校方在地理系多騰出一個名額。

我外婆開始念大學的時候，國家還在從二戰的餘波盪漾中復原，但一九五〇年代的新局已經站上起點——史達林已死，「赫魯雪夫的解凍」正式展開。瓦倫提娜內心充滿了樂觀。她聽著赫魯雪夫批判史達林，相信過往的劣跡都肇因於一個邪惡的領袖。她想要對未來懷抱著光明的希望。她渴望去發現這座城市，結識更多新朋友，享受人生。她想要忘卻那些陰魂不散的黑暗歲月。

在哈爾科夫，瓦倫提娜跟兩名同學同住在一個小小的房間裡，她除了在圖書館念書，就愛去公寓隔壁的哈爾科夫藝術博物館閒晃。我外婆發現那地方時，博物館的建築還聞得到新鮮的灰泥與油漆，展示廳一半還是空的，那是戰時遭到掠奪的明證。儘管如此，餘下那少數館藏還甚有可觀，當中不乏弗拉迪米爾．博羅維科夫斯基（Volodymyr Borovikovsky）、德米特羅．列維茨基（Dmytro Levytsky）、伊凡．艾瓦佐夫斯基（Ivan Aivazovsky）、伊利亞．列賓（Ilya Repin）與塔拉斯．謝甫琴科的名作——沒錯，謝甫琴科既是烏克蘭的名詩人，也是成就斐然的畫家。瓦倫提娜在書上學過這些人的名字，但親身站在畫布前，她才真正被畫作的美感與力量震撼到。瓦倫提娜可以看到藝術家是如何用畫筆上色——她甚至可以辨識出由堅硬的筆毛所留下的溝槽——才讓油彩精準地落在不同層次上，進而召喚出髮絲或衣衫的質感。她觀察到油彩的白色斑點如何時而呈現蕾絲的光芒，時而演繹出珍珠的乳白光澤，時而又代表水面的粼粼波光。然後瓦倫提娜看到了影像是如何集結成一個整體，訴說著愛、美、背叛或死亡的故事。這一刻無需多言。她看著畫布就能明白一切。就像是她掀開了紗簾，瞥見了另外一個世界。

瓦倫提娜的覺醒既苦又甜。相對於在博物館中得到的歡愉，她選擇的專業領域顯得相當無趣。讓父親戴上勳章確保進得了地理系，如今看來是一場錯誤，但想轉換跑道門都沒有。她喜歡參加學生研討會，但如今看到自己面前的生涯是無限個五年計畫，是焚膏繼晷計算一個集體農場需要裝備多少台曳引機。瓦倫提娜開始用各種藝術填滿空閒時間。她訂閱了各種雜誌，報名考古行程，存下餐費參與劇場演出與電影試鏡，甚至還心血來潮成為業餘民俗舞團的一員。

舞蹈是害羞的年輕女性可以好好自我表達一番的媒介。瓦倫提娜很享受沉浸於音樂的魔力之中，她遵循著音樂的節奏，讓旋律流淌在她的體內。她喜歡舞蹈那種既可以像華爾滋一樣溫柔，也可以像波卡舞曲一樣奔放的感覺。瓦倫提娜的舞跳得愈來愈好，好到全校無人不知無人不曉，最終受邀在畢業舞會上表現匈牙利的查爾達斯舞曲。她做了一套緊身黑色外套跟紅色長裙的美麗舞衣，而演出也非常成功，成功到她還「安可」了一曲。「有人愛妳的舞姿愛到想透過牽線認識妳，」她的朋友麗娜（Lina）在後台看到瓦倫提娜，便神神祕祕地笑著跟她說。「他的名字叫作波里斯。」

幾天後，瓦倫提娜在麗娜的堅持下，去參加了一場學生聚會。她一到現場就看到場地中間有兩個身穿亮綠色襯衫的青年在演唱流行歌。他們看起來就是鏡子裡外的同一個人——很捲的捲髮同樣往後撥露出高高的額頭，同樣橄欖色調的皮膚，同樣充滿笑意的藍色眼睛。其中一人演奏著手風琴，另外一個則負責唱歌。「那就是你的波里斯，」麗娜小小聲指著主唱說道。

波里斯跟艾夫根（Evgen）這對兄弟都在哈爾科夫航空學院念工程科系。而且就這麼巧，這對兄弟也來自波爾塔瓦地區。雖然兩個人看起來真的是很難分——他們也不客氣地做一樣的打扮凸顯帥哥兄弟檔的效果——但其實兩人的個性相當不一樣。波里斯勤勉有責任感，有空都在念書或從事社區服務，而艾夫根則一有機會就去派對上用手風琴跟拿手曲目搶當主角。他善於搭訕、言談風趣，而且大方到一個不行，但瓦倫提娜愛上的是那個頭腦冷靜明理的波里斯。五月的哈爾科夫占盡了愛情的天時地利，波里斯與瓦倫提娜很快就結為連理。一年之後我的母親出生，所以哈爾科夫可說標註了我們家族史上的新頁。

每天我都會請瓦倫提娜多跟我說些她在哈爾科夫的故事，而她也每天都會熱情地縱身於記憶中，結果就是我們的下午茶會一路喝成晚餐，而我們的晚上會一路延伸到午夜，慢半拍的壁鐘才會勉為其難敲十二下，提醒我們該去睡了。但外婆像是有取之不盡的故事想告訴我，無論如何都欲罷不能。每晚在我們就寢前，我都會提醒等她背一好，我們就要兌現說好的哈爾科夫之行。每晚瓦倫提娜都會說好。當她問起我們離開的話，房子跟花園該怎麼辦，我知道她不只是在迎合我，她是真的想去。

「我跟迪米特羅也提過這件事了，他答應會來看家，」我說，「還有托爾亞叔叔會來照顧花園。他近期不是有請妳多給他一些工作嗎？」

「我最近什麼都沒在管，是不是？」

「休息是很重要的。」

「不，我休息夠了。我們得來工作。」

「工作前我們得先去一趟哈爾科夫，」我話說得堅定。

「我們會的，我跟你保證。」

貝里格的居民可以接受他們的鄰居行為古怪，甚至違反善良風俗，但就是不能忍受鄰居放著花園不管。隔天托爾亞叔叔前來宣稱不管我們願不願意，他都要替菜圃除草。「等你們兩個決定好，這地方都變成叢林了。」他拿起澆水壺跟鋤頭，並請我去幫瓦倫提娜找一張摺疊椅。「我負責做事，外婆負責指揮，」他說。

瓦倫提娜不從，但由於托爾亞叔叔不聽她的抗議，所以她只能跟著他進花園。我一邊在院子裡曬衣服，一邊可以看到托爾亞叔叔在梨樹的樹蔭下喬椅子給外婆坐，然後開始除大蒜圃上的雜草。「今天很暖和又有太陽，」托爾亞叔叔的聲音迴響在果園中。「那代表上帝對每件事都有計畫。」

一開始，瓦倫提娜安靜地坐著，用手扭著披肩的流蘇，但就在托爾亞叔叔對著雜草大開殺戒的同時，她從椅子上跳起來，指著菜圃上的某樣東西。「你把那些蒲公英芽都留在那裡幹嘛。哪天雨一下，它們就會大到足以讓大蒜窒息，」她的聲音響徹雲霄，完全是不耐煩與頤指氣使的語氣。聽起來有比較像我認識的瓦倫提娜了。

從那天之後，托爾亞叔叔都會固定來幫瓦倫提娜的忙。有些早上他會背著一綑綑水仙或一束束稠李（薔薇科的植物），搞得我們滿屋子都是烤過的杏仁味，頭都要暈了。「沒想到托爾亞叔叔這種鄉下人也能這麼浪漫，」我外婆說著把臉埋進軟綿綿的白色花瓣中。她移動到梳妝台前，用玻璃瓶塞點了幾滴她最喜歡的鳶尾花香水。我在想瓦倫提娜與托爾亞叔叔之間有沒有什麼比溫暖的友誼再多一點的東西，但我並不想去窺探。他們在許多方面都是南轅北轍，但顯然不妨礙他們享受彼此的陪伴。在餐廳裡放茶的托盤上，一只公雞圖案正在褪色的大馬克杯永遠靜候托爾亞叔叔的來訪。

櫻花謝去時，瓦倫提娜已經恢復到足以出門旅行的程度。我把前往哈爾科夫的火車票買好拿去給瓦倫提娜看，意思是「生米已煮成熟飯」。我們祖孫一起的第二趟小旅行即將展開。

哈爾科夫在清道夫用掃帚發出的沙沙聲中醒來，在路面電車於窄弄中衝刺的尖叫旋律中，也在刺眼的朝陽光線中。瓦倫提娜跟我從火車站搭巴士，路上途經底下是泥濘河水的橋梁，還有渾身覆蓋著各種廣告的老舊建築，看你是想要修指甲、想喝啤酒，還是需要法律諮商，上面都有資料供你參考。蘇聯式的所謂「新建築」（novostroiki）看起來一排排氣勢不凡，但其實也上了年紀，與之悄悄並排的是刻意要展現年代感的現代教堂。

雖然從瓦倫提娜還是大學生的時候到現在，哈爾科夫已經歷經很多改變，但我不難想像她初來乍到時肯定有過的感受。哈爾科夫既沒有基輔的光華，也不是一派田園風光的波爾塔瓦，但她自有她的不同凡響。哈爾科夫的建築宏大、街廓寬敞，各種碑塔也是大一號。

哈爾科夫還是一座屬於紀念牌匾的城市。每個轉角都有一對英雄與詩人的搭檔，英雄負責死，詩人負責題詩。我留意到有些地方空在那邊，原本的牌匾被移除了。我想有些英雄不是終身職來著。

「妳想先吃點早餐嗎？」我在來到市中心時問了瓦倫提娜。去哈爾科夫的火車早到我們沒辦法吃早餐，但外婆又滿腦子都是這趟旅行，以至於她前一天也幾乎什麼都沒吃。

我們在哈爾科夫的桑姆斯科街（Sumska Street）上挑了一家咖啡廳，在可以俯瞰寬廣大道的窗戶附近坐了下來。瓦倫提娜看看四周，指出新建築，也不捨舊建築的狀態。

「但起碼這裡的食物要比我年輕時好多了，」她邊說邊品嘗我們點來當早餐的蘋果鬆餅。鬆餅裡有一層層鬆軟的酸奶油丘，外頭還撒上糖粉。「我還是學生的時候，這地方是個小食堂，你花幾戈比[1]就可以買到甜饅頭跟一杯克菲爾[2]的組合。」

鬆餅散發著肉桂跟香草的芬芳，搭完火車飢腸轆轆的我們吃得狼吞虎嚥。

「我在這遇見了尼古萊，尼科季姆的兒子，」瓦倫提娜說。「所以我才知道他父親的存在。」

我的叉子掉到地上，酸奶濺到了桌布。

「我來莫斯科拜訪朋友阿妮鄔塔（Aniuta）的時候，還是個高中生。我在那裡認識了他的哥哥凡尼亞（Vania）。他是我的初戀。」瓦倫提娜要不是真的沒注意到我的焦躁，就是刻意假裝沒看到。自從我們一年前那場火爆的對話之後，就沒再提到過尼科季姆的名字了，所以瓦倫提娜毫無預兆的揭露讓我措手不及。我同樣不明白的是瓦倫提娜的心儀對象跟尼科季姆有什麼關係，還有我從小可是聽外公外婆相愛的故事長大的，瓦倫提娜心裡有過別人讓我忘了最初的話題。

「妳有過初戀！那波里斯外公呢？」

瓦倫提娜笑著招了招手，向女服務生要了支新叉子給我。

「那不一樣啦。凡尼亞跟我會寫信給彼此，等我已經是大學生之後，他來哈爾科夫找我。因為他住不起飯店而我又不能邀他進房間，所以他是在動物園的長椅上過夜。這還沒完，我還去列寧格勒找過凡尼亞，他在那裡念納希莫夫海軍學校（Nakhimov Naval School）。我賣掉阿絲雅給我的幾塊絲綢，用錢買了張火車票。」瓦倫提娜傻笑起來，回味著那個有點亂來的自己。「阿絲雅一直被蒙在鼓裡！」

然後有一天，凡尼亞的信停了。瓦倫提娜以為是年輕人厭倦了遠距戀愛而有了新歡，但她礙於自尊又不好寫信要他給個交代。

「但也有可能是他出了什麼事，不然信也可能寄丟啊，」我說。

「淑女不可以屈身追求男人。」瓦倫提娜答道並挺出胸膛。她又笑了。「反正，我那時太年輕，也太倔強。」

「過了許多年，剛新婚而且懷著妳媽媽的我留在大學裡忙論文。一日我收到阿絲雅寄來的信，信裡講到她的侄子尼古萊．貝瑞茲科突然來訪，他是賽爾吉哥哥尼科季姆的兒子。在那之前，不論是尼科季姆或尼古萊我都沒有聽過。阿絲雅說尼古萊住在別爾哥羅德（Belgorod），但發了封電報給在貝里格的他們說有急事要跟我商量。阿絲雅要我在哈爾科夫等他過去。然後又過了兩星期，尼古萊果然出現了，並且說他有封信要給我——只不過信如今不在他手裡。」

「好怪。」我說。

瓦倫提娜點了點頭。「我也覺得他是個神經病。所以我提議跟他到咖啡廳詳談，因為我擔心跟他獨處會有危險。」

---

1 曾經是東歐與俄羅斯交易的輔幣，一戈比相當於百分之一盧布。

2 高加索地區的傳統發酵乳。

在好一陣尷尬的沉默後，尼古萊解釋說他的妻子瓦倫提娜・貝瑞茲科收到一封署名是凡尼亞的信，凡尼亞說她還在他的心中，希望可以獲得她的音信。尼古萊認定這個凡尼亞是她太太瓦倫提娜的舊情人，夫妻倆吵到差一點要離婚。為此尼古萊寫了信給凡尼亞，要他把話說清楚，這才讓真相大白，原來此瓦倫提娜非彼瓦倫提娜，凡尼亞的信寄錯人了。他在報紙上看到瓦倫提娜・貝瑞茲科在工廠表現優異得了獎，就以為他找到失聯的舊愛。滿腔熱血寫了信寄到報紙上提到的工廠。尼古萊火冒三丈的回信讓凡尼亞意識到自己認錯了人，對於造成尼古萊夫婦不必要的困擾，他也深感抱歉。

「我當時已經忘了凡尼亞，我只愛我的丈夫，也期待與他一起展開人生的冒險。但我承認那個曾寫給我熱烈情書的年輕男人，勾起了我很多美好的回憶。」瓦倫提娜望向窗外，對著什麼笑了一下。然後搖了搖頭看向我，「但尼古萊沒有把信帶來。他說他把信處理掉了，因為他擔心萬一信被我先生看到，他會怒火中燒。」

我突然感到一陣悵然。這麼些故事不過是由一連串奇妙巧合排列成的星座，而其最終通往的只是失落。

瓦倫提娜注意到我低落的神情，主動拍了拍我的手。「但要是我真的跟了船長，這輩子會變得怎樣呢？就像妳托爾亞叔叔說的，『所有出海的船長都是酒鬼』。」我們笑了出來，笑到兩人臉上都掛著淚水，也笑到咖啡廳裡其他客人都不解地看著我們。

「在那之後，尼古萊不時會來貝里格拜訪我們，而且每次來都會從他上班的化學工廠帶東西給阿絲雅。他從不說他們家的事情。他就是個木訥而緊繃的男人，我們都被他搞得很不自在，阿絲雅尤其嚴重。一開始我並不知道為什麼……」

「尼古萊提過他父親怎麼了嗎？」我打斷她，迫不及待想趕緊知道這故事與尼科季姆的關聯。

「他一次都沒提，主動問起的是阿絲雅。我聽到她跟賽爾吉吵了一架，她怪賽爾吉不該去公雞之家找尼科季姆，也怪尼古萊『讓一切被翻了出來』。賽爾吉據理力爭，說所謂的危險都已經過去了，還說他真的需要知道尼科季姆的下落。而阿絲雅則說既然一切都已經過去，那尼科季姆也應該要安息了。」

瓦倫提娜從口袋取出了一條刺繡的手帕，擦了擦嘴唇。我注意到她為了此行塗了一點粉紅色的唇膏。我感覺內心一陣抽痛。我們即便在這個有外婆最美好回憶的城市，也躲不掉尼科季姆往事的糾纏。我也想起自己是如何失去父親，他驟逝的回憶突然被勾動，讓我心如針扎。我也在被回憶追殺。

「賽爾吉答應我他不會亂來，」瓦倫提娜接著說。「當天稍晚我在果園看到他，正在狠狠修剪櫻桃樹的枝條。他雙手發抖。我嘗試安慰他，但他開口說尼科季姆是他從小就崇拜的哥哥。他被抓的時候，賽爾吉心如刀割。他相信共產主義，也相信蘇聯代表的理想。但他也相信自己的哥哥。那當中要不是有什麼天大的誤會，要麼就是尼科季姆真的犯下滔天大罪。」

「賽爾吉一心想要尋找他的兄長，但阿絲雅抵死不從。針對一個可能在公雞之家失蹤的人，光要正式提出尋人申請都能嚇壞阿絲雅。她不許賽爾吉輕舉妄動。賽爾吉的另一個哥哥伊凡，也很擔心如此會害到整個家族。到了最後，是阿絲雅、伊凡與他們對於公雞之家的恐懼，讓賽爾吉沉默，」瓦倫提娜說。「我們從此絕口不提尼科季姆。我們選擇了遺忘。」

但按照我看到的賽爾吉日記，他從來沒有遺忘。

「我不該禁止妳尋找尼科季姆，」瓦倫提娜說著，緊握著我的手。「那樣太自私了，對不起，我沒有意識到自己也活在對公雞之家的恐懼裡，但我保證若妳之後還想繼續調查，我會助你一臂之力。」

瓦倫提娜伸出手來，撫摸我的臉。「賽爾吉肯定也會希望妳找到尼科季姆。」我回握她的手，將之按在我的臉上，好感覺那粗糙與溫暖。

從哈爾科夫回到貝里格當天，我跑進櫻桃園尋找那棵有著樹洞的老樹。我把手伸進洞裡，摸到了一綑布——那是一年前跟瓦倫提娜大吵一架後，我埋藏起來的尼科季姆筆記。紙張沾染了濕氣，原本的字跡已經看不太清晰，但沒有關係，該追的線索都在我腦子裡。

第十一章　字裡行間

大門在劇烈的碰撞聲中於我身後關上，隔絕掉整座城市，城市中大清早的通勤族，以及芳香花瓣灑落的高聳椴樹，隔絕掉以陌生共產英雄命名的公車站牌，及其褪色丰采被藏在百事可樂時代廣告下的老宅邸。我交出文件給一名身穿烏克蘭黃藍雙色國徽的制服警衛。他看了一眼我的美國護照，皺起眉頭，然後拉扯領事官員用來增添額外簽證頁數的膠帶。「在這等著，」說完便拿著我的資料，消失在入口右手邊像個大洞的空間中。「就算是牢房或要飯的碗，也永遠不要隨便放棄」是我外曾祖母阿絲雅掛在嘴上的格言，她說這話是在警告人生無常，你永遠不曉得在等待著你的命運是什麼。此刻我人在波爾塔瓦的市立看守所，放眼望去的是灰色的水泥建物、鐵絲網，還有窗口的金屬欄杆。

返回這裡的警衛，陪同我前往前門附近一棟不算大的建物。他握住厚重的鐵門，示意要我進去。「往裡走，」他說，眼神中藏不住對我的質疑。我踏進又長又黑的走廊，不是很確定地往前走了幾步，直到我看到地板上有一灘光線，還有一扇門半掩。我敲了敲門，不待回應就逕自走了進去。

與其肅殺環境形成對比，市立監獄內的檔案分處有著典型行政辦公室的氣氛，單調而沉悶。房間裡有好幾排辦公桌，其泛黃的富美家塑膠桌面上有細緻的蜘蛛網紋。桌面上由檔案與卷宗疊成的金字塔太過吸引我的注意力，以至於我一開始沒有注意到室內還有其他人在場。一個身穿灰色套裝的高䠷黑髮女性跟我握了手，拿了張椅子給我坐。「我們在電話上聊過，」她說，「我叫作伊莉娜．伊凡諾夫娜，這是我的同事。」她指著一名瘦弱半禿且身穿便服，在其中一張桌前寫東西的男人，但並沒有要正式介紹他的意思。他以無所謂的眼神看了我一下，就又回到他的資料上頭。

瓦倫提娜跟我從哈爾科夫回來後，我回電給在公雞之家的伊莉娜．伊凡諾夫娜，表示我可以跟她約時間了。她邀請我前往位於波爾塔瓦市立監所的檔案處，如今我才會在這裡跟她大眼瞪小眼。「妳想要找什麼？」她問。

阿絲雅的童話故事裡有個角色叫傻瓜伊凡，他總是有不可能的任務在「誰知道是哪裡的地方」，尋找「誰知道是什麼的東西」。此刻我感覺自己就像那個傻瓜，要向官員解釋我在找一個在一九三〇年失蹤的男人，一個我所知甚少，連家人都不懂我為什麼要找的男人。我唯一知道的，就是他的名字。尼科季姆。在古希臘文中，這名字的原意是「人民的勝利」。這位尼科季姆消失了。

「他是何時失蹤的？」伊莉娜．伊凡諾夫娜邊問邊轉頭看向電腦。「他是何時……」我沒聽清楚她的問題，主要是我聽不出是什麼的尖銳聲響從開著的窗戶傳進室內，讓我們一下子都成了聾子。這些聲音現在已經嚇不倒我了。

「拜託，他們在幹什麼？」她瑟縮了一下，問她同事。「他們一定要在這個時間訓練嗎？」

她的同事聳聳肩，指著天花板。樓上有人覺得新兵一定要在市監所隔壁的足球體育場訓練。我不確定他說的樓上是指他們的長官，還是另外某個可以隻手遮天的當權者。總之他關上窗戶，聲音就變得悶沉而遙遠了。

「所以這個人是什麼時候……」伊莉娜．伊凡諾夫娜顯然更厭煩的不是噪音，而是我跟我的問題。

「尼科季姆．貝瑞茲科。」我試著喚起她的記憶。

「是。尼科季姆是何時失蹤的？」

那是一九三〇年代的事情，但我沒有確切的年分。

「他是哪一年生的？」

我在椅子上扭動，然後坦承自己答不出來。

「這樣我們乾脆拿咖啡渣來算命好了，」伊莉娜・伊凡諾夫娜說。她按下螢幕下方的一個按鈕，然後她的電腦就停止了嗡嗡聲。「這麼少的線索我無從查起。」

悶沉的噪音聽來就像在施放煙火，我幾乎覺得外頭要迸發燦爛的色彩了。只不過透過加了鐵桿的窗戶，我看到的天空仍舊晴空萬里一片蔚藍。房間裡的三個人依舊沉默不語。我清了清喉嚨，不確定接下來該說些什麼。這場會見顯然已經難以為繼。

「妳為什麼想要找這個尼科季姆？」伊莉娜・伊凡諾夫娜抱胸看著我問道。在那個俄烏戰爭打到一半的夏日，我怎麼能對前KGB檔案人員表示我想找一個近百年前失蹤的外曾伯祖父，是因為我想要搞清楚現在，並理解自己的根呢？

「妳家裡有其他人遭到逮捕嗎？」她問。

我僵住了。我想起來我曾懷疑阿絲雅也與公雞之家擦身而過，所以她才那麼害怕。

「瓦西里娜・歐勒克謝夫娜・貝瑞茲科，」我急忙補充道，「但那只是我的猜想。」

她點了點頭。「我會去檔案庫中查查。但我至少需要這位尼科季姆的生日或被捕的日期。貝瑞茲科這名字太常見了。」

我答應她我會去問家人，然後就離開了，此時的我愈想解開謎團，它愈讓我摸不著頭緒。

「阿絲雅有被逮捕過嗎？」我問瓦倫提娜，但問題一說出口就後悔起自己的莽撞。瓦倫提娜的臉發紅，握著茶杯的指節變得慘白。我原本想先鋪陳自己去前KGB檔案處走一趟都知道了什麼，好讓外婆有個心理準備，但話到嘴邊我自己也沒能攔住。

外婆小心翼翼地把茶杯放到碟子上。「妳知道的，阿絲雅在納粹占領時期於茹科夫卡的學校教書，為此她戰後被內務人民委員部叫去問訊。當時她跟帕莎花了一整晚打包行李，還為孩子們做了很多安排，免得她一去不回。」

我外婆起身走到了她存放東西的衣櫃，那兒有她用報紙包好的舊瓷器，還有一疊疊發黃的床單。從其中一個抽屜的底部，她抽出了一個隨便用毛巾包住的米色紙質卷宗。「阿絲雅從來沒有被起訴過，但從那之後她變得十分謹言慎行。她確信自己的檔案已經成了KGB緊盯的對象，也認定她下一次就會無預警直接被捕，」瓦倫提娜說著遞過了卷宗。「Lichnoe Delo，」我念了上頭用粗體襯線字型印出的厚重字母。

Lichnoe Delo是俄文，意思是「私人事務」，但對照其內容顯然有點「圖文不符」，關於外曾祖母瓦西里娜．歐勒克榭夫娜．貝瑞茲科（原姓貝林姆）的檔案一點也不「私人」。

這個檔案包含阿絲雅填寫過的各種表格，還有人替她填好的各種表格，有內容是病假與調職的申請。這份資料讀起來就是一份加長版的傳記，當中包括她的出生日期與地點，有她跟雙親的社會階級，兄弟姊妹跟丈夫的資訊，還有他們的工作派任。檔案問到她會說幾種外語（零種）、口試過幾篇博士論文（空白），或是否去過海外（未曾出國）。

另外一部分的檔案中，我發現阿絲雅同事評論阿絲雅的個人筆錄，當中有些只是不傷和氣的評語——「寶貴的同事」、「值得尊敬的教育工作者」、「誠實磊落的公民」，但對於阿絲雅身處的處境而言，這類用語不啻是最棒的推薦。在一張薄如洋蔥瓣的紙條上，我發現一長篇大論描述阿絲雅是個「在政治上與道德上都非常可靠」的人，說她「閒暇時都在研讀蘇聯人民的歷史」。

夏日晚間的即景像一副裱框的畫作，浮現在我的腦海：高高的紫丁香花叢的頂端被落日餘暉覆上一層紅釉，遠遠有火車行經的轟隆聲，與蛙兒、夜鶯、及村狗合奏一首無調的交響樂。院子一整片是放滿鬱金香球莖的低矮木槽。我們的工作是把多餘的外皮清掉，然後按大小把球莖分類。我才十歲，但已經嫻熟於這項作業，就像我也早已學會怎麼去裁剪玫瑰花苗，或種下大理花塊莖。在阿絲雅的巧手中，這些上頭結著土的塊狀物成了閃閃發光的彈珠，而一堆堆鐵鏽色的外皮則愈疊愈高。她坐在矮凳上，伸展著藍色靜脈曲張的雙腿。她的淡紫色家居服上，有紅色小花形狀的釦子。一只龜殼髮叉在吊燈的黃光下閃耀，陪伴著阿絲雅彎下腰拾起又一個鬱金香球莖。

「母親，別忙球莖了，來吃飯吧，」瓦倫提娜從屋裡喊。阿絲雅搖了搖頭。萊姆樹後的太陽快速落下地平線，阿絲雅跟我繼續在黃昏中工作到球莖都看不清楚了。瓦倫提娜手一攤，氣呼呼地要我去洗手吃飯。「她只要醒著就是花園，其他沒別的了。就算是躺在床上要死了，她肯定還是只會惦記她的花園，」瓦倫提娜看著她的母親說。

我的阿絲雅不可能在閒暇研讀蘇聯人民的歷史，眼前的檔案講的不是我的外曾祖母。那也不是一份犯罪檔案，因為當中並沒有提到任何她觸犯的法律或任何不當行為。單純只是一份包含了工作經歷與個人背景的檔案，但它當年確實有可能被用來陷人入罪。那當中蒐集的資訊感覺平凡無奇，但其編纂之用心用力，關於阿絲雅社會階級與教育程度不厭其煩的問題，都給人感覺是當局有心從最無關痛癢的細節羅織某種罪名。這些枝微末節一旦被某個檢察官翻出來並加以扭曲，有任何下場都不足為奇。阿絲雅可能全身而退，也可能遭到定罪，且不論事態如何發展她都無從置喙。無怪乎她會活得那麼膽戰心驚，會對公雞陷阱如此忌諱。

形容阿絲雅「在政治上與道德上都非常可靠」的那個人，是不是幫了她一把呢？有關當局是不是覺得區區一個小學老師不值得大費周章去抓捕跟判刑呢？阿絲雅從來沒有被傳喚到公雞之家。然而這份檔案卻流傳下來。我翻過空白的最後幾頁，正要闔上檔案時，一張細細的紙條上用深紫墨水寫成的書法字跡，引起了我的注意。那張大小不過一個火柴盒的紙條被縫在裝幀中。我必須撬開檔案的邊緣，才能讀到上面的句子。「被捕的家族成員：尼科季姆．帕夫洛維奇．貝瑞茲科（Nikodim Pavlovych Berezko），大伯（丈夫的哥哥）。逮捕年分：一九三七。」

瓦倫提娜走進房內，看見正在閱讀檔案的我。我把紙條秀給她看。「所以妳找到了尼科季姆，」她說。

又是砰的一聲，監獄大門重重在我身後關上。這將是我第二次會見伊莉娜．伊凡諾夫娜，主掌祕密警察檔案的官員。這一次我是帶著瓦倫提娜的祝福前來。

伊莉娜．伊凡諾夫娜又一次問我想找什麼。她轉身對著資料櫃，在一疊疊資料中翻找起來。她這問題，讓我有點不知該怎麼回答。她這麼問，要麼指的是我想找到什麼樣的文件，要麼是我想得到何種資訊，但對我來說，她的問題迴盪著一種存在主義般，虛無飄渺的聲響。我想起自己去到無名之地的旅程，以及由這些地方所揭露的迷宮般的家族故事。我不是要指控什麼，也不是要平反什麼，我追求的是真相，但這真相的本體是什麼，我也不知道。我重複了一遍我在尋找關於外曾伯祖父尼科季姆的消息，並且我沒有太多的線索可以提供，我唯一找到的一點點東西就是：賽爾吉在日記裡提到了尼科季姆．貝瑞茲科，然後阿絲雅的檔案中提到他在一九三七年被捕。我還想起了馬亞齊卡的集體農場紀錄中寫著尼科季姆出生在一九〇〇年。

伊莉娜．伊凡諾夫娜闔上了資料櫃，轉頭面向我。她手上拿著一個檔案。綠色封面上看得到油墨糊掉的戳印跟線條潦草的筆跡。「已解密。」夾在厚厚兩面紙板之間的紙頁有著被揉過的邊緣，並在富美家塑膠桌面上留下了泛黃的灰塵。

「結果東西沒有我想像的難找。尼科季姆的全名就夠了。但我希望妳在讀之前有點心理準備，」伊莉娜．伊凡諾夫娜說，手上仍緊握著檔案。「那是一九三七年，他們有績效要達成。」她指著辦公桌上從地板通到天花板的檔案櫃，不計其數的類似檔案。一個檔案——就是一條生命。這小小的辦公室裡就有數以百計的檔案。「注意字裡行間。」

她把檔案放到我面前，踏出辦公室隨手帶上了門。

檔案上的名字寫著「尼科季姆．帕夫洛維奇．貝瑞茲科」。我摸了髒污的封面，猶豫了一下。這麼長時間希望找到的檔案，然而我現在卻不敢打開它。

一個阿絲雅難得不去花園上工的午後，她帶我去到河邊。她往岸邊一坐，而我則踮著腳朝著水邊走去。河灘其中一側有厚厚一道沙沙作響的蘆葦，那是水與沙的交界，一條泥濘的淤沙緞帶。平靜的河水有著黑色的表面，映照著天上的雲朵與彼岸銀色的銀柳。這樣的河看起來像個無底洞，讓人心生恐懼。我站在那兒發著抖，猶豫不決地用腳趾測試著河水。「眼睛閉上，跳進去，」阿絲雅喊著。「一、二、三——跳！」我瞄準最深的部分往水裡一躍，但眼睛始終睜著。隨著我的腳脫離地面，冷冽的水流將我往下扯，天空隔著厚重的水幕變成混濁的綠色，我感覺到撕心的惶恐。但此時另一股力量出現，將我往上推，突破了深黑的水面，將我送回了藍天與陽光之下，也送回給了岸邊的阿絲雅。

我數到三，打開了尼科季姆的檔案。

第一頁的內容有尼科季姆的小傳與訊問過程的逐字稿，看起來出自同一個人的手筆，可以合理推測是警方負責人寫成並交由尼科季姆畫押。提到他中產階級小農背景的部分被加了底線。其餘的內容則是機器打字，當中包含其他涉案人員的筆錄。每一頁都經過蓋章跟公證。

文稿中那些機械式的語言，還有我在學校常聽見的熟習用詞——「反革命的陰謀」、「群眾的煽動者」、「反蘇聯的觀點」、「資產階級民族主義」、「法西斯德國」——讓這份檔案讀起來像是罐頭套路，而非想要從中擷取真相的論述。但我要是想找到尼科季姆，這已經是我在迷宮中僅有的線索——不算賽爾吉的日記的話。

我開始讀了起來。注意字裡行間。

第十二章

尼科季姆的檔案

一九三七年八月二十四日，三個人身穿便服的男人敲了洛祖瓦特卡村（Lozuvatka）中一間稻草屋的門板，並開口要身為戶長的尼科季姆．貝瑞茲科跟他們走一趟波爾塔瓦警局。看起來是場誤會，因為尼科季姆不是個作姦犯科之人。他是個小學老師。在一九一七年革命前的人生也同樣無可挑剔。他在馬亞齊卡家中的農場上幫忙雙親並照顧弟妹。有人說他年輕時在教堂放過火，但其他人據理指出這是空穴來風，因為他從來沒有隱瞞過自身的布爾什維克觀點。即便父母給他取了經典的東正教名字，他仍坦承不諱自身對宗教的厭惡。反正話說到底，馬亞齊卡的地方法院在縱火案上還了他清白。布爾什維克黨人在一九一七年十一月七日成功奪權，將烏克蘭推進內戰中，再兩週就要過十七歲生日的尼科季姆加入了赤衛隊。一年後他所屬的志願游擊隊加入了紅軍，而尼科季姆就這樣當了四年的阿兵哥，打了四年的仗，直到一九二二年他身負重傷為止。這之後他就在馬亞齊卡安頓下來，並在一家水車磨坊找到工作。但舊傷讓他的生活苦不堪言，為了不想繼續搬沉重的麵粉袋而讓身體愈來愈差，他決定重回學校念書。

一九二三年適逢蘇聯推出烏克蘭化政策，這一點除了讓政府機關使用烏克蘭語變成硬性規定外，也讓小農得到了求學的機會。列寧願景包括將革命輸出到其他國家，而共產烏克蘭將是一個樣板。烏克蘭各城市的主要語言是俄語，而鄉村居民則說烏克蘭語。布爾什維克黨人認為要達成烏克蘭的都市化，他們必須創造出更友善的環境讓鄉村居民進城，那代表他們得強迫烏克蘭城市使用烏克蘭語。

就此，烏克蘭語教師突然變得炙手可熱。身為小農階級的烏克蘭母語者加上前紅軍游擊隊的雙重身分，讓尼科季姆得到某種保障名額。他進入了波爾塔瓦師範大學附設工人學院，並以優異成績完成了學業。靠著這張文憑，尼科季姆可以教授夜間部的成人課程，其優渥的薪資足以讓他養家活口。於是某日，他原本留在馬亞齊卡的妻子費克拉來到波爾塔瓦與他同住，他們的女兒薇拉也在一九二六年誕生。

時間來到一九二〇年代的尾聲，共產黨與烏克蘭之間的蜜月期告一段落，「烏克蘭資產階級民族主義」被宣告是對蘇聯完整性的一項威脅。烏克蘭化政策壽終正寢，取而代之的是激進的俄羅斯化。享受了幾年榮景的烏克蘭語印刷廠與劇場紛紛關門大吉，負責人也遭到肅清。尼科季姆本人未被波及，但他原本從事的烏克蘭語教學事業一夕消失。他失去了在城市裡唯一的收入來源，只得回到馬亞齊卡。他只能勉強維持住家計，根本沒有閒錢繳黨費，所以就被開除黨籍。他寫信聯繫了一些紅軍的老同志，想請他們幫忙，其中一個有回應的叫伊亞科夫·瓦許連科（Iakov Vashlenko）。尼科季姆結識瓦許連科是在一九一七年，當時他是瓦許連科所率游擊隊的一員。這兩個人並肩作戰了五年。瓦許連科因傷跟尼科季姆在同一年離開軍隊，之後遷居到洛祖瓦特卡這個位於波爾塔瓦與第聶伯羅彼得羅夫斯克之間的小村莊，並在那當起地方議會的主席。他在回信中提到村裡的新學校需要一名校長，並推薦尼科季姆嘗試這個職位。隨著烏克蘭化政策在一九三四年被消滅殆盡，尼科季姆攜家帶眷來到洛祖瓦特卡，投入了新的職責。

同一年費克拉生下了第二個孩子，一個他們命名為尼古萊的男孩，但這樣一樁喜事卻因為每況愈下的家計蒙上了陰影。校長的薪水相當微薄，而尼科季姆的身體狀況又一年比一年差。想取得養老金或相關福利比他預期得難。官僚要求他拿出參與過赤衛軍運動的證據，於是他整理一大疊文件跟證言，沒想到除了資料被退，對方還要他再拿出更多的文件與證言。一個出力幫忙打造了年輕蘇聯國的死忠支持者，竟然淪落到要去乞求一個沒有多優渥的養老金，讓他非常惱火。

由於洛祖瓦特卡有不少人都吃了許多苦頭，所以批評蘇聯政策的言論所在多有。集體農場的管理十分差勁，設備要麼以當地的土壤而言不合用，要麼就是沒有好好維護。有些人就抱怨集體農場不該買什麼曳引機，而應該買牛，牛才是烏克蘭鄉間傳統的農業獸力。許多人痛斥近十年來的各種倒行逆施對他們帶來的傷痛，特別是硬性的農業集體化讓生活的方方面面都受到控制。一九三二到三三年那場慘烈的大飢荒讓人即便倖存下來，也變得迷惘與困惑。集體化的後果一如許多人所預期的是災難一場，包括很多共產黨內的人士如尼古拉．布哈林（Nikolai Bukharin）都這麼警告過。布哈林甚至在《真理報》上直指史達林的作法「不負責任」。若非不得已，尼科季姆也不會舉家登記參加洛祖瓦特卡的集體農場。

期待的養老金落空，尼科季姆只好與最後變成他隔壁鄰居的前長官瓦許連科相濡以沫。戰爭的經驗讓兩人走到一塊，尼科季姆經常會在收工後去串朋友的門子。這時他們的其他鄰居也會湊過來。由於這些鄰居不識字，所以尼科季姆會為他們朗讀報紙。

報紙在洛祖瓦特卡是世界要聞的主要來源，所以大夥都聽得很認真。《真理報》與《消息報》（*Izvestia*）做為蘇聯一九三〇年代的大報，會不斷用麥子、棉花、鋼鐵產量在蘇聯各地破紀錄的收穫鼓舞人心，讓讀者看了保持一種振奮的狀態。但在一九三七年，一場新戰爭的威脅開始在空氣中瀰漫。日本開始積極向外擴張，德國則重新武裝起來，蘇聯媒體則打造一種國家永遠不會錯的形象。「屬於蘇聯人民與土地的紅軍強大無比！它堅守著崗位，守護著這偉大國家的邊界，隨時可以輾壓膽敢來犯的敵人。哪些不信邪要測試我們軍隊威力與警覺性的敵軍，早已不只一回遭到迎頭痛擊，」《真理報》上的文章如是宣揚著。

然而這樣的必勝主義卻與疑神疑鬼的妄想交替出現，於是《真理報》開始警告公民們要小心謹慎，要留意有無惡毒的破壞者在密謀扯蘇聯的後腿。這些媒體會用托洛茨基主義反蘇維埃軍事組織的案例，去證明他們的預期。

在一九三〇年代的蘇聯報紙上，托洛茨基這個名號代表了所有的邪惡。做為布爾什維克革命期間的一名要角，列昂．托洛茨基（Leon Trotsky）後來開始批判史達林與其政策。他在一九二九年被驅逐出蘇聯，但以他為名的判例——反蘇維埃托洛茨基主義進程，成為史達林肅清行動中很重要的一環。事實證明那既不是蘇聯的第一次，也不是最後一次肅清活動，但相對於早期在共產黨內的壓迫，一九三〇年代的肅清更為致命。隨著對內部敵人的網撒得更廣，愈來愈多人被捕。

報紙開始發布聳動的報導，把一個個曾經的知名人物指謫為全民公敵。紅軍的改革者米哈伊爾．圖哈切夫斯基（Mikhail Tukhachevsky）將軍被控進行軍事密謀與諜報活動。另外一個知名的案例則牽涉到尼古拉．布哈林。僅僅早個幾年，布哈林還是共產國際執行委員會總書記，雖然他在一九二九年與史達林在農業集體化的問題上意見相左遭到驅逐，但他仍以《消息報》的編輯身分維持著影響力。這點沒有讓《消息報》少刊出質疑布哈林忠誠的報導。其中一封由工廠工人寄給編輯的信，「致上了溫熱的敬意給內務人民委員部的英勇同仁暨其領袖，忠貞的史達林主義者葉若夫同志，」敦請政府調查布哈林與其支持者的犯罪行為，然後「從蘇聯的土地上清除掉」這些危險的元素。

尼科季姆並沒有邊朗讀報紙邊對鄰居分享他自身的觀點，但跟瓦許連科獨處時，他的尺度就會放寬一點，畢竟他信任這名前長官，同時也尊重瓦許連科的意見。

瓦許連科固然沒有評論紅軍高層被捕的消息，但他相信前赤衛隊遭到蘇聯政府的迫害，同時他們的人權也遭到忽視。瓦許連科也曾為了爭取月退俸深感挫敗，他感覺到自己被新崛起的職業共產黨員踐踏，這些人在他眼中並不是真正的布爾什維克黨人。然而他也只能嘴巴念一念，畢竟他這人也沒什麼門路，影響力就更不用提了。

一九三七年的夏天，肅清行動開始升溫。按照史達林體制的邏輯，如果內賊在政府的最高層中被發現，那他們的同路人必然存在於蘇聯社會的各階層。一九三七年七月，針對「前庫拉克階級」與其他的「反蘇聯分子」展開活動。布爾什維克黨人所定義的「庫拉克」「階層，就是富裕的小農與囤積財富之人。那些在集體化的浪潮中抗拒交出土地的人，會被貼上這個標籤。賽爾吉家族的土地有六公頃，如果他們幾個兄弟不把地給馬亞齊卡集體農場的話，他們也會面臨風險。許多所謂的庫拉克，在一九三〇年代初期有的被處決，有的給送到西伯利亞，但新的「庫拉克根除計畫」有一種不一樣且更難預料的性質。新的團體被標註成要剷除的對象：神父、前反對黨成員、軍官、少數族裔，還有身處於農業與工業界的怠工者。

然後在一九三七年七月，史達林簽署的一道命令將針對高層的整肅轉變為全社會的獵巫。他在內務人民委員部中創立了專責的祕密組織，去調查犯罪並逕行懲戒，不給人上訴的空間。一如某人民委員所言，與這些祕密組織合作簡單乾脆，因為「他們教人要用又快又有效率的方式消滅敵人」。同樣的有效率也展現在抓捕員額的擬定上。原本莫斯科給波爾塔瓦的員額規模是五千五百人，但在地烏克蘭當局去函史達林要求增加人數。一如他們在棉花與鋼鐵工廠中的勞工同志，內務人民委員部的同仁也想突破官方設定的目標來示忠。他們的申請獲得了批准。

一九三七年八月二十四日那天，尼科季姆被帶到波爾塔瓦警察局的時候，便衣人員並沒有明言他遭到逮捕。他們只是要尼科季姆隨他們去波爾塔瓦，尼科季姆還跟妻子孩子道別才離開。

在波爾塔瓦監獄，內務人民委員部的市分支祕書尼古萊·茲迪可夫斯基（Nikolai Zdykhovsky）請尼科季姆填了一張問卷，主要讓尼科季姆交代他的背景與革命前的生活。尼科季姆並沒有隱藏家族在革命前有好幾公頃土地的事實。「他本身是個窮光蛋，除了個木屋跟棚屋以

1 kulak；俄語本意為拳頭，意思是他們用拳頭緊抓住他們較窮困的農民弟兄。

外身無長物，」茲迪可夫斯基在報告中指出。尼科季姆接著簡介自己的手足，對此祕書寫下了尼科季姆的哥哥米克拉服務過舊政權，還在底下畫了線。

下一個問題來得有點沒頭沒腦。茲迪可夫斯基突然問尼科季姆・貝瑞茲科承不承認自己是某個以烏克蘭獨立為目標的反革命組織成員。他是不是在一九三六年被伊亞科夫・瓦許連科這名前赤衛隊兼尼科季姆・貝瑞茲科的前指揮官吸收進這個組織？瓦許連科做為這個組織的首腦，是不是曾在他家召集群眾交流反蘇聯的言論？尼科季姆對這些指控一概否認。他說即便他們偶爾對蘇聯有一些怨言，那也是因為日子不好過跟村裡糧食供給有問題。他們覺得地方有些共黨領導不尊重曾做出重大犧牲的赤衛隊，何況他們申請福利無門又被剝奪了職務，難道心中不能有點不悅嗎。

他說不論是他還是瓦許連科，都不曾煽動民眾反對蘇聯政府。他們即便有苦水，也是哥兒倆相互吐訴而已。他說他沒聽說過瓦許連科參與過任何反蘇聯的組織。他在筆錄上簽了名。

但偵訊沒有停。

問題沒有停。

刺探沒有停。

然後尼科季姆崩潰了。

他提到某天他在閱讀報紙時，瓦許連科曾打斷他，然後說在一九三三年的那場大飢荒是蘇維埃政府刻意製造出來的人禍，為的是強迫百姓進入集體農場，鎮壓那些抵死不從的反抗力量。尼科季姆說他不同意瓦許連科，並且也這麼跟他說了，但瓦許連科反駁說蘇聯政府在百姓最需要糧食之際奪走烏克蘭的莊稼，將之拿去外銷賺取強勢貨幣。

尼科季姆首先招認的是，他參與由赤衛隊前長官瓦許連科發起的反革命運動，接著又坦承他在反蘇聯叛亂中扮演了幕後策畫的角色——惟他依舊否認有任何他的鄰居涉案。

尼科季姆真的以為說一些審問者想聽的事情，折磨就會結束，他可以重獲安寧嗎？這是許多被控者常犯的錯誤，他們沒有意識到——或是不想去意識到——政府對他們的指控是欲加之罪。政府受命要揭發托洛茨基分子、民族主義者，或是怠工搞破壞者，並且他們有必須達成的抓捕業績，所以尼科季姆究竟做錯了什麼根本無關緊要。當局唯一的目標就是問到你招，然後名字愈多愈好。

在候訊的審訊中，尼科季姆也的確供出了更多姓名。他點名了他的鄰居如柯夫頓（Kovtun）、邦達爾（Bondar）、布爾拉卡（Burlaka），說他們是他召募進反蘇聯組織的同志。審訊者在紀錄中寫這些人全都唱了《烏克蘭的榮耀與自由尚未覆滅》（*The Glory and the Freedom of Ukraine Has Not Yet Perished*），而那可是「資產階級民族主義者的國歌」。

抓著已經到手的供認與人名，審訊者催促尼科季姆承認他們的組織是由第聶伯羅彼得羅夫斯克的高層指揮，據說相關指示是由他的鄰居特羅菲姆．車爾沃尼（Trofim Chervony）的兄弟以賣漁網做為掩護交付。擺在尼科季姆面前的是瓦許連科的自白，當中說到了漁網，也提及來自第聶伯羅彼得羅夫斯克之密令。

尼科季姆讀了瓦許連科的筆錄。然後承認自己是托洛茨基主義陰謀要顛覆政府，並推動烏克蘭獨立的其中一名召募者。他簽署了自己的自白。

在那間房裡，遭控者與審訊者之間發生了什麼，內務人民委員部的紀錄只捕捉到一小部分而已。你在紀錄上看不到受控者遭勸誘，於自白時所承受的心理壓力，也看不到他們遭到的刑求。一九三〇年代，波爾塔瓦內務人民委員部最出名的就是宛若火藥庫一般，五花八門的「強化訊問」手法。

在室內嗡嗡叫的蒼蠅飛來飛去，突然一頭撞上窗戶。被嚇了一跳的我往上一看。遠遠的，我看到灰色的監獄排樓頂端豎著鐵絲網。面前則是寫滿整齊圓滑字跡的深黃色紙頁，上頭還有一則簽名：尼科季姆．貝瑞茲科。

內務人民委員部的檔案是參雜了一點點真相的謊言，而我遵照檔案處主任的建議讀進字裡行間。但我也知道這些檔案內容不會全部都是編的。我突然意識到賽爾吉常說起尼科季姆。恍然大悟的我，內心激動到從桌邊起身並在房間裡踱來踱去。

賽爾吉有五個哥哥，其中費迪爾是在二戰中陣亡的士兵。由於外曾祖父說起他的兄長們只會簡單說「我哥哥」，所以我假定他回憶的是殞落的英雄費迪爾。我想起他跟我說過一個故事是他哥哥剛滿十七歲就加入了赤衛隊，那是家裡頭一次有人這麼做。他還說哥哥不准當時十二歲的賽爾吉丟下姊姊們不管。他說賽爾吉的腦筋很好，應該去當老師，不應該去作戰。

我打開筆記，仔細查看當中的日期與事件。我沒有一絲懷疑，賽爾吉提到的哥哥除了尼科季姆不會是別人。賽爾吉曾驕傲地說那個從內戰負傷歸來的哥哥，那個努力用功重拾課本，終於不僅拿到文憑，甚至還在波爾塔瓦大學念完工人學院的哥哥。馬亞齊卡的紀錄告訴我，賽爾吉其他哥哥都留在了那裡的集體農場，也就是最終接收貝瑞茲科家土地的農場。揮別波爾塔瓦去追尋教職的，就是尼科季姆與賽爾吉。

在賽爾吉身邊長大，他的故事我聽了太多遍，以至於我要麼掉以輕心，要麼左耳進右耳出。但慢慢長大以後，我開始厭倦他那些像在說教的故事，我不喜歡他把世界描繪成一個需要共產主義來矯正的殘酷地方。就連賽爾吉口中那些哥薩克人的驕傲與勇敢，都慢慢變得古怪與刻意。「你的這場革命達成了什麼？」我有天說。「無止盡的遊行與無止盡的排隊人龍？」我恨透了在人龍中排隊，但我更恨強迫中獎的一九一七年革命紀念遊行。蘇聯時代的最後幾年是舉國物資短缺的時期，期間就連衛生紙這樣的民生用品都消失在貨架上。每次買不到衛生紙，我們就會把舊的《真理報》剪來用。家裡會把真理報拿來當報紙看的，也就只有賽爾吉了。到了一九八九年，我已經不懂為什麼會有人放棄一切，只為了我們生活的這個殘破國家。阿絲雅的憤世嫉俗與我大同小異。在我離開烏克蘭之後，賽爾吉的故事也慢慢在我的記憶中模糊。

重返貝里格，我完全可以聽見阿絲雅的聲音。我愈是懷念她，愈是走在她耕耘過的花園路徑，我就愈能回想起我們夜裡的談話跟她人生中的點點滴滴。但賽爾吉的故事依舊無處可尋。

我坐回桌邊，重新拿起檔案。我往下讀尼科季姆的資料，慢慢想起了一些賽爾吉的故事。多虧了內務人民委員部的文件讓我想起賽爾吉的聲音，這當中的強烈諷刺讓我停下腳步，但洶湧的回憶鋪天蓋地而來使我無法繼續。一枚枚碎片開始聚集起來形成圖案。我想起我曾抱怨過學校為什麼要出烏克蘭語作業。我說我不懂自己為什麼要浪費時間在一個我在家不會用的語言上。賽爾吉躺在被放在院子裡當椅子的退役裝甲車座位上。他搖了搖頭說語言固然不代表一個人的全部，但它總歸是我祖先們所說的話。有人不惜犧牲生命，就是為了捍衛用烏克蘭語說話的權利，他說，像他哥哥就曾為了一個自由的烏克蘭在奮鬥中犧牲。賽爾吉用的確切字句是為了一個「vilna Ukraina」在奮鬥中犧牲。他話說得堅定，每一個字都咬字清晰，並把重點放在vilna上。一如阿絲雅，賽爾吉跟我說話會用烏克蘭語。Vilna在烏克蘭語的意思是自由、被解放，但也可以解釋成獨立或自治。在我們這段對話的幾年之後，烏克蘭成了一個獨立的國家，而vilna這個字於我也產生了不同的意涵。然而在對話當時，我幾乎沒有除了身為蘇聯人以外的國家認同意識，以至於沒能把賽爾吉的話連結到其他地方。我以為賽爾吉說在奮鬥中犧牲的是費迪爾，那個在一九四三年的第聶伯河之戰中陣亡的費迪爾，同時也為了自己自私的抱怨感到不好意思。那個故事也有點像在說教，但那天提到哥哥的賽爾吉變得沉默寡言，一個人坐在那兒沉思了許久。

「尼科季姆哥哥，一九三〇年代為了自由的烏克蘭而奮戰，最後消失無蹤。」賽爾吉在他藍色的日記本裡寫道。為了自由的烏克蘭。

賽爾吉是個遣詞用字一點也不隨便的人。他的這項特質也是我最近的一個新發現。檢視他的教學手冊或書信，我非常驚嘆於他行文的精準與清晰。他非常重視文字的力量。在戰時，賽爾吉擔任過政戰官負責所屬部隊的意識形態教育。適逢紅軍在二戰頭幾年苦吞一系列的敗仗，政戰官所屬單位扮演著甚具影響力的角色。政戰官在部隊中算是半個隨軍牧師，半個政治宣傳人員，而賽爾吉的一項職責就是要找到正確的字句來提振戰士們的士氣。

若是賽爾吉想要提到他在二戰期間戰死的兄長，他肯定會搬出陳腔濫調的說法像「在與納粹占領者的戰鬥中死去」。相對之下，「為了一個『自由的烏克蘭』在奮鬥中犧牲」，聽起來完全不一樣。賽爾吉這句話在說的，只有可能是尼科季姆。

這就是為什麼我覺得這檔案並非盡是謊言。我還知道尼科季姆在監禁的半途中死去，原因是偵訊的一篇篇報告固然還在繼續，但真實的感覺已經蕩然無存。

我過快地讀過檔案的前半部，以至於一開始沒注意到某些部分遭到劃去或改寫。比方說尼科季姆據稱參加的反革命組織，原本被定義成某種與共產黨與蘇聯為敵的托洛茨基陰謀。「托洛茨基陰謀」後來被劃去，然後有隻手填進了另外一種說法：「一個資產階級民族主義組織打算建立獨立的烏克蘭國」。在另一個關於瓦許連科的段落中，描述他曾表示托洛茨基主義方案，比現行的共產黨意識形態更適合蘇聯小農。這段文字也被劃去，然後被改寫成瓦許連科建議托洛茨基主義方案，要比蘇維埃政權更有利於烏克蘭小農階級。諸如此類。隨著烏克蘭民族主義成為最亟需揭發並摧毀的大惡，尼科季姆的案子也要修改劇本來配合故事線。畢竟有人聽到他高唱被禁的烏克蘭地下國歌，而他也沒有否認。

從一次審訊到另一次審訊，尼科季姆案牽涉愈來愈廣，內容也愈來愈荒謬。他被控參加的組織不再只是單純的反革命團體，而是一場要顛覆整個蘇維埃國度的陰謀。除了尼科季姆、瓦許連科、特羅菲姆．車爾沃尼、柯夫頓、邦達爾、布爾拉卡之外，名單上還出現了新人物。只要倒楣跟已經被控者關係過近，就有可能被列入名單中——犯嫌的鄰居、犯嫌孩子的教父教母、犯嫌在集體農場的同事。瓦許連科被點名他說過政府其實很好摧毀，只要每個人出一份力就行。就這樣，特羅菲姆曾經用壞過集體農場割草機的叔叔遭到了起訴，罪名是參與洛祖瓦特卡反革命組織兼怠工者。他的另外一名家族成員則是被捕，遭控造林時以惡意手法植樹導致樹苗枯萎。尼科季姆被設定的角色從反革命組織的召募者演化成煽動者，說他藉學校教師身分之便灌輸反蘇聯思想給心靈具可塑性的年輕學子。

後來，隨著史達林擔心蘇聯的邊境安危與國際處境，內務人民委員部又改變了他們的方針，尼科季姆案只得再一次進行修改。相關文件將尼科季姆與瓦許連科的活動，塑造成在「德國與波蘭等法西斯強權」支持下，建立資產階級烏克蘭國家的反革命陰謀。他們的政變已經規畫好，要在「蘇聯跟資本主義國家開戰」時實施。該反革命團體被發現有幹部與基層組織遍布整個烏克蘭東部，其觸角最遠已達黑海岸邊的敖德薩。根據檔案記載，在一九三一與一九三四年年間，洛祖瓦特卡的基層組織為外國勢力募款，並透過他們在第聶伯羅彼得羅夫斯克的聯絡人把錢轉到海外進口武器，一段證詞適時地出現在報告中，內容提到特羅菲姆家的一把故障來福槍被沒收充公。另外一份檔案附件是針對尼科季姆一波蘭獄友進行的審訊內容，該獄友稱他們遭關押期間，尼科季姆曾大放厥詞說他是計畫中一次事變的成員，該事變原本已經取得德國與波蘭的實質支持與意識形態指導。

然而尼科季姆一案從未進入開庭階段，因為他在一次審訊過後自殺身亡。至少檔案上是這麼說的。

我讀到典獄長的陳述。尼科季姆在一九三七年九月十一日凌晨一點三十分回到牢房。早上六點半連同其他囚犯被典獄長叫醒。上午八點半他領到早餐麵包。尼科季姆跟典獄長要了火柴。幾分鐘後等典獄長回來要把茶拿給尼科季姆時，他發現尼科季姆已經上吊在「門的鐵柵上」。典獄長發現他的身體已經沒了氣息，判定遭羈押者是用一塊他從外套上扯下的襯裡吊死的。這段陳述的結論是在一次次審訊的過程中，犯人的表現一貫很平靜，沒有顯露出自殺的意圖。

這段話的細節甚多，而且被仔細列舉出來實在太過可疑。為什麼尼科季姆會在計畫自殺的時候索要火柴？為什麼他會決定趁領到麵包跟等待早茶的空檔上吊？內務人民委員部大部分的偵訊都選在深夜進行，因為剝奪人的睡眠是一種常見的刑求技巧。由此而知，尼科季姆在白天有太多時間可以實現尋短的計畫——根本不用特定在他最可能被發現的時刻為之。再者，由於門上鐵柵位在眼睛的高度，從那上頭上吊其實牽涉到比較複雜的操作。我讀進字裡行間的結果，就是這場自殺非常假，跟耕地的窮人與不識字的豬農會懷著推翻蘇維埃政府的陰謀把錢匯到德國一樣假。

最終共八個人因為參與洛祖瓦特卡的陰謀遭到起訴。聲稱的主使者瓦許連科與特羅菲姆被判處勞改，而被他們吸收的人含柯夫頓、邦達爾、布爾拉卡在內被捕下獄，並於一九三七年十一月十六日遭到槍決。蘇聯的刑法體系沒有任何邏輯可言。此案的發生有可能只是因為內務人民委員部十一月的槍斃人數需要達到定額。截至當時，尼科季姆本人早已死亡，不論是自殺或他殺都一樣。對這個世界而言，他單純就是消失了。

我的進度來到了主文件的尾聲，但這個檔案包含的頁數並沒有到此為止。其中一頁是一封信，沒有橫線的信紙上寫著：「我丈夫尼科季姆．貝瑞茲科，一九〇〇年生於馬亞齊卡村，內戰期間參與過赤衛隊運動，近期則在第聶伯羅彼得羅夫斯克區域的洛祖瓦特卡小學擔任校長一職。一九三七年八月二十四日，他被波爾塔瓦區的警員帶走，理由不詳。我前往波爾塔瓦尋求與他會面，卻被告知他已經被移送到哈爾科夫。從那之後我就沒有他的任何消息了。我懇求您能告訴我他為什麼被帶走，還有他發生了什麼事情。費克拉．貝瑞茲科。」

這封信署名於一九五五年。史達林已經作古。尼古萊．葉若夫，也就是一九三六年被任命為內務人民委員部首腦主導肅清工作的那個人，也於一九四〇年涉入反蘇聯活動被正法。一九三八年接手葉若夫原職的拉夫連季．貝利亞（Lavrentiy Beria）也是一樣的下場，在一九五三年的處決跟他的前輩驚人地相像。

從打開這份檔案以來，這是我第一次泫然欲泣。字裡行間滲出的那些大剌剌的無恥謊言，像水蛭一樣巴在我身上。這檔案讓我縮小成一名旁觀者，無聲、無感、無助。瓦倫提娜為何不敢挖掘過往，我明白了。每往前一頁，我走進的不是光明，而是更深的黑暗，一種被心痛而沒有答案的問題所充滿的黑暗。

我總以為蘇聯體系最腐化之處是虛偽。每個人都說一套做一套。畢竟想在這樣的體制中生存，最合理的作法莫過於言行不一。虛偽無所不在。在咖啡廳裡，你能點到菜單上說有肉但沒有人吃過的肉湯；在報紙上，新聞會宣稱車諾比核電站沒有爆炸；在各種口號、標誌與展示中，都看得到虛偽登場。「我們假裝工作，他們假裝付我們薪水，」是一九八〇年代的一個蘇聯笑話。活在蘇聯就是活在這林林總總的假面之中，或小或大。

讀著尼科季姆的檔案，我覺得真正危險的不是看到一堆謊言，而是看不到真相。謊話與有所保留的真相構成了一團迷霧，讓人找不到方向，也讓人無法用個人的道德羅盤分析時局。蘇聯政治宣傳定義出的宇宙，是一個有哈哈鏡扭曲現實的地方。文字僵化成八股的話術與口號，並在過程中被掏空所有意義。史達林的憲法都能被描述成「世界上最民主」的憲法了，試問「民主」一詞在蘇聯還能有什麼意義？歐威爾式的用語如「共產兄弟的協助」與「解放」好像很好聽，但翻譯成白話就是侵略與占領。「讓危險因子失去殺傷力」意味著不用證據跟審判就將人判刑。「怠工者」、「破壞者」、「無根的世界主義者」、「人民公敵」等名稱，將有血有肉的人變成該移走就移走的原料，該清理就清理的雜草。

費克拉那封滿溢著痛楚的信件，讓我想起了一開始想尋找尼科季姆的初衷。我想要致敬一名在檔案中，名字被一筆劃掉的血親。我想要紀念他飽受苦難的脆弱生命，要他的悲劇為人所悉——此刻如我所見，這不光是他的悲劇，是一場隨著他的消失而降臨在全家人的悲劇。

一九三七年消失的尼科季姆留下了妻子與兩個孩子。按照蘇聯的法律規定，有罪者的家人會跟著連坐，而且在一九三五年後，十二歲以上的孩子就可以視同成人被判刑，並被送到古拉格，亦即勞改營中服刑。費克拉被免除了連坐的審判，但考量到那種恐懼與猜疑的氣息，加上她帶著兩個孩子又沒有謀生能力，她在小村中的生活肯定如噩夢一般。她在尼科季姆不見後不久，不得不離開洛祖瓦特卡。這之後她去了馬亞齊卡，那兒就住著丈夫一幫兄弟。他們曾經擔心被她連累嗎？他們相信尼科季姆做了不對的事嗎？在馬亞齊卡的她也孤家寡人，與家族各據一方。試問誰受了更嚴厲的懲罰？案發當年就撒手人寰的他，還是得繼續以「嫌犯之妻」身分活著的她？她與孩子每一次跨過公家機關的門檻，或是每一次求職，就得又一次被提醒他們的處境。但到了最後，最虐人的酷刑莫過於不讓她知道心愛的人發生了什麼事，而這一切又是所為何來。

費克拉在一九五五年寄出信件，當時各報已經開始報導史達林死後的大赦。做為另一次殘酷的情節轉折，她得再等七年才能知道自己丈夫的命運。一九六二年，尼科季姆的案子終於被宣告為欠缺「犯罪情事」，而檔案中也能找到一份制式的「平反證書」，外加一則透露尼科季姆自殺的聲明與一行不痛不癢的弔唁。

所有在洛祖瓦特卡陰謀中遭控的個人都以「欠缺犯罪情事」或「罪證不足」的名義獲得平反。但活著收到平反通知的只有一個人。唯一一個從這場浩劫中活下來的人是特羅菲姆．車爾沃尼，那個賣漁網為生的倒楣兄弟。他被判了十年勞改，但他撐了下來。

跟其他我在伊莉娜桌上看到的卷宗相比，尼科季姆的檔案相對薄，但對我來說仍是一口苦難的深井。我甚至不知道這深井有沒有盡頭——費克拉的信後面還有未完的頁數。

一九九三年，尼科季姆的兒子，尼古萊．貝瑞茲科做為在新獨立之俄羅斯生活的五十九歲男人，已經接近退休年齡。這樣的他寫了信給新獨立之烏克蘭的國家安全局（當時簡稱USBU），並在信中解釋他需要尼科季姆．貝瑞茲科的平反證書。他們家從來沒有收到過這樣的文件，但他知道他父親是清白的。尼古萊當時正在申請養老金，但被告知他的文件必須加上父親的平反證明才能處理。即便蘇聯都走入歷史了，做兒女的還得為了父親那一輩的前科負責。尼古萊也順便想知道他的父親是怎麼死的，死後又埋骨何處。

尼古萊收到了回覆。他被通知說平反證書在一九六二年發給費克拉．貝瑞茲科。至於尼科季姆的葬身之處，USBU在信中表示他們並不知情，但卻沒提到內務人民委員部轄下的監獄屍骨，都被倒進波爾塔瓦郊外的一處沙谷。「您父親做為一名在史達林時代遭到壓迫的受難者，很遺憾我們對其不幸遭遇所知只有這麼多，」是烏克蘭國安局在信中的結論。

一九九五年，尼古萊又寄了一封信懇求有關當局，希望他們能寄來平反證書，否則他的退休金實在無法申請。「沒有證書我什麼都拿不到，」他寫道，「我求求你們，把東西寄給我吧。」

這一次回函說明，由於尼古萊家應該已經收取過平反證明，因此他需要的不是平反證書，而是平反證書的謄本，那是「一種完全不一樣的文件，需要向波爾塔瓦地區的公訴檢察官辦公室申請」。至於他父親的死亡證書，他必須寫信至父親最後居住地的戶政事務所索取。

尼古萊循著USBU這條卡夫卡式的奇幻道路，寫信給公訴檢察官辦公室，以及一堆波爾塔瓦檢察官辦公室的分部。此外他還寫信給各個戶政事務所。接著再次寫信給縮寫已經從USBU變成SBU的烏克蘭國家安全局，在信中附上所有書信往來，但又被深深推到了官僚的泥淖深處。「我求求你，各位長官，幫幫我吧，」他在最後一封信中寫道。「沒有這文件我真的會領不到養老金。」尼科季姆已經消失超過半世紀，但他留下的空虛仍像個黑洞般吞噬那些與他關係親近的人。

尼古萊的求助信是這份檔案的最後一頁。我不知道尼古萊最終有沒有取得證明父親清白的文件，但他所受的煎熬詭譎地與尼科季姆的經歷相似，他父親也曾拚了命要證明他參加過赤衛隊，但怎麼樣都不被接受。

在紙質封面的背面，有人附上了小心翼翼統計出來的檔案頁數。九十一。或算上尼古萊的信件的話，一〇二。伊莉娜．伊瓦諾夫娜提到我需要填寫一份表格，做為我讀取過這份檔案的證明。那就會變成這份檔案的第一〇三頁。我原本以為這房間裡的每一份檔案都包含一段命運，但我錯了。這裡的每份檔案不僅包含著許多人的命運，檔案本身還維持著不為人知的生命。

如果把尼科季姆的故事加乘上大清洗的受難者，那痛苦與恐怖的規模簡直大到令人無法想像。在一九三七與一九三八年間，光在烏克蘭就有超過十九萬人被捕。自始至終，肅清運動共坑殺了超過百條性命。「砍倒一片森林，木屑必然四散飛揚，」說這話的正是指揮著內務人民委員部，造成腥風血雨的葉若夫。他在一九三八年也成為了被砍倒的樹木之一，完全不能為我內心帶來一絲安慰。

我在檔案的最後一行簽名，將之遞給了負責管理KGB檔案處的官員，然後衝出監獄，發現自己再一次身處波爾塔瓦的明亮夏季。我再也讀不下檔案的任何一行。我需要深呼吸，需要把巴在我身上的黑暗留在房間裡。

我想要聽聽瓦倫提娜的聲音。我把手伸進包包找著了手機。「巴布許卡，我要回家了，」我說。我聽到葉片的沙沙聲，意識到外婆人在果園，我巴不得馬上能跟她一起待在那裡。

我徵得女長官的允許拍下檔案照片，幾天後瓦倫提娜跟我一起讀。在我剛回到家時，我們有聊了一下尼科季姆，但誰也不想去看那些文件。隨著時間慢慢過去，瓦倫提娜開始問愈來愈多問題，於是我下載了照片讓我的外婆過目。

她聽著我的說明，偶爾會請我重複日期或人名，但除此之外她沒有太多的話語。我們並肩坐在餐桌前，時間一小時一小時地流逝，日暮與沉重的靜默包圍我們。窗上的厚玻璃讓外頭的世界變得扭曲而模糊。沿著圍籬生長的香水月季（又稱茶香玫瑰）閃耀著緋紅，伴隨夜影愈發深濃。瓦倫提娜一邊撥弄著她閱讀眼鏡的鏡腿，一邊緊盯著螢幕角落裡的某處。

我正要關掉電腦，瓦倫提娜攔住我的手說，「可憐的尼古萊！他這些索討父親平反證明的信件真是讓人心碎。那個組織可以把名字改上一千遍，但骨子裡永遠是那台沒有人性的殘酷機器。他們在蘇聯時代是那樣，到了獨立的烏克蘭時代也一模一樣。我還是很難相信會有人願意幫你找到檔案。你真的沒有什麼事瞞著我嗎？你是不是給他們塞了錢？」瓦倫提娜用力看進我的雙眼。我小時候只要被這麼一瞪，心防就會崩潰，心事就會傾巢而出，但這一次的我坦蕩蕩。我與她對視。

「我一毛錢都沒花，」我說。「我遇到的人真的都幫了大忙。」

「賽爾吉會以妳為榮。尼古萊的信還讓我想起另外一件事，那就是賽爾吉為了領到養老金也吃了不少苦頭。」她說。

身為退伍軍人與身障者，我外曾祖父有資格領到一筆津貼，但按照瓦倫提娜的說明，他始終被拒付這筆錢，理由是他少了些文件。他去函給官員，而對方回覆要求他針對參戰與受傷的事實進行補件。等賽爾吉照對方的意思拿出A文件，他們要求B文件，繁瑣的程序沒完沒了。賽爾吉最終算是成功拿到養老金，但津貼的部分還是資格不符。瓦倫提娜紅了雙眼，面向窗戶用手臂擦了臉頰上的淚。

「即便遭受這些不公不義，賽爾吉還是堅守他對共產主義的信念。有時候這會讓阿絲雅氣到，氣這傢伙真是愚忠。」瓦倫提娜掛著淚水說著。

「妳說得沒錯，這樣的尋找確實很煎熬，危險也不少。」我說著抱住了我的外婆。我以為知道更多就可以釐清事物真相，但也凸顯了生命與現實的醜陋。我投身其中尋找故事的過往，對瓦倫提娜而言是痛苦的深淵。我愈是在一次次的調查轉折中體驗到辛酸與悲哀，就愈明白外婆為何百般不願意把潘朵拉的盒蓋掀開。

我外婆揉了揉臉，像是想讓自己從恍惚中醒來，然後她開口說，「妳在調查的這段時間，我一直希望妳可以一無所獲然後放棄。我低估了真相對妳的重要性，不論真相會是什麼。一旦我明白這一點，我只希望妳不要被真相給傷害。」

鐘。

我們看著陰影填滿窗外的庭院。燈泡飄忽閃動。牆上的舊鐘用帶著金屬聲節奏裁切出每一秒鐘。

「阿絲雅忘不了一九三〇年代的大飢荒，賽爾吉忘不了他的兄長，」瓦倫提娜放低音量，就像在跟自己說話。

我於是想到當沒有人訴說，痛苦的故事就會變成一個黑洞去吞噬周圍的一切。創傷是看不見的，但以創傷為中心的引力如此之強，其外圍的一切都會遭到吞沒。

「阿絲雅與賽爾吉把他們的故事埋得愈深，他們的祕密就愈會困擾著他們，」我說，而瓦倫提娜也點頭同意。

從窗外我們可以看見街燈的黃色光輝。瓦倫提娜從坐椅上起身，把漿洗得筆挺的窗簾拉起來。她仍堅信燈一亮起，窗外就會有在監視他們的鄰居。那黑暗的心魔，是我們承襲自蘇聯時代的遺緒，無法輕易揚棄。

「妳注意到尼科季姆一次也沒有提到賽爾吉嗎？」瓦倫提娜重新在我身邊坐下。我承認自己沒有注意到。發現賽爾吉曾提及他的兄長讓我震撼無比，以至於我錯失了尼科季姆檔案裡的空隙。我們重新滾動電腦的卷軸，回顧翻拍的檔案內容。尼科季姆的小傳成了我們放大的重點。

「妳看這裡，尼科季姆提到他有六個兄弟姊妹——米基塔、費迪爾、內斯提爾、伊凡、歐克薩娜與歐達爾卡。他沒有提到么弟賽爾吉。」我外婆點了點螢幕。整個檔案都沒有出現賽爾吉。尼科季姆略過他，是因為擔心被捕會成為弟弟日後的陰影嗎？畢竟賽爾吉當時已經穩穩地在職業的階梯往上。內務人民委員部只要有心，日後一定還是會找到這條漏網之魚——事實上如阿絲雅的個人檔案中所示，他們最終也確實發現了賽爾吉。但賽爾吉在尼科季姆檔案中的缺席顯得不太對勁，就像賽爾吉在日記裡提到尼科季姆也似乎別有深意。雖然我的調查稱得上努力不懈，但有些謎團依舊尚未揭開。

第十三章 黑洞

瓦倫提娜早早上了床，留我一人與尼科季姆的檔案共處。我又讀了一遍檔案。覺得只要多觀察箇中細節，肯定就能看出更多端倪。檔案處的女主管要我讀進字裡行間，去尋找遭到略去或前後不一的地方。於是我終於注意到了。

「他沒有留下遺書。」一行藍色墨水的字跡，出現在典獄長詳述尼科季姆自殺一事的報告裡。我放大了略顯模糊的照片重讀，生怕自己誤解了那句話的意思。

「他沒有留下遺書。」

我父親也沒有。

這個念頭像火種一樣點燃了我腦中的引信，某樣東西在我胸中炸開。我周遭像是沒了牆壁，天花板坍了下來。我兩眼黏在電腦螢幕上，手摀住嘴巴抑止驚呼，只不過我不確定有沒有聲音洩出。我曾全力壓抑過往抹除記憶，但它還是深藏在我心中。如今它衝出表面，那種痛苦稱得上鋪天蓋地。

有天晚上，我先生跟我正在一起看《豹》的電影，突然一通電話打來，是我的繼母卡琳娜。她跟我隔週會通個電話，通常在她下午茶休息期間。他們搬到當時的居住地加州，是我在芝加哥定居後數年的事情。他們在灣區一家醫材工廠裡找到工作，買了房子，甚至還安排把兩隻愛犬從基輔運到舊金山。「你馴服了什麼，就要一輩子對其負責，」我父親說，但我有點懷疑他是不是真的明白《小王子》這句話的真意，畢竟他在很多方面沒有遵守這句話的哲理。

我爸媽只認識不到一個月就結了婚。母親是大學生，父親是她姊妹淘拉娜（Lana）的帥哥朋友。他兩頰垂著柔軟的黑色波浪捲髮，大大的棕色眼睛像印度電影明星一樣。他用花海戰術追求我的母親，最終那強烈的迷戀為他贏得了她的芳心。瓦倫提娜對這段婚姻不是沒有疑慮，因為她不明白自己的準女婿沒有穩定的工作是要怎麼養家活口。我母親不理會瓦倫提娜的抗議。蜜月父親提議去喬治亞共和國，新婚小倆口在那裡租了間海灘上的小房子，一邊喝著肯茨馬拉烏利[1]，一邊欣賞黑海上的夕陽。我母親在寄回家的信中，大篇幅描述她先生煮土耳其咖啡跟彈吉他的技術。

然而這些本事不足以讓他們回到基輔後的婚姻生活和諧美滿。他們必須與父親的母親達莉雅與他的兩個哥哥，包括弗拉迪米爾與瓦雷拉（Valera），擠在一個兩房的公寓中。窘迫的居住環境讓生活變得更加複雜，但最糟糕的是母親婚後才發現她跟我父親毫無共通點。甚至他從不顧慮她的希望與感受。「不自私就不叫男人，」達莉雅這麼說過。一開始母親還顧及自尊，不願意跟自己的父母親說婚姻出師不利，還試著維繫這段關係，但在經過近十年的努力後，她知道自己不走不行了。

爸媽在我八歲那年離婚。一九八六年四月車諾比核災後，我母親把我轉出在地的學校，帶我到貝里格。波爾塔瓦地區被認為安全無虞，於是我就在那跟阿絲雅與賽爾吉住到秋天，然後我母親替我註冊一所克里米亞的住宿學校。年底我回到基輔時，爸媽已經不是夫妻了。他們已經跟不同人住在城市的兩端。即便家庭關係這麼尷尬，他們還是聚在一起替我接風，假裝什麼事都沒有發生。

我既不解又難過，不過我馬上就喜歡上來自亞塞拜然（Azeri）的繼母卡琳娜。她不論跟父親去任何地方旅行，都會帶上我，還會邀請我住他們家。我在內心判定該為離婚負責的，是我母親跟她的高個子金髮數學家亞歷克斯（Alex）。我父親答應等滿十四歲，我就可以跟他與卡琳娜同住，雖然那代表我得等上漫長的六年，但至少現在可以每個週末都見到面。當時我恨不得自己可

1 Kindzmarauli，喬治亞格魯吉亞的特產紅酒。

以趕緊十四歲。

一開始父親會每個週末都到亞歷克斯家接我，那是我從克里米亞回來後跟母親一起搬進去的地方。他會從亞歷克斯家帶我回我們的舊公寓，然後他會打個盹，我則跟卡琳娜一起讀英文書，跟達莉雅畫畫，或是跟弗拉迪米爾一起練習瑜珈。

但這樣的行程愈來愈少。我父親答應會來但總是爽約。本來我還會等，但後來我放棄期待。等我終於滿十四歲，我父親隻字未提我去跟他與卡琳娜同住的事情，不過那時我也已經不想這樣做了。亞歷克斯變成那個去看我在校舞蹈表演，教我數學功課，啟發我行萬里路跟學遍語言的父親角色。

在父親與卡琳娜晚我兩年赴美居住後，我曾趁大學假期去加州拜訪他們。卡琳娜與我都可以聊書跟電影好幾個小時，此外我們還不遠千里去舊金山探險，但我跟父親就沒什麼交集了。有時候我覺得跟我獨處，他好像會感到不舒服。我一直等著他解釋，或是說點什麼讓一切得以釋然，但他從來沒這樣做過。他未曾參與我生命中任何有意義的事件。沒有恭喜我以優等生身分畢業。不曾在我獲得耶魯全額獎學金時為我歡呼。他沒有出席我的婚禮。有時他會無視我的邀請，有時我索性也不問他了。很偶爾，母親抱怨起我父親，她用的形容詞是「無所謂」。乍聽之下不是什麼咬牙切齒的指控，但對她來說卻是如此，隨著時間我明白了這話的沉重。無所謂、冷漠，有時候比殘酷的背叛更加傷人。

我與他跟他的人生保持距離。父親忙於他自身的興趣，看似滿適應在美國的生活。他對我的需要是零。

我成為自由記者的頭一年非常刺激開心。我四處旅行，蒐集香氛產業的各種資訊，訪問香水廠商，追蹤花農或香料農到天涯海角。我跟卡琳娜保持聯繫，但在大學那趟加州之旅後，我跟父親就話不投機半句多。卡琳娜會跟他更新我的冒險，所以如果想釋出善意，他不會找不到我。有一天他突如其來發了封電郵給我，問我能不能幫忙看一下幾間房子的照片出點意見。他傳了一個壓縮檔過來，裡面有看起來一模一樣的3D房屋藍圖、太陽能板的草圖，還有綠能相關資訊。他甚至打電話過來，跟我聊加州的房地產市場，誇口說他想通了一個絕對行的系統。他說他就要發財了，要在加州買棟房子給我跟我先生。他說我們可以像以前那樣一起旅行，所有人會一起回到烏克蘭，修好我們在格列博夫卡的小木屋。我幾乎沒有在聽他說話，他每次像這樣換了個人的表現令人不解與厭煩。他開過的空頭支票讓他早已信用破產。我對他的期望愈低，就愈不會受到傷害。所以我敷衍他說我要去忙工作了。

等卡琳娜兩週後來電，我示意丈夫把電視關靜音。他暫停了電影，讓畢・蘭卡斯特（Burt Lancaster）與克勞蒂亞・卡蒂納（Claudia Cardinale）[2]凝結在模糊的華爾滋影像中。

「嗨，卡琳娜，」我說，「妳不是應該在上班嗎？」我們兩邊有三小時的時差，我知道她應該人在辦公室。

「妳父親開槍自殺了，」她說。我聽不懂她在說什麼，也有意開口對她說。但嘴唇像是被銲起來，怎麼也張不開。冷冽癱瘓了我的喉嚨、胸口、手臂及雙腿。我坐在一張土耳其圓桌前，那是我用來寫作跟做庫塔巴（kutaby）的地方。庫塔巴是薄如紙張的亞塞拜然傳統香料餡餅，我會做是因為卡琳娜教過我。乾掉的麵粉渣還卡在木紋裡，我突然有股衝動想把桌面洗刷乾淨。

「妳父親舉槍自盡了，」卡琳娜重複，聲音帶有宛若在指控什麼的尖銳。

「妳父親自殺了，」她哽咽。

「他沒有留下遺書。」她哭著說。我聽到遠方有狗的吠叫聲。在睡著與醒來之間，存有一些超現實的片刻。你會想，它會告一段落嗎？如果會，之後會發生什麼事情？我從小讀童話故事長大，從來沒有停止相信惡夢之後，會有夢幻的覺醒。但有時候惡夢沒有止盡。我沒有哭。瞪著面前的桌面。然後我發出如負傷動物一般的嚎叫。我想要大聲尖叫，但就只是嚎叫出聲。這是我當時唯一記得的事情。

我不記得自己是怎麼飛到加州參加葬禮。不記得自己是怎麼在告別式上致詞悼念父親，因為其他人在震驚中什麼也說不出來。我不記得自己講了什麼，但別人告訴我致詞很令他們感動。我不記得那片墓園，不記得那場葬禮。不記得自己是怎麼跟繼母說，我不要父親的任何遺產。我拒絕接受遺產，一如我拒絕接受他的離開。他什麼都沒有說清楚就這樣走了。這是最大的背叛，為此我原諒不了他。我痛到沒辦法緬懷自己的父親。我決定忘了他。把一切留在過去。一年之後我先生跟我離開美國，搬到比利時展開在新國度的新生活。

尼科季姆的離開留下了一個黑洞，跟我父親的離開一樣。

我瞪著筆電。然後做了一件一年前的我，絕對沒有勇氣做的事。我在電郵信箱輸入父親的名字，按下搜尋鍵。連串的封存訊息跳了出來。我一路讀過去，想起之前發生過的事情，還有之後發生的事情。我父親的郵件就那幾封，而且都很簡短。弗拉迪米爾的訊息也跑了出來。他的信就比較長。一開始他問我父親為什麼不回他的信。等他知道真相之後，他開始安慰我。我記得父親剛走的那段期間，我們也會在電話上通話，他還鼓勵我要保持堅強。在最難熬的前幾週，弗拉迪米爾是我最大的支柱，因為他跟父親與我都很親近，他懂我們父女勝過我們父女懂得彼此。

2 兩人合演了一九六三年的《浩氣蓋山河》，也就是小說《豹》的改編電影。

弗拉迪米爾那期間最後寄來的其中一封信，關係到我們的約定。我們說好在我堅強到能消化父親究竟發生什麼事之前，他不會再對我提起父親。我不知道自己要等到哪一天，只知道我的悲傷深沉到內心的一切都被凍結。

夜幕漸漸褪去，在我身後雜亂床邊的陰影中徘徊。穿過百葉窗，我可以看到薰衣草紫的朝陽。可以聽見瓦倫提娜在隔壁臥室裡輾轉反側，還有她睡眠中的嘆息。我在閱讀尼科季姆檔案時寫了一疊筆記，此時它們就躺在桌面上。我的筆跡歪七扭八，不是很好閱讀。我覺得公雞之家困住了我的外曾祖母，讓他們嚇到乖乖聽話，但坐在來自另一個年代的訊息前，我意識到自己也被困住了。無法面對自己的恐懼與痛苦。我埋葬了這兩樣東西。而它們在名為遺忘的黑暗中冒出芽來，變成了一種讓我窒息的東西。我可以改變自己腳下的大陸、國家、城市，但要如何逃離親手為自己打造的鐵欄杆監牢呢？我一面害怕被拋棄，一面拋棄了自己跟自己的記憶。你無法逃避那個你假裝沒有在抓著你的東西。你無法一邊害怕面對現實，一面又想要得到自由。

每個人的離開都留下了一個空洞。在烏克蘭，在復活節後的週一，大夥會回到墓園與逝去的親人共享一餐。我們會在墓園擺上桌子，一年一度與死者交流，同時懷想他們、寬恕他們、請求他們的寬恕與幫助。我一次都沒想過要給父親設下那樣的餐桌。我從來沒有原諒他就這樣撒手。所以我禁止自己哀痛。

我需要跟弗拉迪米爾談談。想從困局中逃脫，有一條路是面對我的恐懼。另一條路則是要尋求原諒，創造和解。

第五部

洞窟與謎團

The Caves and Mysteries

第十四章 天上掉下來的親戚

「受困但沒有被抓住。」是弗拉迪米爾對自身的描述。他與祖母達莉雅是在俄羅斯的老家村子度過夏日假期時，聽聞希特勒對蘇聯宣戰。德軍的進展如此之快，達莉雅根本來不及回到基輔。然後村子就被占領了，他們跟外面的世界斷了聯繫。

一天弗拉迪米爾發燒，並覺得一種奇怪的僵硬感從腿部入侵他的身體，一路上到頸部。一名鄰居跟達莉雅說有個德國醫生在另一個村子裡治療病人，於是她帶了弗拉迪米爾去求醫。那個德國醫生個子很高，戴著小小的圓眼鏡。當他彎下腰去量弗拉迪米爾的體溫時，少年弗拉迪米爾看到了自己在鏡片上的映影。「小兒麻痺，」醫生說著揮動手，要下一個病人進來，然後撂下一句德文，「Er ist so gut wie tot。」，意思是「他死定了」。

但弗拉迪米爾沒死。他沒有因為高燒而死。沒有因為四肢都沒了知覺而死。沒有因為村民用滾水，想燙醒他了無生氣的雙腿而死。他在他祖父母的陰暗小屋裡，躺在長椅上，眼看白蟻在撐起牆壁的木梁上鑽洞。雖然沒有睜眼，但他聽角落的蟋蟀叫聲，就知道現在是白天還晚上。只要聞到麵包的味道，就知道裡頭的鋸木屑有沒有比平日多。等學會動動手指，他只要一摸與他永遠為伴的黏土牆質感，就能判斷天氣的好壞。後來春天來了，達莉雅帶著他去森林，在那裡他感受到青草在他之下生長。為了逃離名為病體的陷阱，他求助於自己的夢想世界，用想像力把空虛填滿。

戰爭結束後，達莉雅與弗拉迪米爾返回基輔。他接受了治療，開了不只一次刀，結果包括蘇聯的醫學界——還有弗拉迪米爾自己——都認為手術非常成功。他學會了站立跟走路，但從來沒有真正把彎曲的脊椎打直，也沒有能使用右側的身體。小兒麻痺持續扭曲他纖瘦的骨架，由此他身體的頂端會前傾並左彎，好像他是擂台的拳擊手一樣。弗拉迪米爾走起路來一拐一拐。要用右手的時候，他會先用左手把右手拿起來。但只要右手就定位，他靈活的手指就能把機器拆開再組回去，多複雜的東西都不成問題。

弗拉迪米爾對機器裝置的著迷，是啟發自一名鄰居。那位從軍的鄰居是一名上尉，他因為可憐這生病的孩子，給了弗拉迪米爾一台型號是「Fotokor 一號」的折疊式床板底片相機，並教了他基本的攝影知識。Fotokor 在俄文裡是「攝影記者」的縮寫，而這個名字也給了他靈感，讓他開始把身邊的所有東西都記錄下來。他後來請父親幫他找跟影音錄製有關的書，並把書中各種零件的設計都抄錄在筆記本裡。他夢想深造工程學，並在課餘去上課學習物理與技術繪圖。

然而當工程科系的入學委員會一看到弗拉迪米爾的模樣，他們拒絕了他的申請。「你握得住筆嗎？」有個人嘲笑他。「你去物理系試試吧。」到了物理系，弗拉迪米爾受到了同樣的羞辱。他嚴重的肢障讓人連假裝好人的動力都沒了。但弗拉迪米爾既不生氣，也沒放棄。他向農業大學經濟學系提出了申請，結果獲得了接納。如同瓦倫提娜，他覺得與數字為伍最為無害。他後來成為資深會計師，在一家機械工廠任職。

我小的時候，弗拉迪米爾已經不再工作，而是靠殘障年金過活。他曾經以「為資本主義宣傳」的罪名去牢裡一趟，他並沒有隱瞞自己生命中的這段插曲。甚至我懷疑他根本很自豪於這個個人成就，就好像殘障如他也可以跟正常人一樣被迫害。他把自己能「正常度日」歸功於瑜珈，他的房間裡有一張寬敞的平板床，那是他睡覺跟練習各種瑜珈體位的地方。還是小朋友的我很喜歡他住的地方，因為他蒐集了很多很有趣的醫療海報，一罐罐的發酵蔬菜跟菜芽，還有各種我看不懂的外文書籍。他會招待我那些酸酸的、冒泡的自製飲品，據他說都是養生的仙丹妙藥，並且他會教我做瑜珈。弗拉迪米爾如果沒在打坐冥想，就是在拆解收音機。他的書架上擺滿了兩類書，一種是以阿育吠陀（Ayurveda）醫學傳統為題的薩密茲達[1]，另一種是半導體裝置的工具書。

我父親跟他一樣對科技感興趣，我也記得他組裝過電晶體的收音機。然而他並沒有弗拉迪米爾的毅力，所以他對每件事都三分鐘熱度，從來沒有在一件事上頭有始有終。那些半途而廢的計畫與沒有完工一綑綑電線就這樣在我們家的公寓裡不斷累積，直到我母親把它們給扔了，不然就是拿去給弗拉迪米爾做實驗。

在烏克蘭獨立之後，弗拉迪米爾跟他前妻與女兒搬到以色列。雖然已經離婚二十幾年，但他前妻仍堅持要他陪她們母女過去，即便到了特拉維夫，他也沒有停止修理電器、實驗阿育吠陀的各種食療、研讀希伯來文，還有練習瑜珈。

我讀著父親死後，我與他的交流。我把卷軸拉到了二〇一三年冬天，重溫了我們意見相左到關係出現裂痕的那天之前，所有的信件往來。我仔細閱讀每一則訊息，包含他的回覆，還有我的。

此時我注意到的不是他各種評論的本質，而是兩年前的我竟會對他的發言反應如此激烈。自從跟他鬧翻後，我在烏克蘭生活了好一段時間，足以讓我了解到即便自認是烏克蘭愛國者的外婆，都懷念著蘇聯統治的某個生活面向。我遇過有人在一九八九年後，失去了生活中所有的穩定感與安全感。對這類人來講，資本主義是一場殘酷的鬧劇。把弗拉迪米爾的意見放在這樣的脈絡

1 samizdat，指蘇聯時代以手抄、翻譯流通禁書的地下活動。

底下，就沒有我當初認為的那麼過分。只不過他始終不肯承認一九三〇年代那場大饑荒的悲劇，還是讓人十分扎心。但不變的是弗拉迪米爾是家人，而我十分想念他。

然而，事實證明要找到尼科季姆有多複雜，想與弗拉迪米爾恢復聯繫就有多複雜。祖母與弗拉迪米爾的二弟已經過世很久了。我在特拉維夫的堂兄弟，年紀又大我很多始終不親。弗拉迪米爾成了唯一一位我跟父親家族那邊的聯繫，只不過我們的聯繫始終是透過虛擬網路，說起來十分脆弱，隨時都可能中斷於之前那種被擋的電郵或沒送出去的訊息裡。此外他的電話號碼也已經變成空號，想找也找不到他。

我母親梳理她離婚前的舊筆記，把基輔舊識的住址清單寄給我。我跟瓦倫提娜說我會離家去蘿拉阿姨的公寓住幾天，然後訂了張火車票。我外婆知道弗拉迪米爾跟我在冷戰中，這讓她十分煩惱。在爸媽還沒離婚，還跟弗拉迪米爾與達莉雅同住時，瓦倫提娜經常會去找他們，並跟弗拉迪米爾漸漸熟識。她跟我父親那邊的親戚已經沒有聯繫，但她責怪我不該對自己的伯父沒耐性。「血濃於水，你們一個不該少了伯父，一個不該沒了姪女。」她每次都會這麼評論我跟弗拉迪米爾吵架的話題。「為了一個已經不存在的國家鬧彆扭！對不對啊。」

但與弗拉迪米爾失聯於我並不是小事。我擔心自己犯了一個無法挽回的錯誤，我怕現在回頭已經太晚。我隔著霧濛濛的火車車窗，看著外頭不斷往後奔馳的綠野，努力讓心亂如麻的自己不要理智斷線。

如同倫敦跟巴黎，基輔也是一座由河流定義的城市，由第聶伯河將之一分為二：左岸有著現代化的公寓樓房與住宅社區；另一邊則是古老的右岸，也就是基輔在公元五世紀的發軔之處。雖然我從小生活在右岸中比較現代化的區塊，但並不妨礙我一眼認出舊城，畢竟山丘上妝點著基輔洞窟修道院的金色圓頂。我母親給我的其中一則地址就在修道院一帶，我一下火車就朝那直奔。

依序找著了街、弄與房屋號碼後，我喜不自勝地看到了格里戈利．葛伯格（Grigori Goldberg）的名字印在信箱上，他是弗拉迪米爾的朋友。我按下電鈴，但門後始終沒有打破寂靜。我等了一會兒又重試一遍。也許他出門去了。也許他也已經消失於人間。

我什麼都無法確定，只能先回到主街上，走進了洞窟修道院。那門又小又暗，而踏進庭院，我便被折射自金色圓頂眩目的陽光給閃到。基督教的僧侶在一〇五一年落腳於這些山坡的洞穴中。修道院的創始者聖安東尼（Saint Anthony）於一處地下斗室閉關，若干年後當其他僧侶發現他的遺體，他們訝異於其肉身奇蹟似地沒有腐壞。於是其他僧侶也循例在第聶伯河上的山丘裡挖出迷宮，然後在此閉關。此後沒有多久，這些洞穴就成了一片墓群跟朝拜地。雖然我並未成長在一個信仰虔誠的家庭，但洞窟修道院的悠久歷史與神祕仍讓我感到既害怕又著迷。還是個孩子的我曾經跟父親來過修道院一遊，當時翡翠色的天鵝絨上，一根根十一世紀的手指木乃伊仍讓我記憶猶新，忘不了它們帶給我的驚懼。我緊抓著父親，他的手溫暖而柔軟，讓我安心。洞窟裡唯一的光源是蜂蠟蠟燭，我手中那根被我握得緊緊的，燭身就這樣融化在我出汗的掌心。謎團的規模一大，會自然散發出恐懼的元素。

我爬上陡峭的階梯，來到修道院的廣場，從那我可以看到基輔市景以第聶伯河為中心開展，市區已納入三十年前還是古樸村莊的地區。在第聶伯河的兩岸，新的別墅與公寓社區在基輔的商業寡頭建設下，突破了夏日的綠意。

我再次倚靠在欄杆上，看向第聶伯河的方向。她流過右岸的諸多教堂，還有粗獷主義的公寓樓房，也流過了蓊鬱栗樹叢跟玻璃與鍍鉻的別墅。流著流著消失在地平線之後，眩目白日將水與天際融為一體。我想起父親。

悲傷與悔恨充滿我的內心。

在我們家，往往會刻意避開一些話題。自欺欺人地認為只要絕口不提，痛苦就會慢慢過去。賽爾吉不提尼科季姆。阿絲雅不提戰爭。母親不提她離異的婚姻。我不提父親的自盡。我們沒一個人善於面對自身的恐懼。

我徘迴在修道院洞窟的入口處。「妳想進去嗎？」一名在入口處賣蠟燭的年輕僧侶問我。我想起把我嚇壞的第一次來訪，點了點頭。他遞給我一根蠟燭，為我指出了去墓園的走法。

歷經明亮的陽光，地底房間的黑暗讓我一時間搞不清方向。一滴熱蠟從蠟燭上滴到我的手上，但我感覺不是燙，而是慌張。洞窟中的潮濕空氣，飄著薰香、蜂蠟與汗水的味道，讓我聞著覺得頭暈。我本能地伸出手，但並沒有另一隻手能讓我抓住。人潮擁擠讓我動彈不得，我索性隨波逐流。

愈往前，群眾也開始變得稀疏，我的眼睛慢慢適應了昏暗的環境。我進入了從主路徑分岔出去的禮拜堂，手中的燭光讓陰影如鴿翼振翅一般。泛黃的光照著黑色壁龕，而玻璃棺內則有聖髑（聖人的遺物或遺骨）。另外一個壁龕中，則有一名僧侶在誦念禱文。我聽著乾燥的書頁翻動聲。慌亂慢慢褪去，恐懼騰出了位子給驚嘆。我湊近玻璃棺，看見當中裝著聖內斯特（Saint Nestor），他是公元十一世紀基輔的編年史官。「祈禱的時候，你可以跟他要某樣自己想要的東西，但能替別人祈禱更好。」我側聽到身後一名母親在教導兒子。

我低聲說出了禱告。我不清楚東正教的祈禱該怎麼講才標準，但我希望上天能幫助我順利找到弗拉迪米爾。我還祈禱讓瓦倫提娜的花園能夠盛開。默默禱念的同時，我看到呼吸的蒸氣凝結然後緩緩消散在冰冷的玻璃上。我低下頭，讓臉靠近玻璃棺，近到嘴唇幾乎要碰上去的程度。我沒有看見聖人那雙木乃伊化的手。我看到的只有映照在玻璃棺蓋上，眼睛張得老大的自己。

「那摩列諾．梅斯托，」我身後有人輕聲說。Namolenoe mesto 直譯就是「一個浸滿了禱告的地方」，也是被拿來指涉東正教朝聖地的慣用語。之前我視此是一種陳腔濫調，但如今覺得這些喃喃的禱詞為這地方蒙上一層無形的氣場，使之充滿了情緒張力。低語中的禱告、低語中的故事，就這樣一層層凝結在空氣中，看不見卻真實存在，等著被聽見。

我離開了修道院，回到了格里戈利．葛伯格的家門前。門鈴聲迴響在一片寂靜中。我甚至嘗試去按格里戈利鄰居的門鈴，但似乎所有人都在上班，要不然就是去度暑假了。庭院中讓人想不透為何既沒有孩子的身影，也無任何生氣。我確認了母親給我的地址，上頭的另外五個人讓我鬆了口氣。我最後一次按下門鈴，然後留下字條，說明我是誰跟為什麼需要他的幫助。

接下來數日，我嘗試母親舊通訊錄中的其他線索。雖然我已經在洞窟修道院中禱告過了，但最終的努力還是沒有結果。我一個人也找不著。認識我父母與弗拉迪米爾的人要麼已經搬走，要麼已經移民。已經不在世的也不在少數。我現在只怕弗拉迪米爾之所以沒有回覆我，是因為他已經再也沒辦法回覆。

回到我阿姨的公寓中，我翻閱兒時由弗拉迪米爾幫我拍的照片。在我們鬧翻之前，他把我早年的照片跟影片轉成電子檔。我很喜歡的一張照片上，祖母達莉雅手撐著下巴，看我在厚厚的筆記本上不知寫些什麼。照片被拍下的瞬間，祖孫坐在客廳裡屬於我們的一小角，一間由一只大衣櫃充當隔間，在客廳裡創造出的小臥室，屬於我與祖母的小天地。至於衣櫃的另一側則是家中其他人的起居空間。

照片中的達莉雅就是我記憶中的她——黑色圍裙裡面是一件白襯衫，外加一條白色的頭巾。我幾乎認不出那個圓臉頰跟一頭雜亂捲髮的小孩是自己，但熟悉的筆記本錯不了。那是我兒時的日記。

照片裡的我肯定是七歲。達莉雅以前會接我放學，然後帶我去她的辦公室。退休後，她在一間男生住宿學校裡兼差當輔導老師——她最重要的工作就是確保不會有學生在宿舍裡放火。那兒的校舍說是學校，看起來更像拘留所，聞起來則有潮濕粉筆、酸臭汗味跟氯的味道。是一個會讓人心情不好的地方，但優點是那裡有取之不盡用之不竭的色紙與文具，正是我最想要的戰利品。有天一個八年級的學生羅曼．亞琛科（Roman Yatsenko）從烏克蘭文學課上跑了出來，在達莉亞的辦公室裡大發雷霆，還把他的書包往牆上砸。羅曼一臉不悅地離開後，我撿起他遺棄的筆記本，問達莉雅我可不可留著它。那是全新的筆記本。她一邊收拾著羅曼留下的爛攤子，一面抬起頭來，向我點了點頭。管教有情緒管理問題的青少年讓她身心俱疲。我在筆記本上劃掉羅曼的名字，寫上了自己的，「九月一日，作者：維多利亞」。然後盯著潔白無暇的頁面，初嘗了人生第一次的寫作瓶頸。我問達莉雅該寫什麼好。為了讓我做好上小學一年級的準備，祖母此前一直在教我閱讀與寫作，還有字母的草體。「妳可以用這筆記本描寫妳的日常生活，就像日記一樣，」她說。「因為什麼東西只要寫下來了，就會被記住。」達莉雅本身就有一疊黑色的筆記本，裡頭填滿了她的詩句、筆記還有鍾愛的小說段落。在工作告一段落後，她會在我們共用的書桌前坐下，寫起她的本子。她隱沒在專屬於她的世界，而我則踮著腳尖在她身旁走來走去，焦急地不想打擾她的專心一意。

我的日子太過平靜無波，以至於沒有什麼能寫進日記裡。從我母親與瓦倫提娜閱讀的回憶錄中，我得知人若開始回想事情，首先會提到他們在哪出生，他們的家人是什麼模樣。大部分的例子中，這些家族有錢有勢，即便是蒲寧[2]那本《阿爾塞尼耶夫的一生》（*The Life of Arseniev*）裡的落魄仕紳家庭，都散發著一種我們家看不到的獨特魅力。那些作者照例會分享一些充滿哲理的觀察，而我則什麼哲學見解也沒有。事實上我連哲學這個單字都還拼不太出來。達莉雅於是建議我畫畫或做點拼貼，因為「寫作，就跟所有的藝術一樣，都是在運用人的創意」。她並沒有當我只是個小孩。

我解讀了祖母的建議後，決定對一本有著漂亮花朵與水果照片的雜誌動刀。等在基輔沒有花園但訂了一本園藝刊物的弗拉迪米爾，氣沖沖跑來我們祖孫的公寓角落，尋找他少了的那本雜誌時，他才赫然發現雜誌已經被我割成碎片，而我還在把東西貼進日記本裡。「妳都幹了些什麼？那可是全年最重要的一期，講的是馬鈴薯的種植，而且我都還沒機會讀耶！」他一邊大吼大叫，一邊把剩下的頁數從我手中扯走。我試著跟他解釋說這本雜誌是為了藝術犧牲，但他根本不聽，還跑去跟我母親抗議。

發現追求藝術會造成的嚴重後果後，我便不敢再動弗拉迪米爾的雜誌一根寒毛，並開始把身邊觀察到的人事物寫下來——操場旁開了花的栗樹、達莉雅跟我放學後走訪的地方。我渴望離開基輔去貝里格看阿絲雅與賽爾吉的心情，還有到了貝里格之後，渴望回到基輔跟達莉雅散步的心情。有時我會寫些短篇故事，大部分都是虛構的情節，像有一篇講的是我獨自步行穿越了積雪的樹林，為的是替達莉雅跑腿。這當中唯一的真實元素是樹皮跟松針結凍後的氣味、積雪在腳下被踩扁的聲音，還有在結凍水坑上的纖細圖案。我一個人在冬季仙境中，但裝備有達莉雅對祕徑的直覺，我一點也不感到害怕。達莉雅是我故事中的主角，在故事裡她既是我的朋友，也是同謀。

我的日記一直寫到八歲，筆記本沒有停在八歲，但父母親的婚姻就停在那年。母親跟我離開了公寓跟父親，搬到市區的另外一隅。我被迫跟達莉雅祖母分開，中間隔著一條第聶伯河，還有

2 Ivan Bunin，1870-1953，俄國作家，一九三三年諾貝爾文學獎得主。《阿爾塞尼耶夫的一生》是他的自傳式小說，被許多人視為他在移民主題上最重要的作品。

多到我應付不了的地鐵站與公車站。我偶爾會把日記拿出來寫，但少了為我扮演繆思的達莉雅，我的日記數驟減。我想念她念蒲寧的黑暗愛情故事給我聽，想念自己坐在她身邊看她寫詩或改作業。我想念我們一起漫步在森林裡，達莉雅用燒柴的爐子做出美味的奶油可麗餅。我想念她綠色的大衣，大衣上裝滿栗子與松果變形的口袋，以及她白色手帕上粉粉的藥味。

赴美前，我跟達莉雅見最後一面時，我把日記本交給她，答應她我會回來看她。但我永遠食言了，因為達莉雅在幾個月後就過世了。她的死是我永遠的遺憾。那之後有好幾年，我說到她還是都用現在式。我總覺得她只是溜出了我的視線，只要我用力瞇起眼，她就會重新出現。

突然間我想要走訪小時候的公寓。在那之前我從來沒有過這種想法。首先，那公寓一直深陷於令人煎熬的訴訟拉扯中。一九九〇年代初期，當個人得以擁有私人財產時，達莉雅與弗拉迪米爾讓他們的家從國有變成了私有。但那個家對他們兩個人來說太大，於是他們決定以大換小。弗拉迪米爾的兒時友人自告奮勇要蒐集必要的文件，那在烏克蘭獨立的頭幾年是很痛苦的事情，而心懷不軌的他就利用這點把房子過戶給自己。這件事我聽弗拉迪米爾轉述，複雜到不輸烏克蘭承接蘇聯時代的法典，但就結果來看弗拉迪米爾輸掉了公寓。敗訴後的他仍繼續為他的合法所有權奮戰，但真正讓他掙扎的是怎麼從摯友背叛的陰影中走出來，不要失去對人的信賴。

在付了將近等於房價一半的律師費之後，弗拉迪米爾贏回了房子。他賣掉房子的時候，人已經住在以色列了，他唯一一次提到那個地方，就是為了表達他的難過，關於曾經的好友竟如此唯利是圖。

「那個地方曾讓妳伯父無比心痛，」瓦倫提娜有感而發。我在基輔的時候，瓦倫提娜跟我天天視訊，而談話之所以能變得更加親密，是因為她靠著購入一台iPad平板跨進二十一世紀。她老是沒辦法弄好鏡頭角度，每次我們聊天鏡頭要麼對著牆壁，要麼對著餐桌上方愁眉苦臉的帕莎照片。但瓦倫提娜可以看見我，她覺得只要點個按鍵就可以做到這點實在很妙。「妳的房間怎麼亂成這樣？」她會說，她看到地板上的衣服，或是滿書桌的資料。任何細節都逃不過她的法眼。

我跟瓦倫提娜說我想去我們的公寓老家看看，還說我心裡有點忐忑。

「我一開始也不太想去米海利夫卡，」瓦倫提娜說。「但這些日子我每次睡不著，腦海裡都會浮現我們的房子、蘋果果園，還有山丘下的那條小溪。然後我會在記憶的故鄉，填進我愛過跟珍惜過的每一個人。妳記得那個可愛的瑪麗亞阿姨嗎？就是我們在找普拉頓．貝林姆故居結識的那位女士。她說凡事到了最後，都只剩下回憶，她說的沒錯。至於妳說的也同樣正確。記得，是很重要的。」

瓦倫提娜笨手笨腳地弄著iPad，鏡頭因此繞了房間一圈，然後她泛紅的臉才回到了螢幕上。她直視著我說，「妳都能去公雞之家找尼科季姆了，去兒時的老家看看一定不成問題。」

我繞了院子幾圈，然後在離遊樂場不遠的長椅上坐下來。一群小女孩輪流盪著鞦韆，發出了我在她們這年紀時也會製造出的咿呀聲。她們的笑聲迴響在長滿了繡線菊灌木且曬衣繩縱橫交錯著的大院裡。矮胖的五樓建築圍繞著大院聚集，它們的窗戶都裝飾著花箱與鳥籠。阿嬤們呼喊著孩子回家吃晚飯。相隔二十年舊地重遊，我覺得栗樹變高了，停在草坪上的車子變新了，路面上的坑坑巴巴變多了。除此之外，我兒時的街道還是原本的面貌。

我起身走向我曾經與爸媽、弗拉迪米爾、達莉雅一同住過的房子。我們那層公寓的窗戶面對中庭。臥室那面窗戶覆蓋著薄薄一層窗簾，我能看到簾後有電視螢幕在閃，有身影在移動。我唯一需要做的就是按下門鈴。

我僵站在原地。這幾年我見門就敲，擅闖陌生人家，臉皮固然厚了不少，但此刻我還是遲疑了。我要怎麼跟現在的住戶講？我自己都無法清楚表達想去他們家逛逛的理由，又怎麼能跟他們解釋清楚？我靠在中庭邊上的一顆栗樹上，反覆思索著。

「妳在監視誰嗎？」

身後傳來的嘶啞聲音嚇了我一跳。轉身一看，是個身穿四角短褲加背心的矮小男子，手臂上看得到肌肉與藍色的刺青。他的德國狼犬將他拉往反方向，但男人堅定地站在我面前皺著眉頭。

「我是這裡的舊住戶，」我邊說邊覺得雙頰緋紅。

男人並不買單。「我住在這裡的時候你應該還沒出生吧，」他說，「但我對你一點印象都沒有。」

「那是很久以前的事了。您還記得弗拉迪米爾．采布列夫（Vladimir Tsebrev）嗎？」我問。男人露出燦笑，拍了下大腿。狗狗抓緊主人鬆開繩索的空檔，一頭栽進灌木叢中。「當然記得，采布列夫我認識，」男人說。「妳是他千金嗎？」

我自我介紹是他的侄女。「你們肯定很久以前就搬走了吧。我叫米許卡（Mishka），你們的三樓鄰居。」米許卡搖了搖頭，找起他的狗。「他肯定是嗅到了入侵者。貓吧，我的意思是。」他說著對我揮手道別。我祝他好運，然後朝著可以通到庭院外頭的拱門前進。我感覺自己像個入侵者。

「等等，妳要去哪兒？」米許卡從身後叫住我。「妳不上去打聲招呼嗎？他們人都很好，我是說買下你們房子的那家人。」

米許卡指了入口。「我來幫妳開門吧。對講機在這些該死的赫魯雪夫式公寓已經不太好用了，等有人來修還不如等地獄結凍。」他接著說，並沒注意到我仍站在街道的中央。我在怕什麼？我牙一咬朝著前門走去。

穿堂聞起來還是有餅乾燒焦跟發霉的味道。燈泡也依舊是壞的。我走上樓梯本能地在二樓右轉，然後把手伸向舊家的門。米許卡人還在樓下。「掰掰，祝你好運！我得去找狗了，免得這一帶的貓咪被大屠殺。」他大吼著。

生鏽的門鈴聲在門後迴響了幾秒，然後一陣寂靜降臨。我站在黑暗中不知道自己是該走還是該等。

門無聲無息地打開，我嚇了一跳。一名身穿藍色夏季洋裝的年輕女性站在門檻上，正往圍裙上擦她沾滿麵粉的雙手。她身體前傾想辨識出陰暗走廊上的訪客是誰，然後退到一旁讓我踏進聞得到現烤麵包的狹窄走廊。

「妳就是維卡吧。」女人說，看著我一臉困惑露出了笑容。她有一張帶著酒窩的粉紅臉蛋跟微微傾斜的灰色眼睛，說起話來眼角有魚尾紋。她的金髮被綁成一個厚重的結，靠在後頸。她渾身散發著健康的氣息，還有一種常被達莉雅比喻成甜饅頭的成熟美麗。「標緻得像個布洛齊卡（bulochka，小圓麵包），」每次跟我在路上遇到高䠷豐滿的金髮女性，她都會這麼讚嘆著。達莉雅跟我都是黑髮又嬌小的瘦子。站在我面前的女人沾滿麵粉一覽無遺的雙臂，讓麵包的比喻又更加切題。「我是索妮雅（Sonia），我跟妳是表姊妹，」說著便用手握住我的雙手，並把我轉向亮處，為的是把我的臉看清楚。我們相視微笑。一開始的尷尬慢慢消融在索妮雅溫暖的迎接中，但我還是有點懵。我怎麼憑空就多了個親戚。

一個高個兒的黑髮男人，抱著一個跟他同個模子刻出來的小孩，走進玄關。「科許・烏瑪迪得（Khosh umadid），」他用波斯語說著歡迎。

「我先生基萬（Keywan）喜歡講波斯語。他決心要把祖國伊朗的禮數帶到烏克蘭，」索妮雅解釋，並給她丈夫一個溺愛的微笑。「但我怕那會跟我們斯拉夫的直率產生衝突。」我趕緊向基萬保證烏克蘭文化絕對可以得益於波斯好禮貌的傳統。

「另外那個是我兒子羅曼（Roman），」索妮雅指著小的說。小羅曼盯著我瞧，被嚇到的模樣肯定跟我剛剛看著索妮雅的表情一樣，接著他便把頭埋進父親的胸膛。

「請坐請坐，有話儘管說。」索妮雅說著領我進了客廳。

「妳不覺得應該先前情提要的，是妳嗎？」基萬對他太太說。基萬的俄語很流利，只有他深沉且宏亮的母音 a 讓他的伊朗出身露了餡。

「我見過妳的照片，」索妮雅說。「而且妳長得跟達莉雅姨婆實在太像了，妳跟我是表姊妹，絕對錯不了。」

「弗拉迪米爾沒跟妳說他把公寓賣給外甥女嗎？」基萬問。

「孫外甥女，嚴格說，」索妮雅說。「達莉雅的姊姊，索妮雅，是我的祖母，我的名字索妮雅就是跟著她叫的。我承認我沒有跟達莉雅或弗拉迪米爾保持聯絡。是他在決定搬去以色列後主動找上我。他知道我們家在找公寓，所以我們現在才會住在這裡。」

「其實，弗拉迪米爾跟我也失聯了，而我會跑來這裡，是因為我實在不知道還能去哪裡找他。」我說。我開始暈頭轉向。我找親戚找了兩年，找過去的線索找了兩年，結果這裡就有一名表親。遠歸遠，就與我共處一室，坐在曾經是我的家的房內。我需要時間消化這一切，同時請求索妮雅的許可，帶我參觀一下公寓。

此處的室內配置一如往昔，但氣氛為之一變。每樣東西看起來都新鮮了一些，明亮了一些，也快樂了一些。只有城市的聲音敲在窗戶上，讓我想起這公寓曾有過的模樣。我站在父母親的舊臥房中，傾聽著刺耳的電車聲，兒童傳自中庭的嘻笑聲，還有栗樹溫和的沙沙聲。

「基萬會去找弗拉迪米爾的電話號碼，」索妮雅說著走進了房間。「來喝杯茶，跟我們說說妳的事情吧。」

她用伊朗風的梨狀杯子，還有上頭有蓄鬍卡扎爾王朝沙阿[3]的陶瓷茶壺擺設好桌面。客廳裡的一個小櫥櫃放著一幅東正教的聖母瑪麗亞聖像、一部可蘭經，還有一本哈菲茲[4]詩集。

基萬回來時手上多了一疊紙。「這裡是弗拉迪米爾的聯絡資訊。我們現在打給他看看，」他說。

然而那些號碼跟我這幾個禮拜天天打的號碼沒兩樣。果然也一個個都響到天荒地老沒有人接。

「他們搬家了，」索妮雅說，把杯中還沒被喝過的冷茶換掉，斟上了新的。「我記得弗拉德米爾提過他們要換公寓。我來看看他們上次發給我的訊息是什麼時候。」

索妮雅登入她的電郵，結果發現他們最近一次通訊是在六個月前。「我們要是稍微主動一點，就不會跟他們失聯了，」她說，臉上的歉意清晰可見。

「現代生活就是這樣，」基萬開口並放下他的手。「現代家庭就是這樣。」

我們喝了茶，並試著從低氣壓中轉移話題，為此聊起了小羅曼，也聊了小羅曼夾雜著專屬於他的波斯語與俄羅斯語的可愛模樣。煎熬與痛苦在我體內升起，及無法訴諸言語的寒冷。我謝過讓我賓至如歸的基萬伉儷，揮別我的兒時故居。門在我身後闔上。我在門檻上駐足了片刻，頂著頭上黃色的街燈，然後略顯猶豫地踏入了益發濃厚的落日餘暉中。

3 Qajar，卡扎爾是波斯歷史上最後一個突厥裔伊朗王朝，沙阿就是國王之意。

4 Hafez，約 1315-1390，著名波斯抒情詩人。

第十五章 鹽柱

出於無奈，我打算先回到貝里格，心裡盼著母親已經找到弗拉迪米爾的其他聯繫方式，或是索妮雅與基萬會寫信給他請他聯絡我——前提是他還想這麼做。但我並沒有立刻離開基輔。我已經沒有力氣去探索這座城市，只能坐在阿姨家的公寓陽台上，假裝寫著筆記本。空氣中的楊柳酸味、孩子們在下方中庭的玩耍低笑聲，還有磚牆輻射出的燥熱，在在讓我想起童年時光。像這樣沉悶的天氣，達莉雅、弗拉迪米爾跟我會逃去格列博夫卡。

格列博夫卡是個離基輔不遠的村子，弗拉迪米爾在那裡買了間小木屋，並以他記憶中的祖父母家為模板，將之裝潢成傳統的俄羅斯小屋。那裡有個巨大的石灶，設有一排長椅的牆壁，還有土質的地面。格列博夫卡的大小跟貝里格一樣，但傳統的爐灶、屋子四周的深色森林，在一九八〇年代仍在使用馬車的當地人，這些元素都讓那裡宛若童話故事書的插圖。達莉雅跟我會用那神奇的爐灶做麵包與鬆餅，也會去旁邊的森林裡採集香草與蕈菇。

達莉雅跟阿絲雅是同一個年代的人，而且她也當過老師，但兩人之間的相似處也就如此。她說起話來輕聲細語十分有分寸，不像阿絲雅喜歡跟人打成一片個性外向。不過只要進到森林，達莉雅就會判若兩人。她會滔滔不絕介紹各種植物，包括說明它們的藥用特性，還會回憶她兒時在俄羅斯見過的遼闊林地。她會唱愛人想化身小鳥的歌曲，還會朗誦她反覆背誦的浪漫波斯詩句。

格列博夫卡是我首次察覺車諾比核災的地方。該村大約距離核電廠五十英里遠。一九八六年四月二十六日星期六，母親跟我在前一晚抵達格列博夫卡，要跟在那裡種馬鈴薯的達莉雅與弗拉迪米爾共度週末。涼爽而晴朗的早晨，母親帶我去人造的基輔水庫邊上散步。那裡的沙灘十分潮濕，覆蓋著閃亮亮的貽貝與宛若迷你松樹的水生植物。我撿起一根樹枝，在沙地上畫出一條線。一道波浪打來，水濺在我的腳上，抹去了我的沙畫。

「那形狀是不是很像一頭熊？」母親指著遠方緩緩移動的霧氣問道。我爬上一大塊漂流木，望向將水面與天際一分為二的明亮線條。我沒把形狀像頭熊的霧氣放在心上。達莉雅跟我說基輔水庫在建的時候，曾經淹沒許多村莊，我總想像有朝一日，那些房子、教堂跟花園都會重新浮現。

「那霧還真怪，」我母親說著在沙灘上坐了下來，打開了她的書。她有點百無聊賴。格博列夫卡不是她的菜，她完全是因為父親的堅持才前來。

聽到有人在大叫我們的名字，我們倆同時轉頭，只見父親比手畫腳朝我們跑了過來。「快進車子裡，馬上。」他說著撿起了母親的書，朝我的方向踉蹌而來。「我聽一個路過的司機說車諾比出事了。」平日很冷靜沉著的他此刻如此慌亂，搞得我雙腿也發起抖來。我於是從漂流木上跳下來。這麼做的同時，我的緊身褲勾到了尖銳的樹枝，我就這樣懸在半空中，被一塊遭淹沒之村落的古木控制住行動。父親把我抱下來，帶著我跑向停車處，達莉雅與弗拉迪米爾已經在那等著接我們。

一開始，車諾比的意外對我並沒有太大意義，頂多就是學期提早結束，我不用回學校上課了。我們回到基輔的第二天，父親開車載母親跟我去了貝里格。我們得知這場災難的真相，是因為阿姨的婆婆任職於衛生部，而她警告我們要趕緊離開城市並往東移動，盡量離輻射雲遠一點。我母親打電話給她所有的朋友，哀求他們趕緊撤離，但由於蘇聯政府否認了相關報導，她的朋友都反過來要她別誤信資本主義陰謀論。「我還留著志願護士時代的防毒面具，」她最好的朋友拉娜還在開玩笑。「要是這輻射雲飄來了，我們也不會缺裝備。」幾年後拉娜死於乳癌，後事的費用都是我母親出的，因為醫療費用已經耗盡了拉娜家的積蓄。

達莉雅與弗拉迪米爾在車諾比爆炸後回到格列博夫卡，寧可接受輻射的風險，也不願意與他們迷人的小屋分開。但我再也沒有回去過。此時雙親已經離婚，當我週末要去拜訪達莉雅跟弗拉迪米爾，母親也不准我跟他們去格列博夫卡。一九八六年四月的那一天，我留下了在格列博夫卡的最後身影。車諾比被供奉在我的記憶裡，我永遠記得那裡乾燥的松脂氣味、野生莓果的麝香味，還有祖母唱出的歌曲。那代表我在世間第一次的失去，也讓我初嘗人生最早的渴望。

我在瀏覽器的搜尋列輸入格列博夫卡，跳出來的第一頁是飯店廣告。「厭倦了城市的匆忙，想在基輔近郊度過難忘的假期嗎？格列博夫卡假期酒店是您的首選。」我並沒有那棟小木屋的地址，但我實在很難想像一個主打spa水療、適合企業團隊建立活動，還提供五座游泳池的休閒設施，竟會坐落在我記憶中那個格列博夫卡。若想知道實際的情況，只有一個辦法。

在公車站，開往格列博夫卡的路線都打著車諾比之旅的廣告。「獨有、神祕、特別，」一張介紹車諾比禁區的海報如是寫道，使其有種要去非洲行獵之感。我在前往格列博夫卡的巴士上坐定，滑起手機上弗拉迪米爾拍下的小木屋舊照。基輔周遭的鄉間風貌不同於波爾塔瓦的青草地與大草原，我的注意力被吸引到了窗外的地景。松林不斷被甩在後頭，深色的樹冠布滿松樹纖細樹身的亮紅色條紋。在車諾比事故之後，政府派兵剷平了核電站旁的森林，在五月突至的熱浪中，那些打著赤膊的年輕人砍下樹木，自己也被輻射引發的疾病所砍倒。

達莉雅跟我搭巴士去格列博夫卡的次數多到車子一過轉角，我的手就射向天空，敦促司機先生停車。路是一樣的路，大石是一樣的大石，山丘是同樣的山丘。但眼看巴士揚長而去，徒留我在漫天煙塵裡，我開始懷疑起自己的記憶。兒時那深邃妝點著苔蘚的森林已十分稀疏，能夠看穿在另一頭的下一條公路。一堆啤酒罐與垃圾躺在我曾經採摘野莓的主徑上。

我感到畏縮，之後將目光移開垃圾堆。但不論我將視線移往何處，格列博夫卡已經今非昔比。路面變得比較新，房子也是。有些建築看起來宛若豪華的別墅，衛星碟盤矗立在屋頂，進口車停在私人車道上。還有些屋子則荒廢失修，就在這些殘跡中，我找到了兒時的童話故事小屋。

在茂盛蘋果樹乘載的堅硬綠色果實的包圍中，那棟刷白的房子一開始難以辨識。我打開快要散架的大門，往裡頭走去。屋子的前門敞開，一隻貓咪衝出來嚇了我一跳。這裡多年無人居住，屋頂已然塌落，稚嫩的植株從曾經是主要房間的地板上冒出。我一摸牆上白色的灰泥，牆壁隨即在指間剝落。屋頂看似隨時都會崩塌。

以往達莉雅與我一起來到格列博夫卡時，她會早起去跟鄰居買牛奶，當作我們的早餐。我會在河岸邊蘆葦摩擦的沙沙聲，還有木柴的碰撞聲中醒來。剛睡醒睡眼惺忪、搞不清東南西北的我，會心不在焉地瞪著玻璃扭曲的小窗，祖母的綠色大衣一閃而過，然後我會感覺安穩，整個人都輕飄飄的。我會再次睡去，並用臉壓住羊毛被，那上頭聞得到達莉雅的金盞花油與草本肥皂味。

那小窗奇蹟似地倖存，一如石灶也還完好。石灶看起來還是一樣結實，充滿威嚴，滿溢一種我從小就感覺其散發的神祕感。

達莉雅與阿絲雅都常說人不能踏進同一條河兩次，所以要驅散遺憾，得接受時間的流逝所鑄造的改變。但我就是想負隅頑抗，記憶與現實的落差常讓我吃足苦頭。但如今站在荒廢屋子的中間，串起兒時記憶的碎片，我方才意識到外婆與祖母共享的智慧。人不可能全盤控制自己的生命。我自己正活在一場戰爭中。我曾在悲傷的環繞下失去了友人與親人。我比誰都清楚，回望過去可以將人化為一根鹽柱。[1]

我衝出院子，一次也沒有轉頭回望小木屋。我過了馬路，走進森林，加快步伐越過垃圾堆。森林深處的樹木更顯零落，但起碼這片小樹林看起來很乾淨。陽光從松樹的枝條透下來，落在地面宛若金色的綵紙。微小的紫花在腳底長成厚實的一片，而我一往上踩，它們就釋出了樟腦般縈繞在四下的甜香。我認出那是野生的百里香，也就是達莉雅煮花草茶的同一種香草。我彎下腰撿起幾根細枝。不再有達莉雅陪我，我不記得該怎麼走才能找到野生莓果或有純淨水體的湖泊。或許它們都已經不存在了。我撿起百里香放進口袋。在返回基輔的酷熱巴士之旅中，我讓百里香靠

1 出自聖經創世紀，上帝預告所多瑪和蛾摩拉城會遭受毀滅的故事。羅得和他的家人被告知逃命時不可回頭，但羅得的妻子心中放不下城中的親友以及家產，還是回頭一瞥，果然就變成了一根鹽柱。聖經原文在創世紀第十九章第二十六節：「羅得的妻子在後邊回頭一看，就變成了一根鹽柱。」

近我的臉，深深吸了一口氣。窗外不斷閃過的一抹抹綠色中，我看見的都是達莉雅的大衣。

回到家，我發現自己錯過了一通陌生號碼的來電。語音留言通知嗶嗶嗶地響起。「這個號碼對嗎？我是格里戈利·葛伯格。弗拉迪米爾搬家了，電話也改了。我這邊找到的最新號碼是……」

那個號碼跟我從索妮雅與基萬那裡得到的不一樣。我立馬撥打看看，結果電話聲響個不停。我受不了再一次失去。電話仍持續響著，沒有人將之接起。

第十六章 和解

我留在基輔。日子一天天過去，但弗拉迪米爾不曾回我電話，也不曾在我重撥時接起電話。我一天都重撥好幾通，但理會我的只有答錄機出廠前預錄好的訊息。

我思考了一下，撥出另一個我默記在心中但多年沒用的號碼。同樣沒有人接。氣餒之餘，正要掛上電話的我，聽到喀答一聲，熟悉的聲音自電話彼端傳來。

「我是維卡，」我簡單自介。

亞莉歐娜尖叫，爆出了她正字標記的高音笑聲。我也傻氣又興奮地笑了。

「竟然是妳！也太驚喜了吧！」亞莉歐娜說。她喘過一口氣，我解釋我人在基輔。

「要不要出來喝杯咖啡？」我問。

「當然好！那就約在獨立廣場？四點見？」

「那我在粉紅色栗樹旁等妳。」

頭暈又有點焦慮的我在公寓裡走來走去，試著讓自己冷靜下來。我該穿什麼衣服？該不該帶伴手禮？如果要帶，我該送一個失散多年又突然找回來的朋友什麼？我仔細檢視了鏡中的自己，想像著相隔二十年後，亞莉歐娜眼中的我會是什麼樣子。我們會相識，是因為三年級的班導師把我們分在同一張書桌，自此便一直是朋友，直到我離開烏克蘭前往美國。亞莉歐娜跟我約好她會來芝加哥學英文，但想當然那些天真的兒時夢想從來沒能成真。即便是回到基輔來看瓦倫提娜，我也從來沒想過要聯絡這個老同學，因為她夏天大都會去烏克蘭南部拜訪男友的家族，好像也沒有什麼時間可以留給我。我這麼說並沒有要怪她的意思，畢竟我也久久才回基輔一次，而且我寫給她的信都很簡短。就這樣，我們慢慢變成了不聯絡的朋友。

我抓起包包跑出門，怕會遲到。

我比亞莉歐娜早到，並在栗樹下的石岸邊占了個位置。粉紅色的花期已經過去，但我喜歡栗樹投影在廣場上的柔軟樹蔭。抗議者的營地與堆起的輪胎早就被清掉了。廣場革命殉難者的紀念處裝飾著紅康乃馨與藍黃相間的綵帶。我瞪著地面，沒注意亞莉歐娜出現在我身邊。

等我抬起頭來，眼前的朋友嚇了我一跳，這麼多年來她一點都沒變。一時之間，我覺得外婆跟祖母說得一點也不對，我們明明就可以回到過去。一套白色褲裝將她的身形修飾得比我印象中還高，也顯得比較苗條，一頭黑長髮更是飄逸地垂至腰間。她有點天真地渾然不覺自身的美貌，這一點又讓她美得更加無可救藥。她手拿巧克力冰淇淋，還有一大束紫色大理花。她將時光往回撥，讓獨立廣場變回了以往的模樣——與朋友聚在一起分享祕密跟規畫大冒險的地方。

我們吃著冰淇淋，走在赫雷夏蒂克街上。「妳抗議的時候有來這裡嗎？」我問，明知這話題的水可能很深。有些人一意識到這個問題是在問他們的政治立場，就會變得戒心很重，更別說亞莉歐娜跟我已經很多年沒聯絡。我不清楚她這些年歷經了什麼改變，也不知道她現在的想法。但我總感覺她並沒有想保持緘默。

「十一月的時候，我跟父親都在這，但等情況變得更暴力，他就叫我不要來了。我到現在還不知道這決定是否正確，畢竟後來的結果變得非常糟。」

「妳說的『決定』，是指支持革命嗎？」

「我指的是發起這場革命的決定。我們至今還自認為是帝國國家後院。俄羅斯一天不放棄帝國的野心，我們就永遠會被拉來扯去。我精疲力竭，偶爾都會想乾脆移民算了。」

我不覺得有誰真正「主導」了獨立廣場上的事件。我認為這場革命在所難免。民眾厭倦了政府的腐敗與失能，他們自會一有機會就表達自己的擔憂。獨立廣場之所以會吸引這麼多不同的族群，是因為這裡許諾一個新的開始，而二〇一四年的大家需要這種承諾。

我把這些話告訴亞莉歐娜，她說，「發生的事情就發生了。現在我們只需要坐看未來會怎麼發展。但我們永遠有韌性。你知道大家有多樂於站出來出一份力或提供基本的物資與食糧嗎？光這一點就讓我心懷希望。」

亞莉歐娜跟我說她單身，跟父母同住在我們母校附近的同一棟公寓裡。她替一家石油公司翻譯技術文件，業餘則兼差當英文家教。她與交往多年的男友尼基塔（Nikita）先是變成普通朋友，接著他便娶了別人。

「他一直在等我答應他的求婚，後來終於等不下去了，」亞莉歐娜說。「你知道他現在的太太是我介紹給他的嗎？」

我滿臉不解地瞪著亞莉歐娜。「你跟尼基塔不是很相愛嗎？你們成天膩在一起。連我之前回基輔，你都選擇陪他不陪我。結果現在妳跟我說妳把他介紹給別的女人。」

亞莉歐娜撇開頭，嘆了口氣。她跟我說一場病打亂了她的人生，還說尼基塔始終對她不離不棄，但當他向她求婚時，她覺得他這麼做是出於責任感而不是出於愛。她於是決定斬斷這段關係。

朝我們走來的人群混雜而模糊。我只看得到亞莉歐娜的側影，還有在她太陽穴處搏動的小小青筋。她是如此沉著冷靜，一個心碎的故事被她說起來無關痛癢，像是某位我們共同認識卻不太放在心上的朋友的閒話。

「但我並不後悔保持單身的決定。我喜歡自由自在。我可以想幹嘛就幹嘛，想見誰就見誰。想買啥就買啥。」

我勾住她的手，挽著她的手臂。

「最近我更是不後悔沒有生小孩，」她說。「看著這裡發生的一切，我真的很擔心。」

「妳是說戰爭……」

「我說的是遲早會來的戰爭。衝突現在大致凍結了，但情勢不會永遠如此。不過別再說這些不開心的事了。跟我說說妳吧。妳家人還好嗎？」

聽完亞莉歐娜說出自身的恐懼，讓我也獲得了自我坦露的勇氣。

「我父親去世了，」我說，一邊放開她的手。

我的話懸在被車輛廢氣污染的空氣中，讓聽到的人分外難以呼吸。我把一直在我腦中盤旋的事情，說給生命中缺席許多年的人聽，但前情提要卻顯得多餘。亞莉歐娜緊抱住我，她厚重閃亮的秀髮掃過我，像一席窗簾，替我阻絕了城市的喧囂。我哭了，原本壓抑住的淚水就此決堤。我們站在赫雷夏蒂克街的中央，無視於對我們行注目禮，但也給了我們空間的好奇人群。

我們找到一處華麗的庭院，在長椅上坐了下來。我手裡仍握著亞莉歐娜給我的大理花，指尖感覺花瓣帶著蠟的冰冷。椴樹投射出了長長的陰影，僅聽到大街上交通的低語，還有咕咕叫著的鴿群。

「我繼母打電話來，並脫口而出他的死訊。我一直在腦中重播那段記憶，但完全沒有道理。我父親向來頭腦冷靜，他很少憂鬱。我知道他搞起了房地產，我們少數有機會聊天的時候他都滿口房產經。我無聊到想哭。連他開的公司叫什麼都想不起來。」我看著亞莉歐娜，再度熱淚盈眶。

「他的生意怎麼了嗎？」亞莉歐娜問。

「卡琳娜說他公司倒了，他破產了。我想高利貸一直在追著他跑吧，但當時講這個很痛苦，我寧可完全避開這個話題。」葬禮後，卡琳娜跟我保持著聯繫，但後來跟她聊天也變得困難。我知道她背負著自身的罪惡感，但對話將我徹底吸乾。她後來也不打給我了。

「現在我想知道事情的真相，我想跟父親的兄長說說話。」我說。「只是我甚至聯絡不上他，只因為我們為了克里米亞與烏克蘭的政治吵了一架，然後就冷戰到現在。」

「喔，天啊！妳確定弗拉迪米爾沒打給你，沒有別的原因嗎？沒有人為了烏克蘭的政治冷戰那麼久的！」亞莉歐娜搖搖頭。

「另一個可能是他過世了。」我無所顧忌地說。「但我母親說如果是那樣，以她的人脈沒人瞞得了她。」

「那他遲早會出現的。」亞莉歐娜說。「在那之前妳只需要照顧好自己，對自己好一點。其他的事情都不是妳能控制的。」

我回到阿姨的公寓，給自己泡了杯茶。我打開書架，漫無目標地翻閱幾本畫冊。那些書大都是瓦倫提娜的。她在畫冊還很稀罕且搶手的年代，蒐集了這些珍本。一張紙條從其中一本掉了出來，上頭有瓦倫提娜的筆跡寫著我們在貝里格的地址，但怪的是門牌號碼被寫成七，而不是一。我湊近瞧了一下，方才明白瓦倫提娜寫數字1時，喜歡加上一個特別的長勾，乍看之下很像7。我把紙條放回畫冊，繼續翻閱複印在每一頁的文藝復興時期畫作。此時我感覺到煩悶，但我說不上來是為了什麼。我洗了碗，然後跑去睡了一下。

清晨一醒來，我便衝下床，找到我的手機。我聽格里戈利．葛伯格的訊息，比對他告訴我的電話號碼，跟我寫下的電話號碼。事情慢慢清楚了。我第一次聽時，心情太急躁，潦草地把七寫成了像一。也就是說從頭到尾，我都打錯號碼了。

我用顫抖的手按下電話號碼，把手機貼到耳邊。鈴聲響得空洞，在我的太陽穴處迴盪。

「哈囉！」弗拉迪米爾那明亮又堅決的聲音聽起來好近，近到我不由自主看了看四周。

「弗洛迪亞伯伯（Diadia Volodia）[1]，我是維卡，」我說，並把手機緊壓在耳邊。

1 弗洛迪亞是弗拉迪米爾的親近叫法。

「終於！妳知道我有多擔心嗎？首先妳在Skype上封鎖我，然後我想說應該給妳一點空間。等妳到我這個年紀，妳就知道時間跟空間是很多事情最好的答案。但不久格里沙（Grisha）・葛伯格發了訊息給我，跟我說我的姪女在整個基輔找我。他說他給了妳我的電話，但妳一直都沒打來。」

弗拉迪米爾話說得非常快，快到我有點跟不上他的情節。「……而且我還沒來得及問他妳的電話，那個笨蛋就弄丟了妳的字條。我自己又弄丟手機，裡面包含妳的聯絡方式，就這樣全沒了。我老了，記性愈來愈差，現在就連新科技也不幫我。」

「我只想說對不起，」我說。原本我想說我沒有封鎖他，是他封鎖了我才對，但現在我也搞不清楚誰做了什麼，再說也不重要了。

「別說那些了。我也跟妳說了些蠢話。過去的就過去了。妳還有天天做瑜珈嗎？」

我站在窗邊，聽著弗拉迪米爾描述他每天的生活跟最愛的運動。然後我跟他說我是怎麼挖出了尼科季姆神祕失蹤的真相，還有這趟尋訪對於了解自己的根，以及我與家族的關係，甚至於我跟烏克蘭的關係，有多麼重要的意義。

「你說我們應該感激蘇聯，但既然家裡出了像尼科季姆那樣的事情，我就沒辦法對蘇聯懷抱感激的心情。」我說。

「我們家族也有人在史達林時代吃過虧，」弗拉迪米爾說。「我有個外甥女對體系失去信心後自殺了。她當時負責一個氣象站。有人說她做事太有原則，所以除掉她，再把她的死布置成自殺的樣子。」

我跟弗拉迪米爾說了尼科季姆的悲慘下場。然後猶豫了一下，但回想起亞莉歐娜跟我的對話，我一咬牙。

「我想問你爸的事。」

我聽著弗拉迪米爾猛吸了口氣，清了清喉嚨。「我也有話告訴你，我可以先說嗎？」

我說好，眼睛依舊看著窗外。在樓下中庭，管理員正在幫凋萎的花圃澆水，彼得·伊凡諾維奇則在餵他的那群貓咪。一群人擠在賣咖啡與報紙的亭子四周。生活即景有多平凡，我與弗拉迪米爾的對話就有多奇幻。

「嗯，你說。」我說著拉上窗簾。我在餐桌前坐下，把電話放在面前，然後按了擴音。弗拉迪米爾的聲音填滿了我的小房間，挑高的天花板盡是他的回音。

「我們想設計出終極的錄音機器。我的兄弟們跟我都喜歡音樂，但在蘇聯，品質好的錄放音機很難找，更別說是西方的音樂。在被工程大學拒絕之後，我決定有學校要我，我就去念，工程我再想辦法自學。這個想法很大膽，但我天不怕地不怕。我可是小兒麻痺都殺不死的男人。

格里沙·葛伯格也同樣不受工程大學青睞，因為他是猶太人。所以我們就共組了一個工程學的讀書會，並且拿大學拒絕我們的理由搞笑，把讀書會取名叫『殘廢加世界主義者』。我們讀過了工程學系一年級的課本，相互當對方的小老師。格里沙後來半途而廢，跑去黑市做起生意，但我靠自己讀完了課本。經過兩年自修，打造一台錄音機不費吹灰之力，更別說格里沙可以替我弄到很多需要的工具。

我們的錄音時代就此展開。我負責打造錄音機並拷貝錄音帶。一開始我們只是好玩，但後來你父親提議把我做的機器拿去賣。他透過大學的人脈找來了客戶，讓我們賺到了錢。而且是很多錢！我原本不太在意錢，因為我從來不曾有過錢，但一下發了財，我突然明白大家為什麼把錢看得這麼重。錢能給你權力。只要大家聞到你身上有錢的味道，他們就不介意你走路不方便了。

你父親替我們找來的客人要麼是音樂的愛好者，要麼本身也是黑市商販，而後者可不是什麼正派的人。我們在做的可是極其違法的事，有人把我們賣了也是遲早的事情。事實上也真的就這麼發生了。警察突襲了我們的公寓，沒收我們全數的錄音機與工具，並指控我們從事『投機』與『寄生』的行為。這在蘇聯的法律下可是重罪。我擔下了所有的罪名。」

「你這麼做是要保護爸嗎？」

「我罪有應得，我也不想否認，但你父親還有光明的前途等著他。要是進了監獄，他這輩子就完了。」

「你保護了自己的弟弟！」我的聲音低沉沙啞，像一個外國人在說話。尼科季姆也試著保護他的賽爾吉，所以他才在審訊中隻字不提自己還有個小弟。而賽爾吉也想保護尼科季姆，所以他才在伊凡與其他家人干預之前就跑去公雞之家。

「我知道你會覺得我在胡說，但坐牢是人生最好的一課。我在牢裡看到了大部分的人看不到的東西。明白了在外頭明白不了的人性。所以我一點也不後悔去牢裡一遭。」

弗拉迪米爾沉默了一會兒，然後又補充說，「但當然，我們做的每個決定都有後果。我妻子離開我，我也沒能看女兒長大成人。然後你的父親失去了他最好的朋友丹尼爾，因為他被動員到阿富汗打仗。在戰場上經歷的一切，摧毀了丹尼爾，讓他想不開自殺。你父親當時有學生身分，所以躲過徵召。丹尼爾的死對你父親是沉重的打擊。」

我起身用力推開了椅子，椅子倒在地上發出巨大的聲響。我拚了命想扳開多年未碰的窗門，為的是把窗戶打開。我需要空氣。我深深地吸了口氣。

太陽將全副注意力投注到我們這一側的建物上，讓整個房間相當溽熱。「他是自殺還是他殺？」我一面組起了這些字句，一面想起了尼科季姆的檔案，畢竟我在閱讀他自殺的檔案時，也曾浮現同一個疑問。「他是被推著去自殺的嗎？」我說。

「他被慫恿加入了一個破產的計畫，他等於是被人殺害的。」

我們同時沉默。我的注意力集中在窗前的楊柳上。那些樹高到足以碰到我們公寓的地板，而在陽光的照耀下，樹葉幾乎呈透明狀。內心的黑洞正吞噬著我所有的思緒。我什麼都感覺不到，我必須咬著手才知道自己還有痛覺。

「你之前說是美國資本主義殺死了他。」我激動到口齒不清。「你這句話是什麼意思？」

「他中了圈套，被捲入了一個要打造平價綠能住宅的案子。他對營建完全是外行人，卻想像自己會是下一個地產大亨。我們還年輕時，他就常起個頭，最後把整個大計畫丟給我收拾。但到了美國，他開始相信自己做得到。那是他的『美國夢』，他說。『在這裡沒有什麼不可能。』或許吧，或許美國確實什麼都有可能，至少在統計學的觀點是如此，但現實中的勝率卻是低得可憐。那整個開發案都很蠢。

他不肯聽我的勸，把錢投了進去。甚至嫌自己的身家不夠大，還去借了錢。而銀行也樂得把錢貸給他，即便他們知道這人將要大禍臨頭。那整個體系就是建立來占像你父親這種瓜呆的便宜。

然後他果然失敗了。那個案子很快就被證明是個海市蜃樓。他必須要填上天文數字的資金才能讓其不爛尾。但他還是不肯棄械投降。他不斷跑銀行，不斷去敲門，結果是吃不完的閉門羹。他是輸家，輸家在美國任何地方都不受待見。」

我向後踉蹌了兩步，靠在牆上。

「我一直叫他來以色列找我，探索探索這世界，不要一天到晚工作。但他只是不斷推託，說他已經有過時間旅遊，現在是他幹大事的時候。然後就出事了，一切都崩壞了。而我鞭長莫及……」弗拉迪米爾說得泣不成聲。

我緩緩滑下靠著牆壁的背，一屁股坐在布滿灰塵的廚房地板上。我把臉埋進雙手。我從他加州一些朋友口中，探聽過他生意失敗的部分細節，但親耳聽到弗拉迪米爾說出整件事的前因後果，還是讓我心如刀割。我沒辦法像自己的伯父那樣遣責美國的資本主義；我不怪美國。只是感覺到內心的絞痛擴散到全身。我以為三年的光陰會減緩痛苦，但還是令人難以承受。

然而，隨著弗拉迪米爾與我對話的開展，我知道時候到了。我知道自己應該好好痛過一遍，不再有任何掩蓋，也不要再假裝痛不存在。我需要從內心的公雞陷阱逃開。

「我會把一些東西寄到索妮雅的地址給妳。」弗拉迪米爾在一陣沉默後說道。然後他掛了電話。

我在骯髒的地板上坐著，直至陽光撤出廚房。壓迫人的熱氣消失了，取而代之的是夏日黃昏的潮濕霉味。我想要倒頭就睡，睡醒後人生便回到一如以往的從前。但我已經認不出，自己所渴望的那個「從前」在哪裡。

幾天後索妮雅來了通電話，她說她收到來自弗拉迪米爾的包裹。我一到她家，她就將包裹遞給我。我扯開膠帶，裡頭是一個棕色的鞋盒。沒有字條，但我一撬開鞋盒就知道沒必要有字條。弗拉迪米爾寄給我的是他珍藏的家族照片集，外加我兒時的日記，而他這麼做，就是要我只看到我們的連結，而不要去管我們的距離有多遠、分開有多久，意見有多不同。

我已經認出一些是他數位檔案庫裡的照片，但親手將他兒時沖洗的光面相紙握在手裡，還是讓我心中充滿悸動。弗拉迪米爾早年的照片，多是他自己跟公寓，影像扭曲而模糊，但隨著他慢慢強壯到可以獨立移動，他開始拍攝基輔的街景——女生跳繩、男生逗弄女生、女生挑釁男生，男生調皮搗蛋、阿兵哥行軍、女人排隊、小孩嬉鬧。這些快照雖有過度曝光留下的點點斑駁，但卻完美地在一個仍烙著戰爭印記的地方，捕捉下毫無修飾的生活。我很喜歡的一張照片是弗拉迪米爾站在布告欄前，上頭打的廣告是一九五三／五四年的表演季。他頭頂一張海報，昭示著馬戲團的節目表。另一張上頭則宣傳著演奏會與戲劇。烏克蘭歌劇暨芭蕾劇院（Ukrainian Theatre of Opera and Ballet）要演出《拉克美》（*Lakme*）、《唐吉訶德》（*Don Quixote*）、《駝背小馬》（*The Humpbacked Horse*）、《伊果王子》（*Prince Igor*），至於為這些看不出脈絡的選擇壓軸的，則是經典的《浮士德》（*Faust*）。弗拉迪米爾寬大的衣服穿在他瘦弱的身上，感覺不太合身，但他還是照樣擺出一個自信滿滿的姿勢，一手插著口袋，一手放在他身前的夾克裡面——他用這種硬漢的站姿，隱藏他沒有生氣的右臂。他生了病、吃了苦，但他拒絕當一名受害者。「日子要繼續過，」頭自信歪向一邊的他，似乎這樣說。

「我喜歡弗拉迪米爾照片裡的達莉雅，」索妮雅說。我們一同坐在沙發上，身邊是攤開的照片。弗拉迪米爾用鏡頭捕捉下祖母的百變情緒——在白牆前擺姿勢僵硬又尷尬的她、一面做飯一面偷瞄相機的她、補襪子的她、寫筆記的她、眺望遠方眼神迷濛的她。

當中很令人感動的一張照片，是達莉雅抱著還是嬰兒的父親。等戰爭結束後她回到基輔，她發現丈夫已經開始跟另外一個女人有外遇，而且還把那個女人帶進他們家的公寓裡。達莉雅為了弗拉迪米爾忍了下來，因為他需要人幫忙。她的丈夫後來良心發現，斬斷了跟情婦的關係，但這之前好幾個月的時間，達莉雅得跟一個走投無路的戰爭寡婦在一個屋簷下同住。達莉雅帶著弗拉迪米爾去看醫生，照顧動完手術的他。後來她發現懷了我父親之後，全家似乎也達成了和解。弗拉迪米爾開始撐著手杖走路，夫妻倆去了趟二度蜜月，而父親的出生也象徵了他們對恬靜幸福日子的想望。

弗拉迪米爾捕捉到達莉雅的枯槁與疲憊，深深的皺紋刻在她的臉上，兩眼下方掛著眼袋。那件沒有腰身的眼熟的大衣，遮蓋了她孱弱的軀體，而她陳舊的鞋子看起來像是大了好幾號。我認得她漫不經心的穿衣風格，記得她是怎麼把每一分錢都花在家人身上，對自己則苛刻到連一球織襪的新紗線也捨不得買。我母親曾嚇了一大跳，因為達莉雅蒐集了我們家貴賓狗的毛，然後用狗毛織出了襪子。

即便有歲月的痕跡與毫不講究的穿著，抱著她寶貝男孩的祖母仍舊綻放出幸福的光芒。我忍不住盯著照片上的她，愈是看就愈感覺到內心有什麼東西在變化。

「她的臉被笑容點亮了，」索妮雅驚呼著。照片裡的女人是那個喜歡在森林裡散步的達莉雅，是那個喜歡波斯詩句的達莉雅，是那個喜歡野花的達莉雅，是那個經歷了一次次艱辛與苦難，卻從來沒有刻薄或憤世嫉俗，甚至還覺得她被世界的驚奇包圍的女人。我多希望自己能跟父親分享這張照片，讓他想起他來自哪裡跟為什麼必須要留下。

坐在我的舊房間裡被所愛之人的照片圍繞，我體認到過去可以同時是痛苦與美麗的容器。雖然某些痛苦永遠不會遠離，我還是可以學著去接受一切。我決心擁抱過往，也擁抱過往的複雜，一如我擁抱未來，也擁抱未來無人能預料的變化。我要把悲傷的自由，放在自己手中。

第十七章 真相

清晨的澄澈光線中，花園裡一片靜謐，我揮動耙子的聲響跟走動時的葉子沙沙聲，迴響在涼爽的空氣裡。我在春天刷白的櫻桃樹，看起來赤裸又寂寞。它們的金色邊緣被描上冰霜落到了地上。那一週稍早，瓦倫提娜、托爾亞叔叔、迪米特羅跟我修剪了玫瑰，並在被剪完的粗短枝條旁邊堆上濕土。托爾亞叔叔的掘墓工作讓他養成了一些「職業病」，覆蓋著玫瑰的土堆被弄得整整齊齊呈現錐形，怎麼看怎麼像墳墓。「老天保佑，一定要活過冬天，」托爾亞叔叔在玫瑰上揮著耙子說。「這些土不是墳墓，它們裹著的是未來的根，」他嚴正地向我們澄清，主要是外婆很不滿自家的花園被整得跟墓園一樣。瓦倫提娜翻了個白眼，等她的朋友離開後，她便要我把葉子掃到被掩埋的玫瑰上，免得像墳墓一樣的土堆看了觸霉頭。

我在與弗拉迪米爾和解後不久，就回到了布魯塞爾。動身離開前，我答應瓦倫提娜與迪米特羅會在秋天回來。奧爾嘉女士開玩笑說我是現代版的冥界王后波瑟芬妮（Persephone），冬天困在冥府離不開，春天才能獲釋去到至福樂土的花園。我反駁說布魯塞爾才不是地府，而烏克蘭也難說是天堂，但我朋友的笑話也不是沒有幾分道理。我總以為自己不像母親這邊的家人，對貝里格有濃濃的鄉愁，但我錯了。事實上，我總是在布魯塞爾想著瓦倫提娜跟貝里格，然後在烏克蘭想著我先生跟有個性的比利時首都布魯塞爾。還是個孩子的時候，我會在基輔與貝里格之間擺盪，在我父親與母親的家庭之間擺盪，如今那種熟悉的渴望又強烈地出現了。但這回有點不一樣。我感覺更懂得怎麼跟分裂的忠誠相處，更自在於我有兩個隨時歡迎我回去的家。兩處的河岸都屬於我。

等我九月分回到貝里格，鄰居間的對話都繞著將至的冬天打轉。薩莎已經結束了在波爾塔瓦市場賣花的生意，不會在一天的尾聲把新鮮的八卦帶給我們。她如今得忙著種植來年要用的花卉球莖，沒空擔心我們花園的狀態或我的服裝打扮。另一邊的隔壁鄰居安東尼娜（Antonina），抱怨給小黃瓜低語的女人沒有在春天的時候正確施咒，所以她的產出才會這麼差勁。托爾亞叔叔說這些全都沒有意義，反正世界末日遲早都要來了。「聽清楚了，地球已經偏離了轉軸，」他說。托爾亞叔叔收成了好幾袋馬鈴薯，跟他最近掘墓的那戶人家買了一車便宜的木柴，藉此確保他會有個吃得飽穿得暖的冬天。就算地軸歪掉了，他也高枕無憂。

瓦倫提娜看起來比夏天更為孱弱，把大部分的花園活兒都託付給迪米特羅與托爾亞叔叔。但她並沒有抱怨。她急於讓花園做好冬眠的預備，而提醒她吃藥的工作則落到我的頭上。她要做的就是鼓勵我去見朋友。「要聊天，下雪的時候有的是時間，」她常這樣說，然後衝到屋外去摘蘋果或檢查白菜是不是可以採收了。

由於我自二〇一四年以來每年都會回烏克蘭，交友圈也慢慢擴大到可以天天跟不同的人見面。只要我電話一打過去，朋友們就會為我把事情排開，確保不會讓我等到。奧爾嘉有新的魯許尼基需要我幫忙拍照，還有各式區域花樣要幫忙分類。娜迪亞邀請我去列舍季利夫卡參加刺繡展的開幕。她替我製作一件白繡上衫，並很懊惱我已經嫁人了，因為她很想看到傳統的婚禮禮服。「妳在烏克蘭永遠可以重辦婚禮，就像誓詞需要更新，」她打趣說。索妮雅跟基萬堅持讓我去基輔住他們家，而亞莉歐娜則約我去她在熬德薩的家度長週末。

我十分感激這些朋友的熱情邀約，但最終我哪兒都沒有去，只是一直待在瓦倫提娜身邊。我利用Skype跟弗拉迪米爾保持聯繫，並在餐廳裝了台攝影機，為了讓他能隔空與我們共進午茶。他從來沒有撤回他對普丁的崇拜與對烏克蘭民族主義者的批判，但我接受了我們不可能樣樣都看法一致。我同時也接受了我外婆對完美主義的堅定追求，還有果園對她的重要性。「我們全都注定要成為土地的奴隸嗎？」我會這麼笑她，但我也嫻熟地掌握了花園的節奏，以至於瓦倫提娜再也不需要交付我特定的任務。白天我會拿著耙子去掃落葉。有些日子我可以聞到空氣中有冬天的味道，並為此感到焦慮。腐敗與重生的循環如此不屈不撓，為了讓憂鬱的思緒不要出來作怪，我會提醒自己是在讓花園做好迎接春天的準備。

我聽見瓦倫提娜喊我的名字。倚在鐵門上的她一面指著我的手機，一面把手機拿得遠遠的，好像那是某種傳染病。「Organy，」她用嘴形示意，意思是the organs，很多烏克蘭人俗稱KGB是「那個機關」。我把髒手在覆滿露水的牛蒡葉子上抹了抹，趕忙去到瓦倫提娜身邊。

「我是伊莉娜．伊凡諾夫娜，國安局的檔案處長。我在整理一些文件，今天打來是為了妳那天來看尼科季姆．貝瑞茲科檔案的事情。妳現在有時間嗎？」我聽出那是公雞之家檔案主管的聲音。我對國安局並沒有像瓦倫提娜那麼恐懼，但莫名其妙接到電話，還是有種措手不及的緊張感。

「是，伊莉娜．伊凡諾夫娜，妳說。」我在紫丁香灌木下的長椅坐下，揮揮手要瓦倫提娜進屋去。空氣十分冷冽，而她身上連件外套都沒穿。她猶疑了一下，在木籬笆後面駐足，然後緩緩朝屋子走去。

「妳可以幫我確認一下妳的住址嗎？我需要更新檔案的資訊，畢竟妳來調過檔案兩次。」

我感覺肩膀放鬆，解釋了我的狀況。

「但妳在烏克蘭的時間很長，」她說。

「這是官方檔案需要的資訊嗎？」我說，一邊用靴子的腳跟壓碎乾燥的紫丁香葉。

「不，一點也不是。妳不需要解釋什麼。我只是好奇而已。」

「我可以請教妳一件事嗎？也跟公務無關，妳不想回答就不用回答。我外曾伯祖父檔案上說他死於自殺……」

伊莉娜．伊凡諾夫娜沒有讓我把話說完。「尼科季姆．貝瑞茲科不是死於自殺。」她說。「他是被槍殺的，就跟數以千計的其他人一樣。一九三七年，KGB為了規定的績效動手殺人，殺完還偽造案件讓外界以為他們有遵循程序正義。此外他們還發出假的死亡證書，用自殺或心臟病等死因推卸責任。貝瑞茲科的死亡通知看起來就不對勁。正本上沒有日期、死亡時間、簽名，所有資料都是後來由另一隻手用不同的墨補上。」

伊莉娜．伊凡諾夫娜暫停了一下說，「寫下這些文件的人員也被槍斃了。主審訊官茲迪可夫斯基遭控，跟貝瑞茲科同屬一個右翼托洛茨基組織，而且還是幕後主腦。」

我沉默。我用手指描著落在我大腿上的一片黃色葉脈。

「當然，我們不確定事情經過。我們永遠無法確知真相。我們只能看到當中的模式。」伊莉娜．伊凡諾夫娜說。「但妳的外曾伯祖父是無辜的……」

「如果尼科季姆是無辜的，那你們為什麼不發那該死的平反證明給他兒子，為什麼讓他來來回回寫了幾十封信，最後還損失養老金？」我用問題打斷她。

「我沒辦法代替整個組織道歉，但我很抱歉。我是真心覺得很對不起，」伊莉娜．伊凡諾夫娜話說得冷靜。「即便是在所謂『公雞之家』工作的我們也有良知，也有自己的恐懼，」她補充說。

「我另外還有一個問題。我外曾祖母阿絲雅在一九四五年，因為戰時的工作問題被傳喚，後來獲釋。她被放出來是有條件的嗎？像是要答應跟政府合作之類的？」這話我問得非常心痛，但我想都走到這裡了，我需要知道真相。

「我可以確認一下再回電給妳嗎？」

我說好，然後把阿絲雅的全名跟生日提供給伊莉娜．伊凡諾夫娜。

掛上電話之後許久，我仍坐在那盯著靜悄悄的手機，然後才將手機滑進外套口袋，拿起耙子。赤褐色的葉子聞起來有濃濃核桃殼與紅酒糟的味道。伊莉娜．伊凡諾夫娜並沒有就尼科季姆的命運，透露什麼天崩地裂的事。我讀過幾十本專書，講的都是史達林時代的恐怖統治，當時官方拘捕與處決行為無孔不入也無理可循。在大清洗的高峰期，被捕之人會先被殺害，他們的案底會被編造出依法行政的表象。極權政權從納粹德國到赤色高棉，都對記錄自身行徑有一種病態的癖好。閱讀尼科季姆的檔案，我意識到我讓自己陷入謊言蜘蛛網的風險中。但尼科季姆於我，不只是一個統計數據，他的死也不只是一份卷宗。我抓著耙子的手在抖，我咬著下唇，咬得跟我握耙子的手一樣用力，就像隨著那些腐爛的落葉，我感覺到的痛苦、哀愁與反胃也可以一同被掃除。

我滿身大汗蹣跚進屋，把被土弄髒的外套往穿堂一丟。瓦倫提娜在餐桌上坐著，手裡握著報紙。她憂心忡忡地看著我。「妳的臉頰好紅。妳是不是感冒了？我就跟你說大冷天不要去花園工作，」她說著摸上我的額頭。「總之，KGB打來要幹嘛？」不論現在是誰當家，瓦倫提娜都還是用KGB來稱呼公雞之家。

我跟她說檔案管理員打來跟我說尼科季姆沒有自殺，還說他的死既沒道理又是場悲劇。「這妳跟我早就知道了，是吧？」她輕聲說。

「我對那個長官有點兇，好像她應該為所有事情負責一樣。尼科季姆的命運、他太太受的苦，還有他兒子想證明父親的清白時所受的那些狗屁倒灶的殘酷折磨。」我跟瓦倫提娜說。

我想起尼科季姆，打了個寒顫。看著真相可以被那樣一筆勾銷，直叫人毛骨悚然。他們可以製造故事，讓事實去配合這個假的故事。現實可以按照需求量身訂做。無辜的人可以變成有罪。黑可以變成白，或黑與白之間的任何一種灰。

「真相永遠會水落石出，」樂觀的人會這麼說。也許吧，但等到霧消雲散真相大白，一切往往已經太晚。官員是怎麼說的？喔，「他是被槍殺的，就跟數以千計的其他人一樣。」你得比樂觀者更樂觀一點，才能說服自己人會從錯誤中學習。

再三尋找尼科季姆的過程中，我反覆思考我想找到的究竟是怎麼樣的一種真相。我現在知道尼科季姆的遭遇。他死了。他的家庭分崩離析。知道這些事情，完全無助於我明白尼科季姆的人或過去。

「這個故事裡的真相是什麼？」我問。

瓦倫提娜拿下她的閱讀眼鏡，不耐地將之推遠，然後打開晨間新聞。「那就要看妳怎麼定義『真相』了，」她說。「妳看似在找尼科季姆，但妳真正在找的是一個解釋，妳想知道妳父親為什麼會……」

她沒有說出「自殺」兩個字。她煞了車，認真看起電視，還調大了音量。她知道我跟弗拉迪米爾的破冰對話。

「我想那就是妳的真相吧，然後妳也找到了。我們現在都記住了尼科季姆，也可以為了他的遭遇哀悼。妳則跟父親的死和解了，現在也可以好好緬懷他在天之靈。」

一如往常，我不打高空的外婆發表了她的一家之言，但口氣卻是一板一眼，一如她此刻專心看著的那個氣象預報員。她想知道今天溫度夠不夠暖，能不能為來年春天種下玫瑰。

電話在我即將要去弄晚飯時響起。

「哈囉，我是伊莉娜．伊凡諾夫娜。我找不到系統中除了她個人資料以外的其他紀錄。所以或許KGB找不到什麼可疑的地方，就放了她。」

「在我們自家找到的卷宗裡，大部分關於她的正面陳述都出自她的鄰居或同事，」我說。「我一直以為人會利用這機會落井下石，畢竟這麼做可以賣KGB一個人情，不然就是另有他們不可告人的動機。」

「人性比我們想得更壞，也比我們想得更好，」伊莉娜．伊凡諾夫娜說。「這是我做這份工作的心得。」

「最好的一封信是賽爾吉．貝瑞茲科寫的，」她接著說。「信裡把阿絲雅講得發光。」

「賽爾吉．貝瑞茲科是他的丈夫。」

「他說他願意用身家性命擔保阿絲雅是個忠誠愛國的蘇聯公民。或許這話也保護到她。」伊莉娜．伊凡諾夫娜嘆了口氣說，「他顯然非常愛她。」

「他是，」我說。「他的命都可以給她。」

「他差一點就成功了。感謝上帝，KGB放了她且沒有追究這事。」

我把水壺放在爐子上，準備了茶盤，上面擺上了我們家最好的瓷杯、好幾種果醬與巧克力。

「這是幹什麼？」瓦倫提娜驚呼。「我們今天約了英國女王嗎？」

「我們在花園裡幹了那麼多活，享受一下天經地義。」我說。「可惜家裡沒有酒，不然我們可以小酌一下。」

「紅酒的話我有一瓶，」瓦倫提娜說。「我們上次去克里米亞的時候，你母親跟我有去瑪桑德拉葡萄園（Massandra）一遊，還帶了瓶卡本內（Cabernet）回來。說話有一年了，希望酒沒壞。」

瓦倫提娜跑到儲藏室，回來時手裡多了瓶灰塵多到像「特級園」（Grand cru，產自最高等級葡萄園的酒）佳釀的紅酒，外加兩個灰塵比酒瓶還多的杯子。我跟生鏽的軟木塞奮戰，為的是把酒打開，試了幾次未果後終於成功了。瓶內釋放出了一股帶著霉味的酸氣，但酒本身還行，我們把酒斟進杯裡。

「我們這酒該敬什麼呢？」瓦倫提娜問。

「就敬愛吧，」我說。「敬愛與家人。」

結語

Il faut cultiver notre jardin.
我們必須耕耘自己的花園。

伏爾泰，《憨第德》（*Candide*）

Thauma是希臘文，意思是「奇蹟」。但不是那種能徒步走在水面，或是用五塊餅餵飽五千人[1]的超自然奇蹟。Thauma是令人讚嘆的日常，是肉骨凡胎透過隔開俗世與天界的紗簾瞥見神聖的一眼。在東正教的傳統裡，這兩個世界隔著一條會流動的界線，每一個瞬間都有成為門戶或渡口的機會。

1 類似的神蹟有兩次，一次是神用五餅二魚餵飽五千人，一次是用七餅餵飽四千人。

披著雪的花園矗立著。「看，花苞已經看得到了，」瓦倫提娜指著櫻桃樹的枝條說。在一層冰的下方，我觀察到泛著紫色的外殼包裹著未來的櫻花。冬天的果園理應是寂寥一片，荒涼而凍結，但我卻在每一枚鼓起的花苞跟每一片奮力推開積雪的草葉中看到生命的跡象。在冬天的果園出現夏日的許諾，於我簡直是奇蹟最棒的寫照。但當我跟瓦倫提娜說這件事，她卻嫌我囉嗦。她正在思索著下一個種植的季節，以及那當中會有的各種計畫、期待與焦慮。「托爾亞叔叔可以來幫我們蓋一個小溫室在那邊嗎？」她邊問邊指著花園空著的角落。「我剛剛讀到一種新的混種番茄可以早收。」瓦倫提娜呼了呼手取暖。她的雙頰已經凍成了她最喜歡的茄科顏色，但她太專注於遐想而忘了刺骨的寒風與從東邊飄來的烏雲。「我很想學會種出好的番茄，」跟我一起穿過雪堆走回屋內的她說。

剛回烏克蘭，我以為自己是在尋找尼科季姆。即便意會到尋找尼科季姆並不容易後，我還是搞不清楚我是在尋找自己的外曾伯祖父，更是在尋找自己的碎片。我試著填滿虛空。我在找回一種平衡，那個離開烏克蘭時被顛覆過一次，二〇一四年意識到自己從未切斷任何連結時又被顛覆一次的平衡。我在祭奠我的父親。我需要踏上旅程，去篩檢一份份檔案跟我的記憶。我曾祖父母的聲音可以在我耳裡重現，只要我懂得如何傾聽。

我聽著、尋找著，但以一種只有瓦倫提娜——或某個東正教的神祕主義者——才可以解釋的方式，是尼科季姆導引著我尋求。他是促使這趟旅程的催化劑，我可以從中看到過去映影的鏡子。那個過去對我而言是失去與痛苦的載體，但也是韌性與希冀的源泉。我看見雖然有創傷與苦難，但在我之前來到世界的人們仍找到了幸福，守住了尊嚴。即便是在最黑暗的時代，他們也可以繡出魯許尼克，栽種櫻桃園。我開始覺得我相信的那些奇蹟是如此自然。

在我的追尋中，奇蹟不斷累積。在尋找尼科季姆的過程，我聽見賽爾吉的聲音，讓我拼出一幅拼圖。與弗拉迪米爾聊到我的父親，讓我解開了另外一個謎團。這些尋找與對談難歸難，但它們也幫助我重獲對恐懼的控制。我偶爾也會納悶自己究竟是找到了什麼，但簡單來講，我找到的是我的自我跟歸屬感。烏克蘭，始終是我的家。

如今我一有機會就會回烏克蘭走走看看。盡可能把時間花在瓦倫提娜身上，為的是補回這些年我們分開的時光。我同時也跟弗拉迪米爾、他在以色列的女兒，還有大家庭的其他成員，保持更親密的聯繫。瓦倫提娜跟弗拉迪米爾的智慧與堅毅讓我佩服不已，所以即便他們固執到令我生氣，我也會要自己別頂嘴了。我們本是同根生。在準備復活節麵包時，瓦倫提娜跟我會多做兩條，一條給尼科季姆，一條給我父親。歷經了幾十年的遺忘，尼科季姆回歸到家族故事中。我們緬懷的不是一個受難者，也不是什麼英雄，而是啟發賽爾吉去念書跟成為老師的哥哥。我們不知道尼科季姆的埋骨處，而父親的長眠之所又遠在加州，但為了象徵性地紀念他們，我們遵循了傳統，將麵包留在貝里格本地的墓園。

奧爾嘉女士找到了新工作，安頓在她自己的公寓，並持續從事分類刺繡與蒐集魯許尼克的工作。娜迪亞鍾愛的白繡花樣從列舍季利夫卡出發，獲得了聯合國教科文組織無形世界遺產提名，而她本人也開始任職於一間藝術中心，致力於刺繡工藝的保存。當新冠肺炎逼著她停止推廣列舍季利夫卡藝術的世界巡迴，她把計畫搬到網路上。她持續教學，也持續創作精巧的衣物。每每我旁觀工作中的娜迪亞，她的手指是那麼靈活與優雅，讓人覺得不可思議。明明烏克蘭的歷史充滿了狂風暴雨，藝術與美的傳承還是堅持了下來。「我們活過了共產主義，」娜迪亞說。「希望我們也可以活過這場戰爭。」

尼科季姆會永遠年輕下去。他沒有墳墓、沒有臉。他是那個消失了的人，但也成了那個永遠不用擔心被遺忘的人。有時候我覺得尼科季姆那宛若奧德賽的漫長漂泊——我的漫長漂泊——還沒有告一段落，等待著我們去發現的事情還很多很多。我偶爾會路過公雞之家，站在對街看著那宏偉的緋紅正面。那地方仍讓我渾身不舒服，但它已經嚇不倒我。我已經可以造訪別的檔案處，尋找別的故事。也許有一天我真的會這麼做。但暫且我會留在櫻桃園，穿梭在樹與樹之間，撫摸它們粗糙的表面。「但那屬於你的永恆夏日將永不凋零[2]，」我對花園低語。在貝里格度過了這些年，我也成了一名有自我風格的小黃瓜溝通師。有時我甚至會萌生一個念頭在這裡安居，種屬於我的果園。

我跟瓦倫提娜的最後一面，是在二〇一九年的最後幾個月，當時我們正在為果園進行過冬的準備，就種植一事展望來年春天。然而隔年就爆發了新冠肺炎，加上我的身體出問題使我一直無法回到烏克蘭。二〇二一年底，瓦倫提娜確診了新冠肺炎病倒。最後一次用Skype與我通話時，外婆的呼吸就顯得十分費力，但她還是嘴硬說自己還行。「我可以走來走去，做點工作也沒問題，」她說。「我為你曬了一托盤的蘋果。妳知道我們收穫了多少蘋果嗎？」她接著說，「薩莎也確診了，但她連床都下不了。」隔天瓦倫提娜就被送進醫院，在睡夢中告別了世界，享年八十七歲。薩莎活了下來，然後幫忙迪米特羅安排了後事。葬禮由托爾亞叔叔張羅。新一波的疫情讓飛往烏克蘭的班機通通被取消，所以母親跟我只能透過Skype觀禮。那讓我感覺一切都只是在演戲，感覺不太真實。

---

2 出自莎士比亞的十四行詩《我是否該將你比作夏日？》（*Shall I compare thee to a summer's day?*）。這是莎翁一百五十四首商籟中負有盛名的作品，主要講述夏日的晴朗稍縱即逝，但少年的美麗卻能永存在詩中。

二〇二二年二月二十四日，俄羅斯發動了對烏克蘭的侵略戰爭，且我行筆至此還在進行中。這場烏俄戰爭上演於社群媒體，你看得到轟炸，看得到毀壞的建築，看得到濺血的屍體。我開始夜不成眠，並來到了崩潰的臨界點。我去不了烏克蘭，但我與這塊土地的深刻連結，讓我天天都活在巨大的痛苦中，直至我再也無法忍受。二〇二二年之所以異於二〇一四，在於我可以把痛苦跟憤怒與布魯塞爾的許多旁人、友人、熟人分享，也跟我在全世界的讀者分享。這場戰爭是如此沒有意義，其帶來的毀滅如此不分青紅皂白，眾人根本不需要我多所贅言也能明白它是多大的災難。我們共同承擔了烏克蘭的痛苦與磨難，並想辦法提供協助。

我拿出了我平日積攢的麵粉與白米，並與布魯塞爾在地的烏克蘭社群合作，把食物發送到新抵達的難民手中。他們大都是攜老扶幼從被占領的烏東逃到比利時重建生活。但他們與我的每一次對話，都流露著對烏克蘭的鄉愁與盼能早日回家的想望。這種對故國的想望讓我深有共鳴，且長期無法返鄉讓這種心情分外強烈。我偶爾會憤慨地想：這世界要是在二〇一四年時對我的母國多關注一點，烏克蘭今天是否就不會落到這個局面？但無論如何，我人不在烏克蘭，心在。

迪米特羅留在貝里格。痛失瓦倫提娜讓我們感覺一切都變了，但他留在貝里格還有一層更深的意涵，他想繼續照顧我們外婆的花園。他打理土地，修剪樹木，邊聽空襲警報邊把樹皮刷白。波爾塔瓦沒有像烏東與烏中其他地區一樣，受到那麼大的破壞，但情勢仍相當緊張。儘管如此，我從表弟那收到的照片仍看得到新生的樹苗，看得到果園在開花。在收成時節，他告訴我他摘了整整兩桶櫻桃。「我把它們凍起來，等你來我們做烏克蘭餃子[3]吃。」他說。「等我們打贏這一仗。」

我想像我們在瓦倫提娜的橡木桌上擀開麵團，在餃子皮裡包入水果的甜餡。我想像著麵粉與櫻桃汁的氣味跟擀麵棍在我手中的重量。那氣味在我腦海中是如此濃烈，我眼眶泛起了淚，但我沒有讓迪米特羅發現，我只是開玩笑說兩桶櫻桃能做的餃子，夠把全波爾塔瓦的人都餵飽了吧。

「那，不是很好嗎？」他說。

我現在更明白了阿絲雅與賽爾吉種著櫻桃園，一次次在上世紀的邊境劫難中活下來的原因。我們未曾放棄生活，未曾停下那日復一日照顧著花園，一棵樹接著一棵樹種植。果園仍舊矗立在滿滿的陽光下與鳥兒的鳴唱中，其帶來的豐收是我們對絕望與恐懼的拒絕。每一顆花苞與每一根枝條，都讓人想起那些不容壓抑的生命紀念品，是那些紀念品在照耀著我們——以希望——在最黑暗的日子裡。

3 烏克蘭餃子可甜可鹹，甚至是以甜餡為主。

二〇二二年八月，寫於布魯塞爾